新时代城市社区工作的理论与实践

李细香 袁美芝 洪明心 ◇ 著

吉林科学技术出版社

图书在版编目（CIP）数据

新时代城市社区工作的理论与实践 / 李细香，袁美芝，洪明心著. -- 长春：吉林科学技术出版社，2023.7

ISBN 978-7-5744-0731-2

Ⅰ. ①新… Ⅱ. ①李… ②袁… 洪… Ⅲ. ①社区-工作-研究-中国 Ⅳ. ①D669.3

中国国家版本馆 CIP 数据核字（2023）第 152032 号

新时代城市社区工作的理论与实践
XINSHIDAI CHEGNSHI SHEQU GONGZUO DE LILUN YU SHIJIAN

著　　者	李细香　袁美芝　洪明心
出版人	宛　霞
责任编辑	安雅宁
书籍装帧	长春市昌信电脑图文制作有限公司
封面设计	长春市昌信电脑图文制作有限公司
幅面尺寸	170mm×240mm　1/16
字　　数	230 千字
印　　张	15
版　　次	2024 年 1 月第 1 版
印　　次	2024 年 1 月第 1 次印刷

出　　版	吉林科学技术出版社
发　　行	吉林科学技术出版社
地　　址	长春市福祉大路 5788 号出版集团 A 座
邮　　编	130118
发行部电话/传真	0431-81629529　91629530　81629531
	81629532　91629533　81629534
储运部电话	0431-86059116
编辑部电话	0431-81629518
网　　址	www.jlstp.net
印　　刷	长春新华印刷集团有限公司

书号 ISBN 978-7-5744-0731-2
定价 85.00 元

前 言

城市社区是现代人最基础的生活共同体,其被誉为我国社会治理体系的"细胞单元"或"神经末梢"。十九大报告提出,"中国特色社会主义进入新时代",要求"打造共建共治共享的社会治理格局"。城市社区是社会治理在基层的着力点和改革先地,在新时代背景下,城市社区有着自身的特点与使命,同时城市社区工作越来越走向专业化。社区工作作为社会工作专业核心方法,在城市社区工作实践中扮演着重要角色。

社区工作是社会工作的一种,也是社会工作的三大传统方法(个案工作、小组工作和社区工作)之一。它既是一项事业,也是一个专业、一门艺术。社区工作者面对的是整个社区的居民,要求通过专业的技巧和方法对社区事务和人际关系进行有效有序的协调,使社区保持健康的状态和良性发展。

社区工作是指在党和政府的领导下,依靠社区力量,利用社区资源,强化社区功能,解决社区问题,促进社区政治、经济、文化、环境协调和健康发展,不断提高社区成员的生活水平和生活质量的过程,也是建设管理有序、服务完善、环境优美、治安良好、生活便利、人际关系和谐的新型社区的过程。

本著作系统阐释了新时代城市社区工作的概念及相关功能、新时代城市社区工作理论及模式、新时代城市社区工作人才队伍等理论知识,以及城市社区工作在社区志愿服务、社区微治理、社区青少年、社区妇女、社区老年人等领域的探索实践。

本著作由李细香、袁美芝、洪明心撰写,具体分工如下:李细香负责撰写第一、二、四、十章的内容；袁美芝负责撰写第五、九章以及第六、七、八章部分内容；洪明心负责第三、六、七、八章内容。李细香、袁美芝、洪明心均为东莞职业技术学院教师。

  本书在写作和修改过程中，查阅和引用了书籍以及期刊等相关资料，在此谨向本书所引用资料的作者表示诚挚的感谢。由于水平有限，书中难免存在纰漏，恳请读者同仁和专家学者批评指正。

目 录

第一章　新时代城市社区工作概述 ……………………………………… 1
　一、新时代城市概述 ……………………………………………………… 1
　二、新时代城市社区的界定 ……………………………………………… 3
　三、新时代城市社区工作 ………………………………………………… 9

第二章　新时代城市社区工作理论 ……………………………………… 33
　一、社区工作的基础理论 ………………………………………………… 33
　二、社区工作的理论视角 ………………………………………………… 42

第三章　新时代城市社区工作的模式选择 ……………………………… 46
　一、社区发展模式 ………………………………………………………… 46
　二、社会策划模式 ………………………………………………………… 51
　三、社会行动模式 ………………………………………………………… 60
　四、社区照顾模式 ………………………………………………………… 67

第四章　新时代城市社区工作中的人才队伍 …………………………… 71
　一、新时代城市社区工作人才队伍构成 ………………………………… 71
　二、新时代城市社区中社区社会工作者 ………………………………… 74
　三、新时代城市社区工作人才队伍存在的问题 ………………………… 75
　四、新时代城市社区工作者的职业化道路 ……………………………… 77
　五、新时代城市社区工作人才队伍建设路径 …………………………… 83

第五章　新时代城市社区需求调研的探索与实践 ……………………… 87
　一、社区需求调研的内涵与步骤 ………………………………………… 87
　二、新时代城市社区需求调研存在的问题与对策建议 ………………… 92

第六章　新时代城市社区微治理的探索与实践 …… 95
一、社区微治理的内涵与内容 …… 95
二、新时代城市社区微治理存在的困境与对策 …… 98
三、新时代城市社区微治理的案例展示 …… 102

第七章　新时代城市社区志愿服务的探索与实践 …… 117
一、社区志愿服务的内涵与内容 …… 117
二、新时代城市社区志愿服务面临的困境与挑战 …… 121
三、新时代城市社区志愿服务的发展路径 …… 125
四、新时代城市社区志愿服务的案例研究 …… 127

第八章　新时代城市社区青少年服务的探索与实践 …… 131
一、社区青少年服务的内涵与内容 …… 131
二、新时代城市社区青少年服务存在的困境与挑战 …… 135
三、新时代城市社区青少年服务的发展路径 …… 138
四、新时代城市社区青少年服务的案例研究 …… 139

第九章　新时代城市社区妇女服务的探索与实践 …… 154
一、社区妇女服务的内涵及内容 …… 154
二、新时代城市社区妇女服务存在的困境与对策 …… 159
三、新时代城市社区妇女服务的案例展示成效评估 …… 162

第十章　新时代城市社区老年人服务的探索与实践 …… 175
一、新时代城市社区养老服务的探索与实践 …… 175
二、新时代城市社区随迁老年人服务的研究与实践 …… 205

参考文献 …… 233

第一章　新时代城市社区工作概述

党的十九大报告提出,"中国特色社会主义进入新时代",要求"打造共建共治共享的社会治理格局"①。城市社区是现代人最基础的生活共同体,其被誉为我国社会治理体系的"细胞单元"或"神经末梢"。城市社区是社会治理在基层的着力点和改革先地,在新时代背景下,城市社区有着自身的特点与使命,同时城市社区工作越来越走向专业化。

一、新时代城市概述

城市是人类文明的创造物,是人类告别蛮荒、追求美好生活而创造的人工环境,在经济社会发展和区域治理中具有举足轻重的地位②。

(一) 什么是城市?

城市,自出现以来便被视为人类文明的象征,是社会经济发展的必然产物。"什么是城市",对这一问题的回答长久以来,不同学者有不同的定义。"城市是人群的生态体系系统。""城市是物质生产分配的空间。""城市是个力场(类似磁场的概念)。""城市是相互关联的决策系统。""城市是斗争的舞台。""城市是人性的产物。""城市是文明人类的生活环境。"

人口学认为城市是人口高度聚集的地区,人口规模和密度是判断城市的标准。地理学认为城市是建筑物和基础设施密集地区,是一种本质上不同于农村的空间聚落。人文地理学认为,人类社会经历了"村庄—镇—城市—大城市"的聚落体系发展历程。城市以非农活动为主,人口规模大,建筑密度

---

① 习近平. 决胜全面建成小康社会 夺取新时代中国特色社会主义伟大胜利——在中国共产党第十九次全国代表大会上的报告(2017年10月18日)[N]. 人民日报, 2017-10-28(001).

② 杨宏山. 城市的性质与治理使命[J]. 城市管理与科技, 2019(05): 42-43.

大，社会结构复杂，具有与村庄明显不同的社会特征。社会学家认为城市之所以为城市主要是城市形成了一种特有的生活方式。而历史学家又有不同的解释，如著名的历史学家托因比说城市是众多具有个性的人集中居住的地方。芒福德（Lewis Mamford）有个更为富有想象力的描述："城市是地理的网络工艺品，是经济组织和制度的过程，是社会行为的剧场，城市在培育艺术的同时，它本身就是艺术；在创造剧场的同时，它本身就是剧场。"[①] 在经济学的理解中，城市是非农产业和非农业人口的集聚地，是工商业比较发达的地区，是某一区域或国家的经济中心，它凸显了城市的经济要素集聚特征。城市在有限的区域内，集中了大量企业、家庭和居民，是商业、工业、金融、房地产、信息等非农产业的集聚地。随着分工不断细化和专业化，城市会形成多元化的产业结构，使城市比农村更有活力，产业更为齐全。

上述定义仅概括了城市某一方面或某一历史阶段的特点，受各所处时代和所研究学科领域的局限，往往只具有相对的真理性。比如，从经济学的角度来概括城市的定义，往往只关注其经济内容，而忽略了其社会内涵，有的定义甚至相互矛盾。世界已跨入全球经济一体化的新世纪，全球城市化水平持续提高，城市人口数量迅速增长，超大城市和城市群相继涌现，21世纪的城市焕发出新的时代特点，城市的性质和职能都在经历着基本性的改变，有必要立足新的时代特征来定义城市。

随着城市化进程不断加剧，城市成为众多人口的生活区域，承担了各项社会功能，充斥着各类人际关系。因此，在这里更倾向于社会学的定义。城市是以人为主体，以空间利用为特点，以聚集经济效益和人类社会进步为目的的一个集约人口、集约经济、集约科学文化的空间地域系统。

（二）城市的性质与使命

了解了城市的概念，更能增进对城市的性质的理解。城市的本质属性就在于优质公共服务资源的集聚特征。城市通过规划手段，划出一定范围的地理空间，由市政府统一提供一系列基础设施和公共服务项目，形成集聚配套

---

① 宋俊岭. 城市的定义和本质 [J]. 北京社会科学，1994（02）：108-109.

的公共服务体系，并通过征税或强制收费的方式获取财政收入，在城市法人和市民需要为此支付费用。这种由政府规划一定的空间范围，加强基础设施和公共服务项目建设，实际上就是构建一种制度安排，政府提供优质公共服务，市民为此额外支付费用。当前城市基本上以社区为基本单位，来调配公共资源和实施公共服务。

城市的使命主要包含以下两个方面：一是建立和提供公共服务体系。所谓的公共服务体系，包括道路、桥梁、学校、医院、公园等物质性的基础设施，以及教育、文化、医疗、社会保障、公共交通、环境保护等非物质性的服务项目。城市治理要求各类公共服务项目相互衔接、彼此配套，形成公共服务体系，共同服务于市民、企业及社会组织。二是不断改进公共服务体系。要不断改进城市的公共服务体系，不仅需要稳定的资金来源，更需要专业、系统的专业方法和专业队伍。新时代城市建设更注重公共服务在社区中的落实和创新，城市社区工作成为提升城市公共服务质量的重要手段。

二、新时代城市社区的界定

（一）社区

社区的出现与人类结群的本性相关。一万年以前，人类文明进入新石器时代，人类群体开始逐渐从采集狩猎的生活方式向种植养殖的生活方式转变。以农业为基础的长期定居的村落由此出现。农业的发展进一步强化了人类群体的定居聚集生活，强化了群体共同意识，调节群体内外关系的一系列风俗、礼仪等行为规范逐渐完备起来，这表明最初的人类社区已经出现。

"社区"一词最早被德国社会学家滕尼斯（1855—1936）提出，认为社区是在一定地域内，由同质人口组成的，具有共同价值观念的，守望相助、休戚与共的社会生活共同体。

我国学者对"社区"一词做出诸多解释，较有代表性的为以下几种。费孝通认为社区是指人们在地缘关系基础上结成的互助合作的共同体[①]。郑杭生

---

① 费孝通. 中国现代化：对城市社区建设的再思考 [J]. 江苏社会科学，2001（01）：49-52.

认为社区是开展社会活动、具有某种互动关系和共同文化维系力的人类群体及其活动区域①。虽然关于社区的概念众说纷纭，但大体上有几点共同特征：首先，社区是在一定地域范围内的；其次，社区需要人类集合成一定规模的集体；最后，该集体通过各种活动产生各种互动关系。现在比较统一的界定是：社区是指聚居在一定地域、存在日常互动关系、具有心理文化认同的居民所组成的社会生活共同体。简言之，社区就是地域性的、具体的社会。

（二）城市社区

对社区的理解有助于我们认识和了解"城市社区"一词。金太军等指出城市社区是在城市区域内具有归属感的人们通过参与一定的社会活动，经过互动交流后，产生了密切又繁杂的社会关系，并形成特定的生活生产方式，这些人们共同形成的一个相对独立且较为稳定的社会实体②。由此可见，城市社区是指在街道办事处所辖的城市居住区内的人们依据社会关系、社会活动关联而成的社会共同体。

我国目前所说的城市社区即为居委会辖区的共同体。它包括街道办事处辖区共同体和居委会辖区共同体，是推动基层基础设施建设、精神文明建设的基本单位，是政府推动政策执行的重要载体之一。城市社区的主要特点包括：人口集中、密度大且异质性强，商品经济发达，社区成员主要从事工商业和服务业，经济和其他活动繁杂，社会流动性强，社会结构复杂，社交机会多、方式先进，血缘关系淡化，人际关系较松散，社会生活设施完备，精神文化生活丰富多彩，社会生活节奏快，思想、政治、文化较为发达等。

（三）城市社区的类型

由于居住地域、人员构成、房屋结构、生产方式的不同，城市社区形成多种格局的社区。这些社区特征差异大，人员构成异质性高，问题呈现和需求表现及资源整合的差异性也大。那么社区工作者在开展专业服务的时候，

---

① 郑杭生. 社会学概论新修 [M]. 北京：中国人民大学出版社, 2003：224-225.
② 金太军, 王庆五, 叶蕾, 布成良. 我国城市社区管理的现状及对策 [J]. 中国行政管理, 1998 (03)：18-20.

必须要了解社区的类型，并且根据不同社区的需求和问题开展切实的活动。城市社区的类型基本上可以归纳为以下几种。

1. 商品房社区

商品房社区指的是城市化过程中新建楼宇聚合而成的社区。一般来说，社区组合时间较短，邻里之间关系密切程度不高。针对此种类型的社区，我们要特别关注以下三类问题。

（1）人口异质性高

商品房社区的居民基本上不是原住民，社区居民的来源比较广泛，文化生活习性有较大的差异，人口的异质性高，社区工作者在开展服务的时候，要考虑居民的需求差异与层次。

（2）邻里关系比较淡漠

由于商品房社区建设的历史时间不长，社区商品房设施多为中年人，工作比较忙碌，较多时间耗在工作和生活中，较少在社区当中消磨时间，邻居之间交往较少，社区的支持网络体系较弱。因此，针对此种类型的社区，社区工作者应该重点关注。为其搭建社区活动平台，加强邻里之间的互动。

（3）公共问题较多

商品房住户的经济生活条件较其他社区优越，宠物问题、车辆停放、装修、公共道路上的乱摆乱放问题等均可能影响社区的秩序和邻居关系，公共问题的介入机制建设成为商品房社区服务当中的重要问题。

2. 老城区社区

老城区社区的历史时间长，邻里关系比较密切，同质性高，容易以建立熟人社区的方式来联络社区居民，调动社区居民参与的积极性，但是开展服务的时候也要注意以下几个问题。

（1）基础设施落后

在老城区常常可见没有安全的间距，交通道路拥挤，无消防通道，无灭火器水源，处处有乱搭乱建乱挂现象。同时部分地方危房零星散布，给行人和附近居民带来了心理负担，破旧的房子电路严重老化，存在安全隐患。因此针对老城区，社区工作者更应该在社区安全方面开展更多的服务。

(2) 人口老龄化严重

老城区娱乐基础设施落后,年轻人纷纷搬到新城区,剩下老年人留守在老城区,同时,老城区大部分人口是一个城市原住居民,随着时间的流逝,老城区的居民都渐渐老化,空巢化现象突出,因此社区工作者应该开展较多的老年人服务。

(3) 人口密度大,民生条件艰苦

老城区原本居民多,加上外来务工的低收入人群,因为房价低且离新城区近,纷纷选择在旧城区居住,这样人口密度增大,给原本不完善的基础设施雪上加霜。因此,老城区的社区工作经常会涉及外来务工人员相关的服务。

3. 城乡接合部社区

城乡接合部社区指的是城市和农村边缘的交界地带,这个社区既保留着农村的淳朴经济生活方式和人际交往方式,但同时具有城市生活的影响,主要特征是人口密度高,人口异质性强,个人谋生手段多样化,保留了部分农业,但非农业产业更为发达,建设规划管理困难,对治安、儿童成长环境、居民谋生手段转变带来巨大的冲击,城乡二元特征的冲突、传统与现代的冲突非常明显。

4. 城中村社区

城中村社区具有城乡接合部社区的特征。社区环境卫生比较差,外来人口较多,是传统与现代交融的社区,体现在物业以及租赁为主要经济支柱产业,外来人口大大高于本地人口。经济联社区、社区居委、街道办三大管理主体并存。此类社区主要存在的问题包括以下三方面。

(1) 外来人口聚集

城中村位置距离城市近,且房租较城市便宜,生活还算便利,因此成了外来务工人员租房的首选。外来人口聚集,有可能导致帮派老乡的出现,形成与本地居民之间的对立冲突。

(2) 安全隐患突出

城中村道路狭窄,电线乱搭,房屋加建现象严重,加上属于少管的地带,一些流窜犯惯犯也可能隐藏于集中,在治安、火灾等方面存在一定的隐患。

(3) 管理困难

城中村属于城市和农村管理的边缘地带，常常容易成为管理的真空。出租屋管理、社区卫生安全问题、居民融合困难、管理松散等均有可能成为问题的导火索。

因此在此类社区开展工作，要重视本地人与外地人融合的工作，加强对社区公共安全的管理，引导安全用电，文明生活，促进社区的和谐。

5. 工业化社区

工业化社区主要是厂房和宿舍，这里聚集了大量的外来务工人员，此类社区的问题也集中在于外来务工人员的方方面面。

（1）外来务工人员的权益保障问题

外来务工人员的总体文化水平较低，法律意识薄弱，自我保护意识不强，需要开展法律知识讲座，法律宣传，提高他们的法律知识，并通过建立法律援助制度为有需要的人群提供帮助，维护外来务工人员的合法权益。

（2）就业与工资保障问题

外来务工人员经常面临着就业、职场关系调节、劳动合法权益保护、就业辅导与推荐劳动合同的签订等方面的问题。

（3）婚姻家庭生活问题

工业化社区经常存在着未婚男女婚恋，男性缺乏生殖健康知识非法同居导致的意外怀孕问题增多，另一方面，体现在已婚外来务工人员长期两地分居，留守人员与流动人员的问题。

（4）精神生活匮乏问题

工业化社区设施简陋，生活设施不足，工人长期在流水线上工作，娱乐设施缺乏，精神慰藉不足，人口流动频繁，外来人员生活困难等方面都是社区工作者应该关注的问题。

6. 廉租房社区

廉租房是一项保障和改善民生的重要举措，也是稳定社会秩序的有效策略，伴随着廉租房社区不断增多、扩大的同时，廉租房这类现代社会的创新型社区面临着各种问题也越发地突出。

(1) 人员构成复杂

廉租房社区人群复杂混乱，流动性往往很大，居民归属感普遍较低，人口结构不平衡。廉租房社区在管理和服务方面开展起来十分困难。

(2) 生活设施配套欠缺

一方面，廉租房社区一般地理位置较偏，交通不便，周围生活娱乐场所的基础设施也十分不健全；另一方面，廉租房社区本身的配套设施不足和不完善，使得居民生活缺少选择性，配套商圈有限，难以通过市场竞争来调节物价，致使物价较高。

(3) 社区居民的参与意识低

社区内资源匮乏，社区组织成效不明显，居民满意度和归属感很低，同时由于廉租房居民背景的原因，居民缺少主人翁意识和享受社区服务的意识，社区参与度极低，老年居家养老问题十分严峻。

针对此种类型的社区，社区工作者一方面要积极倡导国家政策方面的资源，帮助完善相关的配套设施；另一方面也要探索新的社区管理机制，更好地为廉租房社区居民提供服务。

7. 村改居社区

村改居社区是指在城市化进程和城乡一体化发展背景下，由农村转制为城市社区。村改居社区主要有以下几个突出的特点。

(1) 公共服务问题严峻

村改居社区一般缺少规划，道路狭窄，公共活动空间与设施不足，再加上远离市区交通，普遍社区内各种人士缺乏必要的群体组织活动，同时在变迁与发展当中，原本的乡村文化衰落与社区居民身份认同又没有完全建立起来，社区归属感和文化认同感偏低，凝聚力不足。加上外来人口带来了出租屋管理，外来人口的服务，本地人与外地人的融合等问题，都急需开展专业的社区工作。

(2) 传统与现代的冲突

村改居社区一方面依然保留着传统乡村的各种村民集体组织，街头巷尾或邻里乡下留存着浓厚的乡土文化气息；另一方面，近年来的变迁与发展涌现出许多代表城市意义的符号，如超市、酒店、出租、养老院等，尤其是招商引资当中涌现出一大批工厂及伴随而来的众多外来务工人员，人口异质性和文化异质性明显增强。

（3）生活需求问题突出

村改居社区居住方式较落后，年轻人较多远离此村落，社区中的原住民多为长者或者无力在外购置房屋人员；且多为长者，或者是无力在外购置房屋，独居老人、低收入家庭问题突出，作为城乡接合地带，房租及其生活成本较低，也吸引了一批外来人口，居住于此而来的外来人口的生活需求较为明显。

社区工作者针对村改居社区的问题，应该一方面充分挖掘和调动资源，进一步激发社区能量和潜能；另一方面可以开展社区营造，解决社区问题，推动社区城市化的进程，建立社区发展的长效机制。

三、新时代城市社区工作

（一）社区工作的内涵

对于什么是社区工作？各国学者有不同的见解。从广义上说，社区工作、社区发展和社区组织也可以视为同一概念，在许多时候是可以互换的。例如，"社区工作计划"也可以称为"社区发展计划"或"社区组织计划"，"社区工作者"也可以称作"社区组织者"或"社区发展工作者"。在美国，人们常用"社区组织"这一概念，在英国则常用"社区工作"这一概念。最初，美国人所说的"社区组织"是指联系和统筹不同的地区组织，共同为社区提供各种服务，满足社区多样化需求的一种组织活动。后来，这一概念的含义逐渐扩大，也包括一系列促进社区利益的其他工作，这就与英国人所指的"社区工作"概念没有什么区别了。

联合国在1956年曾经给社区工作下过一个定义，这个定义是这样的："社区发展（社区工作）意指一个过程，通过官民之间的合作，改善社区内经济、社会及文化上的状况，拉近这些社区与整个国家之间的距离，促使它们为国家的进步做出贡献。这个复杂的过程包含两个重要成分：促进居民的参与和自力更生的能力，去提高生活水平；以及提供技术和其他服务，去鼓励居民的主动意识、自助和互助。"联合国的定义强调人的参与、人的需要和社区居民自救自助的行动，尤其注重官民合作和争取国家进步在社区工作中的重要地位。所以，这个定义受到世界各国政府的普遍欢迎。

在此，社区工作是社区社会工作的简称，特指社会工作中的一个具体领域，也是社会工作三大方法之一。在实务中指社会工作者运用专业价值、知识和技能，并以社区服务、社区组织、社区发展为主要内容的一种工作方法。由于社区工作内涵、操作方式与国情因素相关，在中国可将社区工作界定为在党和政府领导下，社会工作者利用专业知识与技能，发掘和使用社区资源，解决或缓解各种社区问题，包括转变社区居民的价值观、增强其行动能力，使社区成为服务完善、管理有序、治安良好、生活便利、人际和谐、环境优美的社会生活共同体的过程。

（二）社区工作的特点

社区工作是社会工作的三大工作方法之一。要完整地理解社区工作，不仅要将它视为一种服务，更要强调它是一种方法。作为一种工作方法的社区工作是有其独特性的，其与个案工作和小组工作的区别主要有以下几方面。

1. 以社区为对象

社区工作的对象不是个人，也不是家庭或小组，而是整个社区。社区工作的重点是解决社区内群体所面对的集体问题，或者居民共同关心的社区事务。

2. 介入的层面为结构导向

社区工作对问题的分析多采取宏观的角度，因为社区工作认为问题的产生并不是个人原因，而是与社区周围的环境、社会制度以及整个社会有密切的联系。社区工作者解决问题的方法不是纯粹要求个人改变，适应环境，而是要改变环境和不合理的制度与政策。再者，解决问题的责任也不是由个人承担，政府和社区都有责任提供资源，协助处理和解决问题。其目的是最终解决产生问题的根源，而不仅仅是补救。

3. 广泛地介入

虽然社区工作的对象是社区，但是社区问题有时会涉及整个社会的政策和制度。因此，社区工作的介入不局限于一个社区，而是牵扯政策的分析和制度的改变。相对于个案工作和小组工作，社区工作较多涉及社会层面，与整个社会的变迁有密切关系。社区工作能够拉近个人、群体和社会的关系，关注社会发展，重视提升社会意识和社会资源与权力的分配。

4. 强调居民参与

社区工作十分重视居民的参与，它的目标并不是为居民提供全盘服务，而是鼓励居民一起参与，合力解决社区问题，为社区做出贡献。通过参与，让居民明确自己的责任，行使自己的权利和减少无权力的心态。社区工作与其他工作的不同之处在于多运用集体行动的方式解决问题。社区工作认为社区问题不是个人的问题，而是大家的问题；个人的力量有限，所以只有通过动员群众，大家组织起来，才能增强能力。

5. 富有批判和反思精神

社区工作善于从社会结构、社会政策、制度和资源分配角度分析和处理个人问题，并且试图从根本上找出问题的症结。

6. 短期目标与长期目标相结合

在社区工作中，短期目标与长期目标同样重要，任务目标和过程目标同样重要。如果只是改善了环境、改变了制度，但是居民自身的素质、能力等没有得到发展，社区工作就不算成功。

7. 重视运用社会资源

社区工作重视运用社区内的各种资源，更相信居民有不少潜能和能力有待进一步挖掘和运用。社区工作不应当只靠专业工作者的能力，那些社区非专业的支持网络也可以发挥很大的作用。社区工作者要重视运用和组织社区资源，为社区服务。

8. 具有一定的政治性

凡是涉及资源和权力的分配都可以被看作政治，社区工作的工作内容会涉及资源的分配、利益的划分，涉及政治范畴。

(三) 社区工作的功能

社区工作的功能可以从个人、社区、社会三个层次进行分析。

1. 对居民个人的功能

(1) 有利于协助个人解决问题，并预防问题的再次发生

社区社会工作者通过个案管理、个案会谈、小组工作、整合资源和建立社会支持网络等方法帮助社区居民解决个人工作、生活中的困难和问题，解决家庭中的矛盾及邻里间的纠纷。

(2) 有利于恢复和提升个人社会功能

在解决问题的过程中，社区工作者秉持助人自助的理念，注意培养居民的能力，通过各种技能的训练，帮助居民提高社会生活技能，促进居民恢复或提高其个人社会功能。

(3) 有利于发展个人潜能，促进全面发展

社区工作者运用专业的方法设计系列的发展性、建设性的主题小组活动，组织居民进行自我探索，通过自我参与，追求自我发展、自我完善，挖掘个人的生命潜能，促进居民全面地、人性化地发展。

2. 对社区的功能

(1) 有利于解决社区问题

社区的建设和发展就是在不断地发现问题和解决问题的过程中实现的，社会工作在其间的功能和作用不可小视，社区工作者通过社区研究、社区调查，发现社区中存在的问题和居民的需要，提出解决问题的方案，并以社会工作的价值理念和科学方法解决问题，以将负面影响控制在最低点。

(2) 有利于增强社区凝聚力

社区凝聚力是由社区居民心向社区、心贴社区的向心力和社区居民彼此之间聚合力所组成。由于历史的原因，单位制对人的"关怀备至"使得人们社区意识淡薄，特别是随着经济建设及城市建设的发展，老百姓从四合院搬进了高楼大厦，同住一处不相往来，这无疑给社区发展和社区建设带来阻力。社区工作以帮助削减这种阻力：首先，社会工作以居民需要为本，为居民设计、提供他们所需要的服务，通过服务项目的提供，为居民搭建沟通交流的平台；其次，社会工作者通过协助居民建立发展支持网络，将居民联结起来，开展互助活动；再次，社区工作者根据居民所好引导居民组织各种兴趣小组，诸如合唱队、秧歌队、社会焦点关注组、宠物协会等；最后，社会工作者在

服务的过程中，注重居民的团队建设，设计专门的增强团队建设的主题活动，通过大家的合作与分享，启发居民相信集体的力量。通过社区社会工作的开展，将极大增强社区的集体凝聚力。

（3）有利于培养居民的公民意识和公共意识

社区工作者的工作理念是调动居民参与，促进能力建设。在提供服务和解决问题的过程中，通过设计专门的针对提升居民参与意识和能力的主题服务项目，来增强居民的参与意识及能力，使居民真正感受到社区是大家的，建设社区、发展社区需要每个人的参与与奉献。

3. 对社会的功能

（1）有利于社会问题的解决

社会工作产生之初，社会面临着严重的贫穷、犯罪、自杀、暴力等社会问题。社区工作的首要关怀是社区里的贫穷家庭、违规青少年、老年人、残疾人及从农村来的城市移民等社会困难群体。而当前，我国主要的社会问题包括青少年犯罪、自杀、暴力、人口老龄化、农民工问题等。社区社会工作对贫困家庭、社区青少年、老年人、残疾人、城市移民等的关怀、帮助和支持，无疑有利于社会问题的解决。

（2）有利于促进社会保障制度的健全与完善

从西方社会工作发展的历史来看，社会工作一直承载着向社会成员输送社会福利的功能。然而，在中国社会计划经济的体制之下，"就业保障制"使企业不仅是生产单位，也是生活单位，职工的衣食住行、生老病死，都由单位来管。"小政府、大社会"格局实施以来，原先由单位承担的社会保障义务逐渐向社区转移，由社区承担。个人的需求越来越多落实到社区中来实现，社区社会工作实施中不断提出政策建议，促进政策的完善。

（3）有利于促进社会公平、净化社会风气，维护社会公平与公正，促进和谐社会建设

通过在社区层面组织开展各种社区教育、社区文化以及卫生、法律等咨询活动，提高居民的精神文化素质，通过不断地解决纠纷、开展各种形式的文化活动培养和提高居民的文化素养和共处情谊，形成居民之间的彼此理解、互相帮助、团结友爱的风气，提升社会的精神文明程度，促进和谐社会建设。

(四) 社区工作的专业价值

1. 以集体取向的人的价值和尊严

社区工作以社区为介入单位和对象，它所关注的始终是社区共同体和人的环境，通过社区组织来实现人的价值和尊严。社区工作的价值目标是实现"集体增权"，当居民群体认识到他们相互负有责任，并由此创造了未来发展的"社会资本"时，他们取得了"集体增权"——提升了每个人的价值和尊严。

2. 社区工作重视社会制度对社会成员提供的平等和福利责任

所谓制度取向，就是指把健全的公共政策视为在现代社会中帮助个体自我实现的合理的社会功能，将机会平等和社会福利看作公民的基本权利，如消除社会歧视、实现初中级义务教育和低收费的公共医疗服务等。社区工作者不赞同依靠自由市场力量来创造谋求私利和谋求集体福利间的和谐。

3. 以民主取向的社会参与

民主是一种社会关系，反映了一种平等、有序的权利和责任关系。民主参与体现了人的尊严和社会正义，也是实现人的尊严和价值的途径。社区工作者坚信，人民的民主权利需要通过社会参与来实现，参与制定涉及其切身利益的政策措施是不同社区成员的基本权利。民主参与本身具有丰富的社会功能，能提升个人、团体乃至于整个社区的政治意识、合作意识和解决问题的能力。

4. 以互助为取向的助人服务

社区工作注重社区成员、团体和组织之间的互动交往，强调居民建立邻里关系，强化相互照顾、建立和谐的社区的重要性。建立社区内的互助网络是社区发展的重要环节，通过文化教育和社会活动，促进居民对他人的正面态度，提高对他人和社区环境的关心，从而使居民获得更大的归属感和安全感。

5. 以社会行动取向的工作策略

对制度化的歧视、剥夺行为采取某种社会行动是社区工作的重要操作性价值或工具性价值之一。新时代的社区工作要注重参与基层弱势群体权益的维护，对于重大的社会事件应该积极参与。

（五）新时代城市社区工作的使命

新时代要建设和谐美好社区，必须要有专业化的工作方法，社区工作正是这种专业方法。新时代城市社区工作的使命，即社区工作的目标。

关于社区工作的目标，罗斯曼从目标及其达成的角度，归纳了"任务目标"（task goals）和"过程目标"（process goals）两个类别。

任务目标，就是"解决一些特定的社会问题，包括完成一件具体的任务，达成一些社会福利的目标，满足社区需要，乃至修桥补路、安置无家可归者等。这些改善是具体而实在的"。这里的任务目标实际上就是社区工作的总体目标，因为社区工作的最主要目的就是解决社区的社会问题，满足社区的需要。

过程目标虽然是为了完成总体目标而进行的工作，但同时也是泰勒和普瑞斯累讲的更深层次的目标，即"促进社区人士的一般能力，包括建立社区内不同群体的合作关系，发掘及培育社区领袖参与社区事务、加强对公民事务的了解，乃至增强解决问题的能力、信心和技巧等"。

新时代城市社区工作的使命主要集中在以下几个方面。

1. 促进社区居民参与解决自己的问题，增强社区居民的社会意识。鼓励社区成员参与解决社会问题的过程，并且让居民有机会表达其意见。

2. 调整或改善关系，改善权力分配，减少社会冲突。

3. 发挥人的潜能，发掘并培养社区领导人才。社区工作是通过居民的集体行动解决日常生活的问题，从而发挥居民的潜能，同时又可以加强居民的自决及自立的能力。

4. 培养互相关怀、互助互济的美德。在社区工作中，可以促进形成真正互相关怀的氛围，以达到社区照顾的目的。居民之间的彼此交往可以提升工业化和城市化中人们的成就感。

5. 追求权力和资源的公平分配。

6. 促进社区需要与社会资源的有效配合，以满足社区需要。解决或预防社会问题，改善社会生活环境，提高生活自理，促进社区进步。

（六）新时代城市社区工作内容

习近平总书记在党的十九大上庄严宣告，中国特色社会主义进入了新时代。城市社区作为一个国家的微观组织，其治理情况体现了国家的现代治理能力，对国家治理体系的完善有着深刻的影响，而社区工作是基层治理的重要手段，新时代城市社区工作的内容包罗万象，主要包含以下几个方面。

1. 社区服务

社区服务是城市社区工作中的重要内容，而且随着时代的发展，社区服务逐渐深入城市居民生活的方方面面，社区服务的多样性和服务质量成为提升城市吸引力的亮点。

社区服务是我国特有的一个专有名词，是改革开放以后新出现的一种服务事业。在西方国家一般把立足于社区的社会服务统称为"社区照顾"或"社区工作"。19世纪80年代，"社区照顾"首先出现在英国第一座社区——睦邻中心汤恩比馆在伦敦东区建立，20世纪30年代后被英国政府正式纳入社会福利政策范畴，并用"社会服务""社区照顾""儿童及青少年照顾""老人照顾"等相应词汇来指代一些机构在社区内开展的服务、由社区提供的服务，或政府与个人等为了社区发展所提供的服务。

"社区服务"这一叫法是20世纪80年代起才在我国得到广泛使用，但是内容与其相近的"民政福利性"社会服务在新中国成立之初便一直存在。国内的社区服务自20世纪末以来，就其基本属性与基本特征存在着以下两种观点。第一种观点，狭义社区服务学说认为，社区服务的基本性质是非营利性，即社区服务实际上应只包含福利性服务，而不应包含商业性服务。学者关信平认为，社区服务应该是在政府的资金、政策等方面支持下，通过社区内外的各种相关资源调度，从而进行的福利性服务。学者郭伟和认为，在实践中，社区服务与社区内已存在的所有服务活动并不等同，它应该界定为："为社区服务所提供的社会共同体属性的福利性、公益性、互助性、义务性服务。"第二种观点，广义社区服务学说认为，社区服务的基本性质除了非营利性还应包含营利性，政府部门对这一观点持首要意见。学者郭安认为，把社区服务的商业性纳入社区服务体系之中，比狭义社区服务更具包容性。只有将有偿性与无偿性相结合，才能做大社区服务这块蛋糕，在经济相对不发达的地区推进社区服务。在目前的情况下，适当地引入便民性的社区服务对于满足居民的所有社会福利需求来说是十分必要的。[①]

这里将社区服务界定为以社区为一定的活动空间，依靠政府、社区居委会和其他方面力量，直接针对社区居民的需要和问题，提供社区公共服务和便民利民的物质文化生活服务。它具有地域性、公益性、群众性等多重特征。社区服务是一种互助合作、互益共荣的社会行动，不能单纯依赖政府或某个组织，而要充分挖掘社区的自身资源，达成广泛的和积极的参与，从而形成一种主动的、双向的和互益性的参与分享机制。

城市社区服务的内容主要分为面向社区弱势群体的服务，如老年人、残疾人、优抚对象、低保户、失业人群等；还有面向普通居民便民利民服务，如居民生活服务、家政服务、文化娱乐服务等。

2. 社区治安服务

一般而言，人们常常将社区治安服务与"安全服务""警察服务""治安管理"等概念相混淆，因此有必要对"治安服务"进行明确的界定。"治安服务"由"治安管理"转化而来，为了更加凸显城市政府的公共服务职能。治安管理，全称为治安行政管理，是指国家专门机关依据国家法律法规赋予的行政权力，运用行政手段，维护治安秩序的行政管理活动。从这个含义来看，我们可以发现治安管理的主体是唯一的，即行使公权力的治安行政机关。治安服务不以治安行政机关为唯一主体，其主体还包括不隶属于行政系统的企事业组织、民间团体和民众，是指国家专门机关、企事业单位、民间团体等主体在法律允许的范围内，以维护公共秩序稳定、公民生命和财产安全为目的提供的安全保障服务。现代城市社区的治安工作更倾向于服务，而不是政府行政力量的执行。

城市社区治安服务是城市社区居民生活、生产的基本需求，其服务质量的高低影响城市社区安全指数以及居民安全感。城市社区治安服务是指城市

---

① 郭安. 关于社区服务的含义、功能和现有问题及对策 [J]. 中国劳动关系学院学报，2011，25（02）：92-97.

政府、市场、非营利组织等主体在法律允许的范围内，以维护城市社区秩序稳定、社区居民生命和财产安全为目的所提供的安全保障服务。

3. 社区教育

社区教育是城市社区工作的重要内容。现代意义的社区教育概念来源于20世纪欧美国家。在西方，"社区教育"一词最早源于20世纪初美国教育学家杜威的"学校是社会的基础"思想。顾名思义，西方学者认为，"社区教育"是社区与教育的结合，它是在社区范围内的教育活动与教育形式的总称。

在我国，社区教育起步于20世纪80年代初期，它是在国家实行改革开放后，总结原有学校教育、家庭教育、社会教育相结合经验的基础上，借鉴国外社区教育的经验，从国内不同地域的实际出发，通过试点逐步发展起来的。

社区教育是运用本社区教育、文化等资源，面向本社区全体公民，以促进本社区人的发展与社区发展为目标的各类教育活动。新时代城市社区建设的经验表明，只有实施面向社区成员，以促进人的发展为原则的各种各样的社区教育，才能满足和解决人们各种各样的教育需求和社会问题。

现代意义的社区教育，主体可以是固定的社区教育实体组织，如社区学习、社区学习共同体等；社区教育的对象包括全体社区居民；社区教育的方式呈现多样化，如课程学习、体验式学习、参与式学习、集体活动等；社区教育的目标具有多重性，如提高社区成员的素质、优化社区公共教育服务和促进社区建设等。

4. 社区矫正

社区矫正也是城市社区工作中的重要内容，随着社区工作专业化的发展，司法社工渐渐走上社区矫正的工作岗位。20世纪60年代末70年代初，随着人权观念的不断普及，一种非监禁的刑罚执行方式在一些西方国家出现，即社区矫正。社区矫正对象指的是在实施犯罪行为后，依法被判处非监禁刑，并在社会中接受监管、改造的罪犯[1]。虽然属于被审判机关定罪判刑的罪犯，但是与在封闭的监狱中服刑的对象相比，社区矫正对象是在所居住、生活的社区中执行

---

[1] 吴宗宪. 刑事执行法学 [M]. 北京：中国人民大学出版社，2019：254.

刑罚。他们一般主观恶性和人身危险性较小，是较为容易改造的罪犯。

社区矫正具有以下几个特点①：一是内含惩罚性。社区矫正是一种刑罚执行制度，更确切地说是一种非监禁型刑罚执行制度。社区矫正对象触犯的是刑法，对其的管理工作就一定包含了限制其人身自由等方面的内容，具有明显的刑事惩罚性，相关的执法工作必须符合法治化要求。这就要求社区矫正工作的开展必须有明确的法律法规的指引和相关法律授权，特别是针对其中惩罚性内容的工作，必须严格按照相关法律执行，否则就会侵犯公民人权。二是社区场域。社区矫正是社区矫正机构依法在社区中对社区矫正对象进行监督管理和教育帮扶活动的执法工作。非监禁性是社区矫正与监禁矫正最大的区别，社区矫正对象在家庭所在地或者常住地执行刑罚，而实行监禁矫正的犯罪人员在监狱中执行监禁刑。社区矫正在社区中执行刑罚不仅为社区矫正对象的日常生活工作、社会功能恢复等提供了极大便利，也为充分利用社会力量从事社区矫正及其相关教育帮扶活动提供了有利条件。三是监管成本低。一般而言，社区矫正的经济成本要低于监狱矫正，社区矫正的实行有利于降低行刑成本。四是调动社会各方力量参与。虽然社区矫正主要的工作内容是执行刑罚，但是这项工作的内容绝不仅仅局限于刑罚执行本身，而是包含了多方面的内容。不仅包含了监督管理，更加注重教育帮扶。社区矫正机构和社会力量依法通过多种教育和公益活动等措施对社区矫正对象进行教育，帮助社区矫正对象解决生产生活问题从而使其顺利回归和融入社会。当前社区社会工作者从事的正是教育帮扶这个方面的工作。

5. 社会救助

社会救助是一项国家制度性服务，随着社区的发展，城市社会救助工作基本落实到社区。社会救助服务是指由政府主导，引导社会力量共同面向救助对象，尤其是有老年人、儿童、残疾人以及失业者和重大疾病患者等特殊对象的贫困家庭，针对贫困家庭及其成员存在的差异化需求与问题，提供生活照料、教育与就业、医疗康复等方面的日常照料服务以及其他社会支持性

---

① 贾冰. T市D区社区矫正的困境与对策研究［D］. 山东农业大学，2022：15.

服务。①

如何理解社会救助？可以从目标、主体、模式、手段、内容五个方面具体阐述。第一，从构建目标来看，任何救助形式的着力点都应是帮助保障对象摆脱贫困，实现自助；第二，在建构主体上，服务体系的建构需要政府发挥主导作用，同时需要政府、社会、个人之间的有效合作，实现资源共享以及社会救助服务的共建；第三，服务模式上主要遵循救助范围由单因素贫困转向多维性贫困，救助标准由"保基本"上升到"助推发展"，救助理念由"贫困治理"向"贫困预防"甚至进一步实现"贫困管理"；第四，在服务手段方面，引入信息化与数据管理，搭建专业社会工作介入社会救助的现实网络服务双平台；第五，在服务内容上，依据工作形式分为事务性与服务性。②

城市社会救助服务的类型。社会救助服务可以划分为"三类七项"：安老服务、康复服务、儿童托管服务、就业促进服务、有条件现金援助、青少年课业辅导服务、支持小组服务，将这七项服务按照其实施的目标可归纳为三种类型：日常照顾型服务、能力发展型服务、支持融合型服务。从城市社区救助类型的不同可以划分为：

（1）对一般的收入贫困群体：围绕物质帮扶、心理疏导等提供服务。

（2）针对有劳动能力的困难群众：围绕能力提升、就业创业等提供服务。

（3）针对困难老年人：围绕物质援助、精神慰藉、护理救助、养老服务等满足需求。

（4）针对困难残疾人：围绕生活照护、康复治疗、护理救助等提供帮助服务。

（5）对选择困难的失能、失独等老年人家庭，重度残疾人家庭：为其配置智能腕表、智能床垫、远程呼叫、陪护机器人等智能设备，提供健康监测、生活照料、情感呵护、紧急救援等服务。

（6）针对困境儿童：围绕法律援助、临时照护、心理抚慰、行为矫正等提供关爱服务。

---

① 林闽钢. 关于政府购买社会救助服务的思考[J]. 行政管理改革，2015（08）：24-27.
② 祝建华，项丽亚. 城市社会救助服务高质量发展研究[J]. 浙江工业大学学报（社会科学版），2021，20（01）：58-65.

（7）针对目前救助政策无法满足部分政策边缘群体：根据其特殊困难和特殊需求，研究制定针对性措施，鼓励、引导企事业单位、社会组织、社工机构等，特别在人文关怀、心理辅导等非物质类社会救助服务领域发挥自身优势和特长，做到各有侧重、优势互补。

（8）针对非城市户籍的弱势群体：在完善居住证管理的基础上，建立以居住证为基础的救助服务包制度。在基础的救助服务内容上叠加个性化组合式菜单服务，推动资源优化配置，实现社会资源和救助服务需求的精准对接，更好满足城市贫困人口的多层次、个性化的救助需求。

6. 社区党建

党的十九大会议报告当中明确指出，要按照党的决定和政策领导，全面贯彻实施加强城乡社区党组织建设，提高社会基层治理水平，促进我国经济社会的进一步改革和发展。这就意味着城市社区党建工作的重要性。

社区党建指城市社区的基层党组织，包括社区党委、党总支和社区党支部，加强对社区居民的管理与组织，加强居民凝聚力和对居民的关怀，是其重要内容。

社区党建有多方面的功能，第一是政治功能。稳定社会的基础在基层，基层不牢靠，无论上层建筑怎样发展都有崩塌的可能。加强城市基层党建，就如何修建战斗的堡垒可以帮助我们应对新时代下的困难与挑战。第二是凝聚民心的功能。城市社区基层党组织，能够清楚地反映社会的整体状况和群众的观点，从而能够及时处理基层治理中不合理之处，从而凝聚民心。第三是监督保障的功能。推动社区党建监督常态化，多采取临时抽查、不打招呼、走访等手段可以更真实地了解社区工作的常态，从而能更好地保障城市社区工作的良好运行。

新时代城市社区党建呈现出鲜明的时代性，社区党建一定是围绕国家和党的发展策略和发展重点开展工作的，每个时代都有不同的特点，社区党建也随之有不同的侧重；其次，城市社区党建也面临着复杂性，新时代城市社区居民的需求不断呈现出更多元化的情况，城市社区就要根据需求的不断变化提供更优质的服务，社区党建工作面临着各方面的挑战，工作具有复杂性。再者城市社区党建任务艰巨。随着城市化水平不断推进，对城市社区的管理难度也在升级。城市居民面临各种各样的困难、城市环境建设、卫生建设、教育资源等方面都需要社区党建进行协调，任务艰巨。新时代随着社区工作队伍的专业化、职业化进程，社会工作参与社区党建的探索越来越深入，相信未来将发挥更大的作用。

7. 社区组织

社区居民是社区工作的服务对象，日常生活中，社区居民通常结成一定的组织参与社区活动，因此社区组织就成为支撑社区发展的重要组成形式。

社区组织又称社区社会组织，是以社区为活动范围，以社区居民为成员或服务对象，以满足社区居民的不同需求为目的而成立的各种社团类组织和民办非企业单位。这一定义指出了社区组织至少包括三个要素：以社区为活动范围、以社区居民为成员或服务对象，以及以满足社区居民的不同需求为目的。这一定义明确了社区组织的活动范围、社区组织的组织成员、服务对象，以及社区组织的组织目的。其组织性质基本上包括两种：社会团体和民办非企业单位。

社区组织对社区发展意义重大。从社区居民的角度来看，社区组织为他们提供更好的社会化的机会以及参与社区活动的场所，开辟了更多的与社区外进行信息交流的渠道。社区居民以及居民参与是社区发展的重要因素，社区居民只有组织起来，才能将分散的意见统一起来，整合资源，更加有效地参与到社区决策的过程中来。从社会工作的角度来看，社区组织可以预防和解决某一社区问题为重点，通过开展社区服务，帮助居民解决现实生活中存在的实际问题，提高居民的生活质量。社会工作组织常常与社区发展、社区工作联系在一起，共同弥补社会福利政策在执行过程中出现的漏洞和不足。

不同的社区组织通过各种关系相互连接为一个完整的社区组织有机系统。社区组织大系统包括许多子系统，不同的社区组织子系统共同构成社区组织大系统。城市社区的主要组织包括以下几种类型。

（1）街道办事处

街道办事处属于区域性社区组织。根据1951年《城市街道办事处组织条例》的规定，10万人口以上的市辖区和不设区的市，应当设立街道办事处；10万人口以下5万人口以上的市辖区和不设区的市，如果工作需要，也可以设立街道办事处；5万人口以下的市辖区和不设区的市，一般不设街道办事处。街道办事处的主要任务是指导居民委员会工作、反映居民的意见和要求、办理市区人民政府交办的事项等。街道办事处一般设主任一人，副主任若干人，其他工作机构因各地区经济发展状况的不同而有很大的不同。

街道办事处在我国基层管理体制中有着非常重要的地位。作为政府和居民间的桥梁，街道办事处既要保障党和政府的各项方针政策、法律法规能及时传到居民委员会，也要将居民的意见和需求反映给上级政府。随着我国社会的发展，街道办事处的工作对象也在不断发生变化，已经从原来单位体制之外的"居民"扩展到辖区内所有的居民和驻区单位。工作任务也早已突破原来条例规定。作为政治性社区组织，街道办事处的地位和功能绝非一般社区组织可比。

（2）社区党组织

社区党组织是指按照《中国共产党章程》的规定，在社区之中成立的、以全体社区党员为组织对象的中国共产党的基层组织。根据党章规定，社区党组织依据所在社区党员人数多少可分别成立社区党总支或社区党支部。在社区党（总）支部之下可根据规定设若干党小组。社区党组织是社区全部工作和战斗力的基础，是社区各种组织和各项工作的领导核心，社区党组织在街道工委领导下开展工作。其主要工作职责是：贯彻党的路线、方针、政策和国家的法律法规，执行上级组织的决议，团结、组织、党员和群众完成本社区所担负的各项任务。讨论决定本社区建设、管理和服务中的重要问题和重大事项。加强党组织自身建设，搞好党员的教育、管理、服务和监督，发挥党员先锋模范作用，做好党员发展工作和积极分子的培养教育、考察工作，做好党费的管理和收缴工作。按照街道工委的要求，做好社区干部的教育、培养、考核和监督工作。负责制订社区党组织的活动安排计划，并负责组织实施，定期分析党员的思想状况，有针对性地做好党员的思想政治工作。领导社区居民自治组织、社区工作站和各类社区服务组织开展工作，完善公共办事制度，创新社区服务机制，提高社区服务水平；支持和保证其依法充分行使职权。联系群众、服务群众，做好群众工作，化解社会矛盾，维护社会稳定，把工作重点放到凝聚群众力量参与和谐社会建设上来。搞好精神文明建设，抓好党员志愿者队伍建设，教育居民遵纪守法，保证和促进经济发展和社会稳定。加强社区党建协调工作，指导社区非公有制经济组织、社会组织、党组织开展党建工作，组织协调驻区单位党组织开展区域性党建工作，促进资源共享，构筑区域化党建工作格局。①

(3) 社区居民委员会

居委会是社区内的群众性自治组织，1954年全国人大常委会颁布的《城市居民委员会组织条例》，第一次确立了居民委员会的性质和功能。1989年颁布的《中华人民共和国城市居民委员会组织法》，对居民委员会的性质功能、规模大小、机构设置、工作任务、产生方式等进行了规范。2000年11月，中央转发《民政部关于在全国推进城市社区建设的意见》，明确规定："社区居民委员会的成员经民主选举产生，负责社区日常事务的管理。社区居民委员会的根本性质是党领导下的社区居民实行自我管理、自我教育、自我服务、自我监督的群众性自治组织。"自此之后，社区建设在全国各个城市中普遍推行开来。

居委会的工作内容主要是围绕居民的切身利益，承办政府委托的事项，如低保申请的受理、初核，涉及社会治安、计划生育、公共卫生、优抚救济、青少年教育、福利保障等多个方面的公共事务。同时社区居委会还要协助建立各种社区服务机构和设施，为社区居民生活提供方便。当前社区居委会存在的突出问题是行政性功能过强，这在一定程度上弱化了其自治功能，需要通过为居委会减负，让居委会提高自我管理和服务居民的能力。我国政府近年来大力加强社区治理和服务创新，各地积极探索社区治理的新形式和新模式。

(4) 业主委员会

业主委员会是一个新兴的社区组织，是随着我国城市住房制度改革的深入而产生的。业主是指"物业的主人"，即物业所有权人，业主委员会受全体业主和非业主使用人委托，旨在维护业主和非业主使用人的合法权益，反映其意愿和要求，支持、配合、监督物业管理公司的工作。近年来，业主委员

---

① 夏建中. 社区工作 [M]. 北京：中国人民大学出版社，2022：233.

会积极参与社区工作，是社区工作重要的支撑载体。

（5）社区工作站、社区服务站

随着社会工作专业化和职业化程度的提高，社区服务也出现了新的趋势。区政府或者街道办事处在社区成立工作站或者社区服务站，一方面是为了改善目前社区委员会职责不清、任务过重的现象，使居委会能减轻负担，主要从事居民自治和培育社区组织的工作；另一方面则是要积极探索社会服务的新方式，在社区工作中引入社会工作专业人才，提高为居民服务的水平。通过设立工作站或者服务站，可以为居民提供更全面的服务。

（6）志愿者协会

社区志愿者协会是社区重要的组织之一，是指社区中以志愿服务为主的群众性自治组织，其主要任务是发动和组织志愿者提供定期的、无偿的公益服务。例如，帮助、照顾老年人，协助维护社区治安，保护社区环境等。社区志愿者在社区工作中是重要的力量和参与者，志愿者协会成为统筹协调资源和服务的重要组织。

（7）社会工作服务机构

社会工作服务机构是以社会工作者为主体，坚持"助人自助"宗旨，遵循社会工作专业伦理规范，综合运用社会工作专业知识、方法和技能，开展困难救助、矛盾调处、权益维护、心理疏导、行为矫治、关系调适等服务工作的非企业单位。社工机构是吸纳社会工作人才的重要载体，是有效整合社会工作服务资源的重要渠道，是开展社会工作专业服务的重要阵地。近年来，社工组织与社区、社工形成了"三社联动"机制，充分发挥了社区、社会组织和企事业单位的资源补充作用，提高了社区服务的质量。

（七）新时代城市社区工作的过程与方法

1. 社区工作的过程

社区工作的过程是指为实现社区工作的目标而实施的一系列连贯有序的工作步骤和相应的方法、技巧的运用。对于社区工作的一般过程，不同的学者有不同的划分。如台湾学者徐震认为社区工作主要是社区行动的过程，他将社区行动的步骤分为六个阶段：社区需求研究、工作目标确定、行动方案的拟定、大众意见的征求、行动方案的修订、工作进行的反馈。① 香港学者陈丽云认为，社区工作可以分为探索期、策动期、巩固期、检讨期。总而言之，社区工作的过程大概包括进入社区、认识社区、组织社区、制订社区工作计划、实施社区工作计划、社区工作评估六个阶段。

(1) 进入社区

进入社区前必须有一定的准备。这个准备阶段既包括社区工作者心理准备，也包括实际准备。心理准备方面，社区工作者应该认识到社区工作任务繁重、事情琐碎，需要极大的耐心，另一方面推销社区工作难度较大，一般而言社区居民并不熟悉社区工作的内容，对社区工作者出现排斥和不信任的现象时有发生，社区工作者要具备高度的沟通技巧，与社区居民建立信任关系。再者，社区工作是一项长期工作，它的潜功能比较强，所以短期的成效不大，成就感不强，需要社区工作者长期坚持。此外，社区工作者还要做好实际准备。比如，认识自己所在的组织机构，了解组织的性质和使命，这样才能确保工作方向不会偏离。社区工作者还要了解自己的工作内容和分配，熟悉自己负责的工作内容，才能更好地做好社区工作。

进入社区的方式多样化。可以积极参与社区重要活动，如参加社区节假日举办的活动或在社区已形成传统的活动，尽量在这些活动中争取亮相的机会。社区工作者可以出面主办一些社区活动，邀请居民和其他社区团体参加，借此机会宣传介绍自己的服务。积极介入社区事务，如参与讨论社区事务，出席相关的会议，提供意见和建议，并在力所能及的范围内提供适当的帮助。经常出现在社区居民之中，社区工作者通过日常探访、打招呼的方式与居民建立良好的关系。

(2) 认识社区

认识社区包括对社区基本情况、社区问题及社区需求的分析。

社区基本情况分析。社区基本情况包括社区的地理环境、社区内的人口状况、社区内的资源、社区内的权力结构、社区的文化特色等。

社区问题分析。对社区的问题进行描述和界定，明确问题的范围、起源

---

① 徐震. 社区与社区发展 [M]. 台北：正中书局，1980：278.

和动力,进而找到解决问题的关键,即介入社区的角度。描述问题是指"居民是怎么样感受这种问题的";界定问题是指居民所认同的问题是如何界定的?为何如此界定?已经是一种问题还是仅仅是一种状态?是由来已久的历史问题还是一种概念上的问题,抑或是有明确指标的问题?明确问题的范围是指受问题影响的人数有多少?居民受影响的方式如何?状况持续的时间及居民认定为问题存在的时间有多久?问题集中的地点和人群?涉及的价值观冲突有哪些?解决这个问题对社区和个人会有什么得失和影响?问题的起源和动力是指找出导致问题产生、渗透和加剧的原因,进而思考解决这些问题的可能的动力因素。如是否有可以解决问题的人?行动的方向是什么?行动的方法如何?在什么条件下可以行动?人们愿意为行动做哪些贡献?

社区需求分析。社区工作是因为社区有"需要"才开始,所以需求分析非常重要。社区工作者可以通过问卷调查、访谈、观察等方法对社区需求进行分析,同时也可以根据马斯洛需要层次论,了解社区生理需要、安全需要、归属与爱的需要、尊重的需要、自我实现的需要,还可以按照英国学者布莱德归纳的规范性需求、感觉性需求、表达性需求、比较性需求四种类型的需求进行分析。

(3) 组织社区

建立和发展社区组织是社区工作过程中相当重要的一个环节。社区工作者可以通过建立社区组织的方式开启。建立社区组织要从招收成员开始。社区组织的成员可以社区热心居民开始,邀请他们定期聚会,一起讨论社区事务,然后进一步扩大成员人数。成员招募后可以订立组织规则、推选领导者、建立规则小组以及筹措经费等。

社区组织成立以后,对它们的管理也很重要,以保证其正常运转,在社区中发挥作用。管理社区组织主要应关注以下几个方面:一是服务规划,包括长期的组织策略规划和短期的服务方案设计;二是行销管理,包括服务产品行销、社会行销、观念行销和组织行销;三是财务管理,包括经费筹措、制订预算、总务与会计;四是人力资源管理,包括专门工作人员以及志愿者的招募、聘用、工作分配、培训、报酬、激励和奖惩;五是研究与发展,包括对服务方案的评估、新服务方案的开发、对组织的评估、适应和引领组织变迁等。

社会工作者在社区组织的管理中所扮演的角色应该随着组织的发展而有所不同。组织成立之初，社会工作者可能亲自承担较多的管理工作；在组织发展过程中，社会工作者应注重建立和完善组织的内部规章制度，发现和培养组织的领导者；最终，社会工作者不再担负组织的管理工作，只在必要时为组织提供咨询服务，实现社区组织的自我管理。

(4) 制订社区工作计划

了解了社区基本情况，做了社区需求调研后，可以开始制订社区工作计划。好的社区工作计划可以从明确目标、制定策略、设计方案三步骤开始。

首先，明确目标。社区工作的目标是工作的方向和想要达到的目的，它可以是整个社区的改变，也可以是解决一个具体的社区问题，满足社区在某个方面的需求。在确定社区工作的目标时，社会工作者应遵循社区参与和社区自决的原则，充分考虑社区成员的愿望，共同分享对工作目标的期望。

其次，制定策略。社区工作者在制定策略时可以同社区成员共同讨论，也可以邀请社区代表参加策略规划小组。首先可以采取"头脑风暴"方法让规划小组成员提出各种策略，然后运用符合性、可接受性、可行性三个指标去评估已经提出的每个策略。最后运用SWOT分析法逐一分析实践该策略的可能性，选出一个或者几个策略。

最后，设计方案。针对策略规划选出一个或者几个策略，需要进行更细致具体的方案设计。方案计划书是工作策略的具体呈现，必须做到内容充实，具体可行。设计活动方案是社区社工必备的能力，一份好的活动方案应该简单明确，包括活动背景、活动理念、活动目标、活动具体内容、服务方法、预算与人员分工等。

(5) 实施社区工作计划

社区工作计划最终要落地实施。在工作计划完善之后，社区工作就进入了实施计划阶段。这阶段一方面需要动员和管理社区资源，如资源分析、资源开发、资源链接、资源维系等，另一方面就是执行社区工作方案，保证计划中的活动得以顺利实施。

(6) 社区工作评估

评估是指运用科学的研究方法和技术，系统地评价社会工作的介入结果，总结整个介入过程,考察社会工作的介入是否有效、是否达到了预期的目的与目标的过程。

社区评估的方法如下:第一,考察社会工作介入效果,服务对象改变情况及介入目标的实现程度;第二,总结工作经验、改善工作技巧、提升服务水平;第三,验证社会工作方法的有效性,并在此基础上修改和完善社会工作介入方法;第四,开展社会工作研究,在评估的过程中汇总实践经验,检验、进行研究和分析。

社区评估的类型包括过程评估、成果评估和效益评估。过程评估的重点主要涉及服务的使用情况、服务使用者的特征和背景,投进服务的资源和人员配备等。成果评估要检讨程序的成果是否合乎当初订立的目标。效益评估主要着重程序的成本效益,即在一定的成本下提供服务的成果是什么。

2. 社区工作的方法技巧

(1) 建立社区关系的技巧

要建立良好的社区关系,需要遵守以下原则:第一,掌握群众参与的动机,有针对性地进行动员;第二,让群众看到参与带来社区问题解决的成效;第三,为参与者带来个人的改变;第四,注意选择动员对象;第五,让参与者有成就感;第六,减少参与者付出的代价;第七,注意工作者自身素质对居民参与的影响。

与社区居民建立良好关系的步骤。第一步要做好前期准备工作。选择建立联系的对象、选择访问的时间、准备话题,引导访问的开始、穿着得体、预想可能会遇到的问题和克服的方法、对前往访问的场所环境有所了解。第二步与居民接触。与居民接触的时候,可以选择合适的方式介绍自己,比如,说明自己是由与访问对象熟识的一个朋友介绍而来的、用自己和访问对象都熟悉的活动作为线索介绍自己、对自己抱不信任态度的人可出示证件,打消其顾虑、赠送一些物品或宣传单,加强对工作者的信任和好感、态度热情、诚恳,面带笑容,并清晰介绍访问的目的。与居民展开谈话的时候,话题要从简单到复杂,由具体到一般再到抽象。第三步接触记录。与居民交谈后,要及时做好记录。有用的信息及数字、被访者的背景、谈话留下的印象、受访者的反应、热心程度、是否容易被调动、他的人际网络情况。目标达到的情况、自己对访问对象的感受、评估访问对象以前和现在有什么不同、自己有什么做得不妥之处和遗漏的地方、是否有补救的余地等。

与社区居民建立良好关系的方法主要有以下几个途径。第一，开展全社区性的活动。进入社区之初，可主办一些"综艺晚会""慰问演出"之类的全区性的大活动。在活动中穿插机构介绍、人员亮相，可以初步树立工作者形象。第二，举办大众化参与性活动。举办一些娱乐性、参与性极强的活动。如"老少新春同游""家庭运动会"等群众易于参与的活动，容易建立工作者和居民的关系，比大型晚会更有人情味，更具凝聚力。第三，宣传咨询活动。这是拉近彼此距离的一个好方法。如开展房屋改革政策宣传、生活救济政策咨询及现场办公等活动。通过运用宣传展牌、散发宣传单张、专家及工作者现场解答居民问题等方式，为居民提供具体的帮助，有些还可作为日后拜访的对象。第四，参与社区事件的处理。当社区中出现一些亟待解决的问题，如房屋拆迁所引起的纠纷，由工作者进入社区向居民做宣传解释和调解工作，会化解纠纷、缓和矛盾，同时也让工作者近距离了解居民的心声。第五，时常与社区居民保持联络。居民对工作者的抗拒或疏远，一般是由于彼此缺乏信任了解、有距离感而产生的。工作者要建立与居民的关系，就要多在社区内出现，让居民有机会了解和认识自己。随时随地就居民关心的问题与之交谈，并介绍自己所计划的工作，征询意见等。这种自然化的交往可降低居民的防卫心理，使工作者更易于深入社区。第六，做好家庭探访。利用前面的一些活动中或相关资料中了解的居民情况，选择入户访问的对象。以家庭访问的形式来进入社区也是比较常用且有效的方法。第七，利用社区媒介展开宣传动员。广泛地向社区居民开展宣传是树立形象和建立关系的好方法。通过在社区居民经常经过或出现的地方设宣传栏，向居民派发有关宣传品等，推介社区工作计划中的一些活动，吸引居民参加；普及有关的知识和政策规定，便于居民保护自身权益不受侵害等，都十分有利于深化工作者和居民的关系，可以灵活运用。

(2) 社区分析技巧

社区分析是社区工作的重要基础。社区分析首先要对社区的资源进行分析。

一是，社区资源图法。对于社区资源的分析可以借用社区资源图的方式。社区资源图是指用直观的形式，将社区中的资源状况通过绘图的形式表示出来的一种工具。它主要用于描述一定区域内的自然资源、基础设施的分布；了解社区资源的利用现状，寻找社区资源利用中存在的问题及发展的资源潜力，确定资源的合理利用方案；分析当地存在的问题，所能获得的条件（内部和外部），和发展机会。

绘制社区资源图可以掌握社区资源，包括社会经济、人口、自然资源等。了解社区资源的优势和不足、了解社区资源的使用现状（合理利用和不合理利用），以及风险与压力等，也可以帮助居民熟悉社区，有助于社区居民形成讨论和合作气氛。绘制社区资源图的步骤如下：首先选择社区的参与者，注意参与者的男女性别比例。社区资源图的绘制应该有社区居民的参与。其次将一张一开的大白纸放于白板上，或是墙上、地上，由社区居民勾画社区相关信息，如社区边界、土地利用类型、社区基础设施、机构组织和居民居住信息等。画好资源图后，由参与的社区居民做上图例说明。

二是，SWOT社区资源分析方法。对于社区资源的分析，还可以运用比较成熟的SWOT方法。S代表的是优势（Strengths）指的是有利于实现社区发展的内部积极因素，如历史、产业、区位等。W代表的是劣势（Weakness）是指阻碍社区发展不利的、内部消极因素。O代表的是机会（Opportunity）指的是有利于实现社区发展的外部积极因素。Y代表威胁（Threats）指的是对社区产生不利影响的外部因素。

三是，社区动力分析法。社区动力主要是指可以对社区发展起到积极推进作用的力量。社区动力结构主要包括：一是基层（区、街道）党政机关；二是基层社区党委、居委会；三是社区积极分子，如社区党支部、志愿巡逻等组织；四是居民自组织，包括居民自发成立的文体娱乐等组织；五是专家团队，如高校科研院所的学者；六是专业社会工作组织（NGO）与社会工作者；七是社会有识之士；八是社区单位，如在社区辖区内与社区有联系的各类企事业单位；九是社区企业，如在社区辖区内有产业及各种联系的市场主体。

进行社区动力分析，一是社区体系分析。社区体系分析是指对社区内的居民、组织和单位等逐个进行分析，掌握他们的特点，然后按照他们的性质或功能等进行分类，归纳为不同的体系。二是社区互动分析。社区互动分析是指对社区内各个体系之间的关系、交往程度等进行分析。如果说社区体系分析是一种静态分析的话，那么社区互动分析则是一种动态分析，其旨在分析社区各体系即社区居民、组织和单位等相互之间的关系和交往程度。

　　社区动力分析的步骤包括：①找出社区内活跃的人、团体、组织、机构，分析他们的目标、组织结构、资源及权力来源等特性，以获得对其行动取向和动机的把握；②将各个组织按取向和功能的不同进行分类，然后分析彼此之间的关系状况，看看是否有分歧或冲突，进而获得对社区内不同体系的互动关系的全面了解；③由于在静态的社区环境中不易观察到彼此的关系，因而可以从一些社区事件入手，通过观察分析发现各组织团体的不同立场、行动取向和行为动机。

第二章 新时代城市社区工作理论

理论是由一系列逻辑上相互联系的概念和判断组成的知识体系,是用以解释事物的相互关系或因果关系的一套概念,并能给予人们行为的指导和规范,一套好的理论可以帮助我们去理解事实,解释事实及预计发展的方向;一套好的理论可以帮助我们计划将来,包括实际工作计划及制定公共政策;一套好的理论可以提出一个理想方案,作为我们努力寻求的方向。新时代城市社区工作同样需要一定的理论指导和支撑。

社区工作理论可以分为基础理论与实务理论。基础理论是指对社区工作进行解释和引导的理论,它不是社区工作所独有的,而是来自其他社会学科理论。实务理论是指对社区工作进行总结概括以后所形成的理论,包括社区工作的干预策略模式理论、社区工作的工作过程理论、社区工作的工作技巧理论等。

一、社区工作的基础理论

(一) 结构功能主义理论

1. 代表人物及主要观点

结构功能主义理论(structural functionalism)是现代西方社会理论学界的主要流派之一,影响较为深远。思想源头可追溯到19世纪生物学中的结构功能主义基本原则,后由法国实证主义社会学者孔德(Comte)、英国社会学家斯宾塞(Spencer)等人将其引入了社会学领域。20世纪中叶前后,结构功能主义理论最具代表性的人物,即美国社会学家帕森斯(Parsons)先后在《社会行动的结构》(1937)、《经济与社会》(1956)等著作中对结构功能主义理论进行了完整、系统的阐述。他指出,社会结构是一种"总体性社会系统",

由具有不同基本功能的子系统所构成。

结构功能主义认为社会是具有一定结构或组织化手段的系统，社会的各组成部分以有序的方式相互关联，并对社会整体发挥着必要的功能。社会系统中的要素彼此之间有着紧密的功能性关系，社会问题产生的根源在于要素之间出现分歧，无法达成共识，从而使得要素的功能无法发挥。

美国社区理论大师华伦（Warren，1978）最早最系统地运用结构功能理论来定义和分析社区。社区分析和研究主要应该是分析社区的结构体系，以及它们各自发挥的功能能否满足社区的需要。

2. 对社区工作的意义

结构功能主义理论认为社区是一个系统。社区中各社会单位和子系统之间存在着结构性和功能性关系。社区问题的产生，在于社区各构成要素或子系统之间缺乏沟通，从而出现功能缺失。由于系统各要素之间存在功能性的依赖关系，所以应采取共识取向的工作策略。

3. 结构功能主义的视角下社区工作者的介入

（1）如何看待问题

一个完整的社区应该具备哪些功能？如果这些功能缺失了会如何？在功能主义者看来，社区问题是由于社区功能缺失造成的，每缺失一个功能就会造成一个/几个社区问题。比如，我们假设一个完整的社区需要经济、医疗、卫生、文化、教育、信仰等功能，那么接下来的问题就是，哪些客观因素决定了这些功能的发挥？

（2）如何与社区现实结合

比如教育和信仰这两个功能，那么在现实中实现这两个功能需要哪些条件？教育——学校；信仰——教会，因此对这两个功能而言，"社区"的概念等同于"学区"和"教区"（这也是和"地理社区"的区别）。

（3）社会工作者的行动取向

在社区规划中，学区（大小）的决定因素：社区人口、年龄层次的分布（学龄儿童）、人口变化的情况等；教区（大小）的决定因素；社区人口、居住点的密度、居住点的空间分布、居民信仰的情况等。

(4) 对社区工作的启示

社区工作者不要把视角着眼于地理社区，尤其是在中国的社区工作当中。我们的地理社区就是我们的居委会，但是一个居委会有多大？（1000~3000户）它的功能是否健全？哪些功能的缺失造成了问题出现？才是应该关注的重点。在功能主义的眼里，社区并不是一个死板的、僵化的概念，社区范围的决定因素是它承担着什么样的功能，满足这些功能的要素有哪些，由此才能决定这类"功能社区"有多大，弹性有多大。

在既有的社区结构框架下，考察各构成要素之间的相互关系及其对社区整体发挥的现实功能，最终目的是要维持社区结构，促进各构成要素正常功能的发挥，以达到社区系统的平衡。

(二) 社会冲突理论

冲突（conflict），有"矛盾尖锐化，发生斗争；互相矛盾不一致"的意思。自整个人类社会诞生以来就出现了冲突。部落与氏族之间的摩擦与斗争已经出现在原始社会中，成为人类社会中最早的社会冲突现象。

1. 代表人物及主要观点

社会冲突理论的代表人物有美国的 L. A. 科瑟尔、L. 柯林斯，德国的 R. 达伦多夫等。社会冲突是一种有意识的信念觉醒下的资源和权力的斗争关系。人类生活的相当成分就是为了维护自己的生存方式、生存资源、生存空间而展开斗争。

社会冲突理论认为社会充满了冲突，社会的常态是冲突的。社会中存在诸多相互冲突的利益群体，他们对稀有资源的争夺激化了群体关系，瓦解了社会整合。在争夺稀有资源的过程中，产生了社会不平等和压迫现象，弱势群体处于无权状态。社会问题的产生在于稀有资源的分配失去平衡，使得各利益团体之间的关系出现紧张乃至冲突。而解决这些问题必须从社会制度上下功夫。

2. 对社区工作的意义

社会冲突理论认为社区中存在诸多利益群体，他们对于稀有资源的争夺产生了社区问题，甚至导致社区解体。弱势群体在稀有资源的争夺中往往处于不利地位,产生了社区不平等和社区压迫现象。社会冲突理论支撑制度取向的工作策略。资源分配的不平等不在于个人能力的缺失,而在于不公正的社会制度。

3. 社会冲突理论的视角下社会工作者的介入

社会冲突理论认为社区的基本属性是权力、资源的集中,社区问题的产生是因为社区内部稀有资源(权力)的不平等分配,造成了一部分成员对另一部分成员的限制。

社会冲突理论下社工应该关注社区中的权力、政治和社区变迁的关系。这实际上是各种社会行动策略模式基本假设。此外,作为社会工作者,我们的价值信念是促进社会公正,而社区内在的群体关系是体现社会公正信念的关键所在。采取适当的策略,促进社区内的群体政治关系的公正,是社区工作的基本方向。再者,在合法合规的情况下,将无权、受压迫的社区居民组织起来,与社区中的强势群体和不平等的社会制度展开对话,以争取公正的资源分配机制及社会政策的改善,达到相对的平等和社会结构的合理化。

(三) 社会交换理论

1. 代表人物及主要观点

交换是人类社会中非常基础且普遍的现象,社会学认为交换对于维持社会关系、构建社会秩序具有重要意义,是解释社会互动深层次结构的工具之一。交换长期以来被视为经济行为,心理学视角下的交换是获得心理满足的过程,人们总是寻求最大的酬赏和最小的惩罚。福阿夫妇在经济交换与心理交换差异的基础上,首次把交换内容当作资源来看待,构建了社会交换资源理论(Resource Theory of Social Exchange),将资源归为六大类:爱、地位、信息、金钱、物品和服务。在交换理论建立和发展的过程中,经济因素以外的其他因素也可以用于交换,包括权力、社会地位、社会网络、公平、情感等。

社会交换理论的代表人物有 G. C. 霍曼斯(George C. Homans)、P. M. 布劳(Peter M. Blau)和 R. 埃默森(Richard. Emerson)。霍曼斯是交换理论的创始人,他从微观角度提出,任何人际关系本质上就是交换关系;布劳区分了经济交换与社会交换、内在奖赏和外在奖赏的差别，用对等性原则解释部分社会交换，用不对等性解释另外一些社会交换。

社会交换是当别人做出报答性反应就会发生，当别人不再做出报答性反应就停止了的行为。社会的微观结构群体或社区起源于个体由于期待社会报酬而发生的交换。

社会交换理论认为社会互动是一种双方交换的行为，在交换过程中双方都考虑各自的利益，企图根据他们在某些方面的利益来选择相互作用，当互动双方都达不到自我的目的，社会互动就会趋向停止。

社会交换理论认为社会问题的根源在于不对等交换，不平等交换瓦解了人们之间的信任关系，甚至会导致个体之间、组织之间的冲突，从而破坏社会的整合。

2. 对社区工作的意义

社会交换理论认为社区是社会交换的场域，个体和组织的交换行为建构了当地的社区结构。由于资源的占有差异以及社会制度的不平等，社区中可能存在不对等交换。弱势群体可能面临不平等交换，从而愈加弱势，社区分化严重，人际关系紧张。通过各种途径在双方建立双向依附关系，实现对等交换。社会交换理论支持冲突和共识取向的工作策略。

(四) 社会学习理论

1. 代表人物及主要观点

社会学习理论（Social Learning Theory），兴起于20世纪60年代，其创始人是加拿大籍美国心理学家阿伯特·班杜拉（Albert Bandura）。他在1977年出版的《社会学习理论》中对社会学习理论及其研究成果做出了系统性总结，主要包括观察学习、交互决定、自我调节、自我效能感四个方面。

(1) 观察学习（observational learning）。人的行为，特别是人的复杂行为主要是后天习得的。行为的习得既受遗传因素和生理因素的制约，又受后天经验环境的影响。生理因素的影响和后天经验的影响在决定行为上微妙地交织在一起，很难将两者分开。班杜拉认为行为习得有两种不同的过程：一种是通过直接经验获得行为反应模式的过程，也就是通过反应的结果所进行的学习，即直接经验的学习；另一种是通过观察示范者的行为而习得行为的过程，即间接经验的学习。

（2）交互学习（reciprocal learning）。班杜拉指出，无论是一元单项决定论还是环境——个体互动论都不能更好地解释人行为的动因，为此，他提出三元交互理论，将行为、人的因素和环境因素贯穿、联结为动态系统，这些因素在不同的场合、不同的行为产生不同的相对影响，使得人的因素和环境因素在不同场域下对行为产生强大的调制作用。而正是因为环境与行为之间、行为与人之间和人与环境之间的交互影响力及其交互作用在不同的情境中不同的表现形式，真实地把握了三者之间相互依赖、共生依存的关系，使理论更具合理性和科学性。

（3）自我调节（self-regulatory）。自我调节是个人的内在强化过程，是个体通过对自身行为的计划和预期与行为的现实成果加以对比和评价，来调节自己行为的过程。作为一种执行功能，自我调节是一种认知过程，它是调节一个人的行为以达到特定目标所必需的。

（4）自我效能（self-efficacy）。自我效能是指个体对自己能否在一定水平上完成某一活动所具有的能力判断、信念或主体自我把握与感受。也就是个体在面临某一任务活动时的胜任感及其自信、自珍、自尊等方面的感受。它的形成主要受四种因素的影响，包括掌握成败经验、替代经验、言语说服、生理和情感状态。同时，自我效能感会以积极和消极的方式影响动机。一般来说，自我效能感高的人比自我效能感低的人更有可能努力完成一项任务，并在这些努力中坚持更长的时间。

社会学习理论认为人类行为是在与他人和社会环境的互动中习得的，观察学习是最主要的行为学习方式之一。行为、认知、其他个人因素以及环境影响都作为相互双向影响的互动性决定因素而发挥作用。

2. 对社区工作的意义

社会学习理论对于社区工作的指引在于鼓励社区工作者开展社区工作的时候注重寻找社区领袖，树立行为榜样；也可以通过培训提高工作人员和社区领袖的个人自我效能感；开展社区服务活动应由浅入深，提高团体成员的集体效能感。

（五）社区的区位动力生态学理论

1. 代表人物及主要观点

社区的区位动力生态学理论主要代表是美国芝加哥学派。区位动力生态学认为这些占有着特定空间的社会群体内部和社会群体之间，像其他生物群体一样既相互依存，又相互竞争——类似于自然界的"生态平衡"。

该理论的基本做法是在一幅社区地图上描绘出不同区域的社会问题、社会服务机构分布，然后显示出来二者地理分布的关系，为社会服务规划提供信息。

2. 社区的区位动力生态学理论的视角下社会工作者介入

城市中的社区是按照地域分布的，这样必然形成一个个区位生态系统。类似于一个个中立的、没有价值判断的生物群体——比如，草原上的"狼"和"羊"。那么这些群体之间是"动物性的""非人性的"关系。社区的发展和稳定就是在这些群体的互动中得以进行的。

而社区出现问题，是因为这些群体之间的互动中"平衡性"被打破了，那么社区工作者的介入就是要恢复这种"平衡"来保障社区发展。

区位动力生态学的这种方法建立在独特的视角上。当一个社区出现问题的时候，人们很容易去找技术上的原因，而忽视群体（区位）之间的关系。比如，我们经常所说的是：一个社区出现了问题，是因为他们中很多人失业了，他们失业了就意味着成为弱势群体，丧失资源！但是在区位动力生态学认为原因恰恰相反：不是因为他们失业了才成为弱势群体，而是因为他们本身就是弱势群体，所以必然失业！（成为弱势群体是因为其他原因：如教育、种族、性别等）

（六）社会资本理论

1. 代表人物及主要观点

"社会资本"概念最早由莱达·哈尼范提出，他认为能使房屋、私人财产、金钱等有形资产在人们日常生活中体现更大价值的东西是"社会资本"，即善良、友谊、同情心和社会交往。法国社会学家皮埃尔·布迪厄（Pierre Bourdieu）认为资本有经济资本和社会资本，不同资本是可以转换的。罗伯特·帕特南区分了实物资本、人力资本和社会资本，认为社会资本是指个人间的关系资源——社会网络及其产生的互惠、信任准则。罗伯特·帕特南指出这种社会资本的重要性。

社会资本使公民更容易相互合作，解决共同问题；社会资本有利于增强公民间反复互动，减少社会交往和经济交易中的成本；社会资本扩展人们的视野意识，培育和保持有益于他人和社会的性格特点。

2. 对社区工作的意义

社区社会资本是指人们在社区这一具有明确边界的地域范围内通过交往形成的关系网络，以及在这个关系网络中所蕴含的信任、规范、积极的情感等要素，这些要素能够促进居民参与社区公共事务、相互合作，从而维护和增进社区的公共利益。

社区社会资本是社区作为地域共同体的本质或内核，是以社区为依托或载体而形成的集体性社会资本。在社会空间的理论视角下，社区首先是一个具有边界的居住和生活空间。从微观层面来看，一个社区的空间特征必然通过影响居民的社区交往和社区参与而对社区社会资本的形成产生影响。从宏观层面来看，居住空间形态的演替，必然改变居民之间的互动频率和互动方式，从而对社区社会资本的存量和结构产生影响。社会转型过程中，城市居住空间结构的重构导致了社区社会资本的衰落和缺失，然而，以商品房为主体的新型居住空间，为社区社会资本的培养和重建提供了一种有别于传统社区的可能性。

奥尼克斯提出了社区社会资本包含了以下概念：社区参与、社会能动性、信任与安全、邻里联系、朋友和家人之间的联系、对差异的容忍度、个人价值、工作联系。

因此，社区工作者应该有意识地培养社区内外的社会资本，促进和提高社区成员社会互动、交往的数量和质量。

（七）社会支持理论

1. 代表人物及主要观点

广义的社会支持是指为社会成员提供有形的物资援助、无形的情感支持、信息反馈与积极的社会互动等资源的一种社会关系网络。从社会学的视角出发，社会支持是社会支持网络主体通过物质与精神介体，有选择性地针对作为社会支持客体的弱势群体提供无偿性、社会性援助的一种行为。

自 20 世纪 70 年代以来，社会支持理论的含义在不同领域得到了长足发展，总的来说，就是通过对个人周围关系的搭建，促使其得到多方面的支持，从而更好地适应周边的环境。根据其理论，一个人获得的支持网络越强大，越能更好地适应社会环境。关于社会支持的分类，比较代表性的研究成果主要有索茨、Barrera 以及李强和张友琴。索茨（Thoits）（1982）、Cutrona（1990）按照社会支持的性质把它分为工具性支持（物资、金钱、时间和服务等）和情感性支持（理解、关心、爱和信任等）两种。Barrera（1986）认为，对社会支持的界定应考虑三个方面的含义：社会处境、知觉的社会支持与行动化支持，个体知觉到的社会支持是目前最被普遍使用的支持概念，因为同样的客观支持，每个人的主观感受并不相同，被感受到的支持是一种心理现实。李强认为，"从社会心理刺激与个体心理健康之间关系的角度来看，社会支持应该被界定为一个人通过社会联系所获得的能减轻心理应激反应、缓解精神紧张状态、提高社会适应能力的影响"。（李强，1998）张友琴认为，社会支持可分为两大类，一是正式的社会支持，二是非正式的社会支持。前者指来自政府、社会正式组织的各种制度性支持，主要是由政府行政部门，如各级社会保障和民政部门，以及准行政部门的社会团体，如工会、共青团、妇联等实施。后者则主要指来自家庭、亲友、邻里和非正式组织的支持。当下被广泛认知的社会支持理论中，其中包括正式支持和非正式支持。正式支持指政府及一些社会组织通过颁布国家政策或者提供专业服务等方式改善其生活，从而提升对象生活质量的方式。非正式支持指的是个人周边亲友及其他关系为个人提供的支持能力。

2. 对社区工作的意义

社会支持理论给社区工作者提供了重要的工作指引。运用社会支持理论帮助服务对象，解决生活中的问题，重点在于帮助其学习如何建立社会支持网络和利用社会支持网络。社会支持网络反映的是个人与其生活环境中各系统的关系状态。社区工作的服务对象通常是社会困难人群，在对他们实施帮助时，社区工作者首先要对他们的社会支持网络做出必要的评估，确定原有的社会支持网络能够在多大程度上为其提供支持，社区工作者能够帮助他们建立哪些新的连接？在评估的基础上，社区工作者要使社会支持网络确实能够发挥支持功能。在运用社会支持网络时，需要注意社会支持网络不仅是一个有效的工作手段，也是社区工作者的工作对象，社区工作者不仅要对社会支持网络进行评估，更重要的是运用和改善社会知识网络去满足服务对象的需要，解决其问题，在实务工作当中专业人员在充分利用正式社会支持网络的同时，应该注意帮助服务对象学会认识和利用非正式的支持网络并进一步地重建和完善社会支持网络。

二、社区工作的理论视角

（一）女性主义视角

新女性主义从20世纪70年代开始成为社会工作的一个重要流派。女性主义呈现多元化发展的局面，最初有三大分支：自由派女性主义（Liberal feminism）、社会主义女性主义（Socialist feminism）和激进女性主义（Radical feminism），后来又出现文化女性主义（Cultural feminism）、后现代女性主义（Postmodern feminism）和妇女主义（Womanism）等。

女性主义认定现代社会文化和制度中的"男权取向"，使女性在家庭和社会中处于弱势地位，受到歧视或不公正待遇。

不合理的性别角色分工使"男主外、女主内"成为一种家庭生活模式，社会被分为公共和私人两个范畴领域，女性需要扮演家庭照顾者的角色，限制了她们在公共范畴的发展；角色定位和职业分层使女性在职业岗位位于不利地位，收入水平低。

现代职业女性的家务负担仍然很沉重，与男性相比承受着"双重压力"。生活空间小、自我形象低是女性常见现象。一些研究表明，妇女常见的头痛、情绪低落、抑郁等疾病，与照顾者角色有关系。

女性主义对两性关系的反省和批判是其他理论思潮所缺乏的。因为社会工作专业人员与案主群体女性比例很高，这更加深了女性主义在社会工作领域的流行。

女性主义者在社会工作方法运用方面常常反对弗洛伊德等"基于男性心理与经验"发展而来的治疗理论，主要通过肯定案主的观点、自我揭露，使案主察觉具有性别歧视的社会结构，鼓励发展支持团体、提供团体治疗和集体行动。

社区社会工作的服务对象多为妇女，女性对政治参与反应冷淡，但是对社区事件却非常热心，乐于关注，并且在家庭中承担了大量的照顾工作，社区内的活跃参与者大多是女性。社区组织对女性主义相当重要，目的在于建立女性的相互认同，其中文化女性主义者强调建立女性文化，通过设立女性中心加强女性的互助、互动。

（二）优势视角

优势是指促成案主改变的所有的有利因素，如自身的品质、特征、美德、天赋、自豪感、丰富的自然资源、人际资源及制度性资源等。

优势视角是一种关注人的内在力量和优势资源的视角。意味着应当把人们及其环境中的优势和资源作为社会工作助人过程中所关注的焦点，而非关注其问题和病理。优势视角基于这样一种信念即个人所具备的能力及其内部资源允许他们能够有效地应对生活中的挑战。

优势视角强调个人、小组、家庭和社区都有优势，都有他们内在和外在的资源；贫穷、歧视、疾病和困难可能是伤害，但它们也可能成为机遇；人的成长和转变的能力是巨大的；每一种环境都充满资源。

优势视角的基本假设包括：第一，优势视角相信人可以改变，每个人都有尊严和价值，都应该得到尊重。第二，优势视角认为每个人都有自己解决问题的力量与资源，并具有在困难环境中生存下来的抗逆力。第三，优势视角认为在社会工作助人实践过程中关注的焦点应该是案主个人及其所在的环境中的优势和资源，而非问题和症状。

优势视角下社区工作者的助人原则。第一，助人过程的首要关注点是每个人所具有的优势、兴趣、能力、知识和才华。第二，助人关系应该是合作的、相互的和伙伴性的关系。第三，每个人都应该为其自我恢复负责。第四，所有的人都具有内在的学习、成长和改变的能力。第五，以优势为本、以案主为中心的方法鼓励助人活动应置于社区内的自然场景之中。第六，在进行正规的精神健康治疗或提供正式的社会服务之前，应优先考虑原生的资源。

优势视角的应用步骤：第一步与案主建立专业关系。专业关系强调此关系应是一种合作的、相互的和伙伴式的关系，是一种与他人一起共事的关系，而非一个人凌驾于另一个人之上的关系。开展活动如游戏及表现出的同理心都有利于伙伴关系的建立。

同理心就是"感受案主的私人世界，就好像感受你自己的世界一样，但又绝未失去'好像'这一品质"，也就是感受案主的愤怒、害怕或烦乱，就像那是你的愤怒、害怕或烦乱一样，然而并无你自己的愤怒、害怕或烦乱卷入其中。(要共情但不要移情)

第二步激发案主改变的意愿及其抗逆力。只有案主能够开始探寻、发现和运用自己的才能和天赋即具有改变现状的意愿时，社会工作的介入才能真正发挥作用。

抗逆力是一种反弹的力量，是个人面对磨难和挫折而抗争的能力，在这种能力和体制的引导下，个体可以自己超越和克服严重的灾难事件。概括地说就是面对逆境时的回弹、回复和成功的适应能力。一旦案主的自信被激发出来，他们的社交能力、问题解决能力、自我感、前途感都会增强，参与解决问题的机会也会增加。

第三步寻找案主的优势，既包括个人优势也包括环境优势，了解案主的缺失。(个人的优势与缺失，环境的优势与缺失)，分析各类服务对象的优势与缺失。

第四步整合，整合个人、环境优势及案主的改变意愿达到助人之目的。

(三) 增能理论

"增能"一词是社会福利界的用语，从 Empowerment 翻译过来的，又可译作"充权"或"赋权"，意思是让人有更大、更多的责任感，有能力去做自己应该做的事。"增能"一词的使用可以追溯到20世纪70年代，当时美国哥伦比亚大学学者 Solomon 提出对被歧视的美国非洲裔黑人增能的工作，从而把增能注入了社会工作，甚至社区工作的议程。代表作《黑人的增能：被压迫社区里的社会工作》。20世纪90年代以来，增能已成为社会工作领域提倡的重要价值观念和工作模式之一。

增能是个人在与他人同环境的积极互动过程中，获得更大的对生活空间的掌控能力和自信心，以及促进环境资源和机会的运用，以进一步帮助个人获得更多能力的过程。

增能社会工作的基本假设：第一，个人的无力感是由于环境的排挤和压迫（无力感的三个来源：负向评价、负面经验、无效行动）；第二，社会环境中存在的障碍使人无法发挥能力，但障碍可以改变；第三，服务对象有能力、有价值；第四，社会工作者与服务对象之间是一种合作关系。

增能理论不会指责受害者没有能力去获取资源和权力，相反，它关注到人们因为社会不公、歧视和压迫使自己的需要无法满足，遭遇失败。增能的目标在于通过削弱影响个体决定权、行动权的社会性或个别性障碍，增强个体运用权力的能力与自信。增能理论的核心概念有赋权、权力、无权和社会分层。

如何增能？在个人层面社工要帮助案主聚焦于个人发展、权力感和自我效能感的提升，重新定位自我；在人际层面上的增能强调社工运用有关家庭、群体和社区的专业知识提升案主的优势；在政治层面上的增能强调社工要帮助个人和团体学习知识技能去认识和影响政治进程。

个人增能，就是社工要下放权力给服务对象，让服务对象自己掌握自己的行为，做出选择，使服务对象对个人决定具有更多的控制权，然后让服务对象学习新的方法，采用那些可以给他们带来更满意、更有收获的结果的行为。

社会增能通过与他人的互动得到实现，是一个在社会关系中经过社会关系而获得权利的过程。所以要实现社会增能，必须了解案主所处环境中的社会权力以及案主拥有社会权力的机会大小。

第三章 新时代城市社区工作的模式选择

一、社区发展模式

(一) 概念阐述

新时代城市社区工作在日益复杂的挑战和需求面前,发展的模式选择至关重要,直接关系到社区的繁荣与稳定。本章节从社区发展模式的含义、理论假设、实施策略、特点和评价等多个方面展开探讨,旨在为广大城市社区工作者提供理论指导和实践参考。在特定背景下,社区发展模式可以理解为城市社区通过各种组织形式、参与机制和资源整合等手段,实现社区居民福祉、环境改善和经济发展的综合战略。在这一过程中,社区发展需要采取多元化的方式来满足不同居民的需求,同时需要政府、社区组织和市民共同参与,才能实现可持续发展。资源整合和创新是推动社区发展的关键,有效利用有限资源,促进各方共赢。

为了实现社区发展,确立明确的目标与战略非常必要,如此能够有效建立高效的组织结构与管理体系,创设广泛的参与机制与沟通渠道,并进行资源整合与利用。在这一过程中,社区发展模式具有多元化、全面性和可持续性等特点。多元化意味着在社区发展过程中,应充分考虑不同居民的文化、年龄、经济状况等特点,制定相应的发展策略。全面性则要求兼顾经济、社会、环境等多个方面的发展,确保社区取得平衡发展。可持续性强调合理利用资源和保护环境,注重长远发展。

在评价社区发展模式时,我们需要注意其优缺点。优点包括提高居民参与度和满意度、实现全面和可持续发展、有效整合资源和降低成本。而缺点则体现在实施过程中可能面临的资源不足、组织协调困难、需要时间和精力投入以及社区内部利益冲突等问题。结合党的二十大精神，新时代城市社区发展模式需要更加关注居民的需求和参与，充分发挥政府、社区组织和市民的作用，实现社区的多元化、全面性和可持续性发展。为了更好地推动城市社区发展，我们需要在实践中不断总结经验，探索适合中国特色的城市社区发展模式。本书的编写旨在为广大城市社区工作者提供理论指导和实践参考，帮助他们更好地应对新时代的挑战和需求，实现城市社区的繁荣与稳定。而在未来的研究中，我们还需要更加关注社区发展模式的实证分析，对不同类型的城市社区进行深入的比较研究，以期找到更加有效的社区发展路径。此外，我们还应该关注社区发展模式在实际操作中的难点和问题，为社区工作者提供更加具体和针对性的建议。

在现实生活和实际需求的基础上，我们可以从多个角度对城市社区发展模式进行优化和完善。首先，要加强政策支持。政府应当积极出台一系列具有针对性的政策措施，为城市社区发展创造良好的政策环境，从经济、社会和环境等多个层面支持和引导社区实现全面、协调、可持续发展。其次，要促进资源共享。通过建立跨部门、跨领域的资源共享平台，有效整合各类资源，为社区提供更多的发展机遇，实现社区多方共赢，推动各种资源在社区内得到充分利用。提升居民参与意识也是关键一环，通过举办培训、宣传等活动，提高居民对社区发展的认识和参与度，使他们成为社区发展的积极推动者，共同为社区的繁荣和进步做出贡献。此外，要加强与外部组织的合作。城市社区可以与企业、学校、社会团体等外部组织建立紧密的合作关系，共同推动社区发展，实现资源优化配置和共享，提高社区发展的整体效能。同样重要的是借鉴多地区的实践经验。通过学习先进的社区发展理念和实践经验，为我国城市社区发展提供有益借鉴，促进我国社区发展模式的创新和完善。同时，还需要加强科技创新与应用。利用现代科技手段，如大数据、"互联网+"等技术，提高社区管理和服务水平，实现社区智慧化、信息化发展，为居民提供更加便捷、高效的服务。

在城市新时代高质量发展的背景下，我们还需关注以下几个方面的发展。

一方面，要培育社区文化。加强社区文化建设，培育具有地域特色的社区文化，提升居民的归属感和认同感。通过开展丰富多彩的文化活动，促进居民之间的交流和融合，形成和谐共生的社区氛围。

另一方面，要深化社区治理体系改革。完善社区治理机制，推动社区治理体系改革，实现社区治理的精细化、专业化。加强社区自治，提高居民参与社区事务的能力和积极性，实现政府、社区组织和居民共同参与、协同治理的目标。

在社会层面加强社区服务体系建设，建立健全社区服务体系，提供全面、便捷、高质量的社区服务。依托社区服务中心，为居民提供教育、医疗、养老等公共服务，改善居民的生活质量，让居民享有更加美好的生活。同时努力实现社区绿色发展，积极推进社区绿色发展，保护生态环境，构建美丽宜居的社区环境。通过实施绿色建筑、绿色出行等项目，提高社区的环境质量和可持续性，为居民创造一个宜居、舒适的生活环境。引导社会力量参与社区建设，鼓励和引导社会力量参与社区建设，发挥社会组织和志愿者在社区发展中的作用。通过搭建多元化的合作平台，吸引企业、社会团体等各类社会力量投入社区建设，共同推动社区发展，实现社区的共同繁荣。

只有通过不断的实践和探索，我们才能更好地应对新时代城市社区面临的挑战，为居民创造更美好的生活环境。同时，我们还需努力将党的二十大精神、社会主义核心价值观和社会工作专业伦理原则贯穿到城市社区工作的各个方面，在城市新时代高质量发展的背景下，我们还需要关注以下几个方面的发展。

1. 培育社区文化：加强社区文化建设，培育具有地域特色的社区文化，提升居民的归属感和认同感。通过开展丰富多彩的文化活动，促进居民之间的交流和融合，形成和谐共生的社区氛围。

2. 深化社区治理体系改革：完善社区治理机制，推动社区治理体系改革，实现社区治理的精细化、专业化。加强社区自治，提高居民参与社区事务的能力和积极性，实现政府、社区组织和居民共同参与、协同治理的目标。

3. 加强社区服务体系建设：建立健全社区服务体系，提供全面、便捷、高质量的社区服务。依托社区服务中心，为居民提供教育、医疗、养老等公共服务，改善居民的生活质量。

4. 实现社区绿色发展：积极推进社区绿色发展，保护生态环境，构建美丽宜居的社区环境。通过实施绿色建筑、绿色出行等项目，提高社区的环境质量和可持续性。

5. 引导社会力量参与社区建设：鼓励和引导社会力量参与社区建设，发挥社会组织和志愿者在社区发展中的作用。通过搭建多元化的合作平台，吸引企业、社会团体等各类社会力量投入社区建设，共同推动社区发展。

（二）城市社区发展模式的案例分析

为了更全面地探究和运用城市社区发展模式，我们可以通过研究具体的案例，揭示其实践过程中的成功要素与面临的挑战。以下是四个城市社区发展模式的案例分析，这些案例将有助于我们更好地了解不同发展模式的优点和特色，从而为各类社区需求找到合适的解决方案。

1. 生态社区发展模式

生态社区发展模式重视环境保护和可持续发展，目的在于通过提升居民的环保意识、推广绿色生活方式以及改进社区生态环境，实现社区的可持续发展。以深圳市建设生态社区为例，该社区通过推行垃圾分类政策、建设绿色低碳建筑、进行环保教育活动等手段，增强了居民的环保意识和参与度，同时优化了社区的生态环境。这一发展模式在很大程度上提升了居民的生活品质，为社区的可持续发展奠定了基础。

2. 社会创新社区发展模式

社会创新社区发展模式强调创新和资源整合，通过挖掘社区内部的创新潜能和整合各方资源，实现社区多方共赢。以北京市社会创新社区建设工作为例，该社区通过建立创新孵化器、激励居民创业、举办社会企业培训等措施，培养了一批具有社会责任感的创业者和社会企业。这种发展模式不仅有助于解决社区内部的就业问题，还为社区经济发展注入了强大动力。

3. 智慧社区发展模式

智慧社区发展模式关注信息技术的应用与创新，旨在提高社区管理和服务效率，实现社区的智能化和现代化。未来，智慧社区的构建将成为趋势，智慧社区利用物联网、大数据、云计算等尖端技术，实现了社区公共安全、停车管理、照明系统等方面的智能化管理。这一发展模式不仅提高了社区的管理水平，还会为居民创造便捷舒适的生活环境。

4. 跨界合作社区发展模式

跨界合作社区发展模式着重社区与其他领域的合作与整合，通过共享资源、共创价值和互利共赢，促进社区的多元化发展。在第三代住宅区的概念中，社区与附近的企业、学校和社会组织等将会建立紧密的合作关系，共同推进教育、文化、康养等多个领域的项目。这种发展模式有助于拓展社区发展的空间，提升社区居民的生活品质。

(三) 社区发展模式的选择与实施建议

在新时代城市社区工作面临的挑战中，我们需要根据社区的特点和需求，选择适宜的发展模式。以下是社区发展模式选择与实施的一些建议。

1. 充分了解社区的现状，明确社区的需求。在选择发展模式之前，应对社区进行全面的调查和分析，了解社区的基本情况、居民特点、资源状况等，为发展模式的选择提供依据。

2. 参考其他成功案例，借鉴经验。可以通过研究其他城市和社区的成功案例，总结其中的经验和教训，为自身社区发展模式的选择和实施提供参考。

3. 强化组织建设，确保发展模式的有效实施。发展模式的实施需要有一定的组织保障，因此要加强社区组织建设，提高组织的凝聚力、执行力和创新力。这包括建立健全组织结构，明确各部门职责，加强内部沟通协调，提升组织的运作效率。

4. 深入推进政策宣传与培训。社区居民对发展模式的理解和支持程度对实施效果具有重要影响。因此，需要加强政策宣传和培训工作，提高居民对发展模式的认知度和参与度。

5. 定期评估与调整。在发展模式实施过程中，应定期对社区发展状况进行评估，以便及时发现问题并做出相应调整。同时，要关注国内外发展趋势和新兴理念，及时更新发展模式，以适应不断变化的社会环境。

6. 落实政策支持和资金保障。为了确保发展模式的顺利实施，需要争取政府及相关部门的支持，落实各项政策和资金保。

(四) 小结

本章节对多种发展模式进行了详细介绍，如生态社区、社会创新社区、智慧社区和跨界合作社区等，并给出了发展模式选择与实施的建议。这些内容将有助于社区工作者更好地应对新时代的挑战和需求，实现城市社区的繁荣与稳定。未来的研究可以进一步关注社区发展模式的实证分析、深入比较研究和实际操作中的难点和问题。只有通过不断的实践和探索，我们才能更好地应对新时代城市社区面临的挑战，为居民创造更美好的生活环境。

二、社会策划模式

(一) 概念阐述

在新时代城市社区工作中，社区策划模式的应用具有重要的意义和价值。一方面，社区策划模式能够有效提高社区工作的效率和质量。通过科学、理性的方法和社区居民的积极性和主动性，实现社区工作的有效实施和可持续发展。另一方面，社区策划模式可以促进社区治理的民主化和社会化，实现社区居民的主体地位和民主参与，提升社区居民的自我管理和自治能力，增强社区凝聚力和社会稳定性。综上所述，新时代城市社区工作与专业社会工作中的社区策划模式相结合，可以更加科学地解决社区问题，促进城市社区的可持续发展。通过建立社区参与机制、整合多方资源、保持创新和专业化、建立有效的评估和反馈机制等实施策略，全面提升社区工作的质量和效率，实现社区发展和社会稳定的良性循环。

社会策划模式，即在理性方法指导下，依靠专家的意见和知识，确立社区工作目标，选择最佳方案，动员和分配资源，适应变化的实际状况，解决社区问题的一种工作模式。它以社会服务机构的使命、宗旨、政策、资源为基础，关注社区需求，强调专业化和创新性，旨在提高城市社区工作的质量和效率。社区策划模式是新时代城市社区工作和专业社会工作中的一种理论基础和实践方法，是在社区发展和改进社区问题的基础上，以社区为中心，通过专业社会工作者的支持和指导，充分调动社区居民的积极性和主动性，实现社区发展和改进社区问题的目的。

在新时代城市社区工作中，社区策划模式是一种综合性、系统性的社区工作方法，它包括社区居民参与、资源整合、方案策划、实施执行、评价反馈等多个方面，旨在推动城市社区的可持续发展和居民的幸福生活。在专业社会工作中，社区策划模式是一种科学的社区工作方法，是通过科学、理性的策划方法和社区居民的积极性和主动性，发挥社区的自我管理和自治能力，促进社区居民的主体地位和民主参与，实现社区治理的民主化和社会化。

社区策划模式的实践方法是以社区为中心，通过社区居民参与、资源整合、方案策划、实施执行、评价反馈等一系列步骤，实现社区发展和改进社区问题的目的。在实践过程中，专业社会工作者需要积极协调各方面的资源，动员社区居民的积极性和主动性，同时也需要保持创新思维和方法，根据社区的实际需求和变化进行调整和改进。在新时代城市社区工作和专业社会工作中，社区策划模式的核心理念是充分发挥社区居民的积极性和主动性，以社区为中心，通过专业社会工作者的支持和指导，实现社区发展和改进社区问题的目的。

社区策划模式的理论假设是，专业社会工作者应该以社区为中心，充分发挥社区居民的积极性和主动性，促进社区发展。在具体实践中，社区策划模式通常分为策划阶段、实施阶段和评价阶段三个阶段。其中，策划阶段需要专业社会工作者充分了解社区居民的需求和问题，分析社区资源和环境的现状，确定社区工作的目标和方向，并规划实现目标的具体步骤和方案。实施阶段需要专业社会工作者积极协调各方面的资源，动员社区居民的积极性和主动性，实施社区工作的具体方案，不断调整和完善工作的实施过程。评价阶段需要专业社会工作者对社区工作的实施过程和结果进行全面、客观的评价，发现问题和不足，为下一阶段的探讨提供经验和参考。

社会策划模式的理论假设主要围绕以下几个核心观点展开。

首先，社区问题可以通过科学、理性的方法加以解决。这意味着在解决社区问题时，我们要运用科学的方法论，以理性的态度去分析问题，寻找合适的解决方案。

专家意见和知识对解决社区问题具有重要价值。在解决社区问题的过程中，我们应当充分利用专家的知识和经验，借鉴他们的专业见解，以更加高效的方式解决问题。另外，社区工作目标和方案的选择应基于对社会服务机构的使命、宗旨、政策、资源的准确把握。这要求社区工作者在制订社区工作计划时，要深入了解和研究相关社会服务机构的性质和目标，以确保制订出符合实际需求的工作目标和方案。

此外，社区工作过程中的资源动员和分配具有关键作用。为了确保社区工作的顺利进行，我们需要充分调动和合理分配各类资源，使资源能够得到充分利用，提高社区工作的效益。

不仅如此，社区工作应灵活应对实际状况的变化，随时调整计划。在社区工作的过程中，工作人员要根据实际情况的变化，灵活调整工作计划，以确保社区工作能够更好地适应不断变化的环境。

社区策划模式在新时代城市社区工作中的实施策略主要包括以下几个方面：首先，建立社区参与机制，充分发挥社区居民的积极性和主动性，使社区工作更加符合社区居民的需求和实际情况。其次，整合多方资源，动员政府、企业、民间组织等多元主体的资源和能力，实现资源的优化配置，提高社区发展的可持续性。再次，保持创新和专业化，注重专业社会工作者的专业知识和技能，同时也需要保持创新思维和方法，根据社区的实际需求和变化进行调整和改进。最后，建立有效的评估和反馈机制，全面客观地评价社区工作的实施过程和结果，发现问题和不足，为下一阶段的工作提供经验和参考。

随着城市化的快速发展，城市社区面临着多样化的社会问题，如社区服务不足、社区治理不力、社区文化缺失等。因此，实施社区策划模式，将有助于解决这些问题。社区策划模式能够准确把握社区的需求，选择最佳工作方案，动员和分配资源，适应变化，并在工作结束时总结和反思。这一系列的实施策略可以使社区工作更加高效、有序和系统。

同时，新时代的中国城市也面临着许多新的挑战，如环境污染、城市交通拥堵、社会治安等问题。在这种情况下，社区策划模式可以发挥更大的作用。社区工作者可以通过社区策划模式，积极引导居民参与社区建设，增强居民的环保意识和责任感，加强社区治安管理等，从而实现城市社区的可持续发展。

社区策划模式的实施策略需要从以下几个方面考虑。

1. 确定社区工作目标。社区工作目标应该是具体、可衡量、可实现的。社区工作者需要准确把握社会服务机构的使命、宗旨、政策、资源等信息，结合社区居民需求和实际情况来确定目标，以推进社区工作。

2. 选择最佳工作方案。社区工作者需要从多个预选方案中选择一个最佳的工作方案，以实现社区工作目标。在选择最佳工作方案时需要考虑多个方面的因素，如资源分配、居民需求、可行性等。

3. 动员和分配资源。社区策划模式的实施需要动员和分配政府、企业、民间组织等多元主体的资源和能力，实现资源的优化配置。社区工作者需要具备资源整合和协调的能力，将社区各方面的资源整合起来，以实现社区的可持续发展和解决社区问题。

4. 适应变化。在实践中，社区工作面临着不断变化的实际状况，因此需要根据不断变化的实际状况，随时调整计划，确保计划朝向预定目标前进。社区工作者需要具备灵活应变的能力，及时应对各种变化，以保证社区工作的有效性。

5. 总结与反思。在社区工作结束时，需要对计划执行情况进行总结和反思，分析成功经验和存在的问题，为下一阶段的社区工作提供参考。社区工作者需要不断总结和反思，不断提高社区工作的质量和效果。

以上几个方面的实施策略不是孤立的，而是相互依存的。只有将这几个方面的策略有机结合起来，才能够实现社区工作的顺利推进和有效实施。

城市社区工作的开展呈现出许多新的特点和挑战。城市社区是城市的基本组成部分，社区工作旨在为社区居民提供优质的服务和支持，促进社区的全面发展。在城市化和信息化的推动下，城市社区工作也在不断创新和进步。因此，对城市社区工作中使用社区策划模式的思考也需要与时俱进。社区策划模式具有多方面的特点，例如，充分发挥社区居民的积极性和主动性；强调专业社会工作者的专业知识和技能；整合多方资源，提高资源利用效率；注重创新思维和方法，不断适应社区的需求和变化等。

城市社区工作需要以居民为中心，关注社区需求，制订符合实际情况的工作计划。社区策划模式的使用正是有助于实现这一目标。城市社区工作需要借助社区策划模式的优势，尤其是理性方法的指导和资源整合的策略，提高工作的科学性和效率，推动城市社区工作的不断发展。城市社区工作需要注重专业化和创新性。城市社区工作不仅需要有专业知识和技能，还需要不断创新和进步。社区策划模式的应用有助于社区工作者提高专业水平，推动社区工作的创新和进步。城市社区工作中需要在社区策划模式的基础上，进一步加强知识与技能的更新，结合实际情况推动工作不断创新和提高。城市社区工作需要灵活应对实际状况。城市社区工作难免会遇到各种问题和挑战，需要社区工作者在工作中能够灵活调整计划，适应变化的实际状况。社区策划模式的使用也需要灵活应用，根据实际情况进行调整和完善。城市社区工作需要在社区策划模式的基础上，更加注重实践与创新，不断改进和优化工作。

城市社区工作中使用社区策划模式具有许多特点，如强调理性方法的指导、关注社区需求、注重专业化和创新性、资源整合与优化配置、灵活应对实际状况等。这些特点不仅有利于城市社区工作的开展和提升，还能为城市社区的可持续发展和共建共享提供重要支持。

在对城市社区工作的开展进行探讨时，专家学者们对社区策划模式的评价各持己见。有人认为这种模式有诸多优点，如提高工作效率、强化资源整合能力、注重创新和专业化以及具备较强的适应变化能力。但同时也存在一些缺点，如过度强调专家意见、实施难度较高和可能存在资源浪费等问题。

社区策划模式通过采用科学、理性的方法以及充分利用专家意见和知识，有效地提高了社区工作的效率。这种模式能够调动和分配多元主体的资源和能力，实现资源的优化配置，以更好地解决社区问题。在社区工作中，鼓励创新思维和方法以及提高专业化水平对于提升工作质量和居民满意度十分重要。此外，社区策划模式在面对实际状况的变化时，能够保持足够的灵活性和应变能力。它确保了计划能朝着预定目标前进，并能够及时调整和优化方案。社区策划模式也存在一定的缺陷。有时，过分依赖专家意见可能导致忽视民间智慧和社区居民的实际需求，使方案与实际情况脱节。为了避免这一问题，有必要更加关注民众的声音，充分调查和了解社区居民的需求。由于社区策划模式对专业水平和资源整合能力要求较高，实施过程中可能面临较大的困难和挑战。因此，各方需要共同努力，克服阻力，保证计划的顺利进行。在动员和分配资源的过程中，如若管理不善，可能导致资源的浪费。为避免这一问题，有必要加强对资源使用的监督和评估，确保资源得到合理利用。这需要政府、企业和社会组织密切合作，形成有效的监管机制，从而确保社区策划模式在实际操作中能够充分发挥其优势，为城市社区工作的开展提供有力支持。

在深入研究中国城市社区工作的开展时，我们会发现社区策划模式在实际应用中表现出许多优势。这种模式有助于提升社区工作的整体水平，但在实践中也面临着一些挑战。因此，我们有必要对社区策划模式的利弊进行全面分析，从而找到更有效的方法来推动社区工作的进步。

正如之前所提到的，社区策划模式具有显著的优点，如提高工作效率、强化资源整合能力、注重创新与专业化，以及拥有较强的适应变化能力。这些优点使得社区策划模式成了许多城市社区工作的理想选择。在提高工作效率方面，社区策划模式利用科学和理性的方法，结合专家意见和知识，能更精确地定位社区需求和问题，从而优化工作方案。这种方法不仅能使社区工作更加高效，还有助于减少不必要的时间和资源浪费。在强化资源整合能力方面，社区策划模式鼓励跨部门、跨领域的合作，有利于打破传统的资源分割现象，实现资源的优化配置。这有助于更好地解决社区问题，提高居民的生活质量。在注重创新与专业化方面，社区策划模式倡导创新思维和方法，推动专业化水平的提升。这种做法有助于社区工作者更好地适应社会发展的新趋势，为居民提供更优质的服务。在适应变化能力方面，社区策划模式具备灵活性，能够及时调整计划和方案以应对实际状况的变化。这种能力使得社区工作能够更好地适应快速发展的社会环境，更好地满足居民日益多样化的需求。

然而，我们也应看到社区策划模式的局限性。有时，过度依赖专家意见可能导致忽视民间智慧和社区居民的实际需求。因此，在实施社区策划模式时，应充分调查和了解社区居民的需求，尽量让方案贴近实际情况。同时，由于这种模式对专业水平和资源整合能力要求较高，实施过程中可能面临较大的困难和挑战。为了克服这些困难，有必要加强专业人才的培养，提升社区工作者的综合能力。此外，还需要搭建有效的沟通和协作平台，促进各方资源的共享与整合。资源浪费是另一个亟待解决的问题。在动员和分配资源的过程中，如果管理不善，可能导致资源的浪费。为了避免这一问题，有必要加强对资源使用的监督和评估，确保资源得到合理利用。可以建立完善的监管机制，对资源分配和使用进行实时监控，及时发现并纠正问题。同时，还应注重培养社区居民的资源节约意识，形成绿色、环保的社区氛围。

社区策划模式在提高社区工作效率、强化资源整合能力、注重创新与专业化，以及适应变化能力等方面具有明显优势。然而，我们也要注意到其存在的一些问题，如过度依赖专家意见、实施难度较高，以及可能出现的资源浪费等。因此，在实践中，我们需要在发挥其优点的同时，积极寻求解决这些问题的方法，努力实现社区工作的更好发展。具体措施包括充分调查和了解社区居民的需求，加强专业人才的培养，建立有效的沟通和协作平台，以及加强资源使用的监督和评估等。只有这样，我们才能确保社区策划模式在推动城市社区工作的发展过程中发挥出最大的作用。

（二）城市社会策划发展模式的案例分析

近年来，杭州市拱墅区在社区治理方面取得了显著成果，其中一个重要原因是该区积极采用社会策划模式。通过引入民间组织参与社区治理、整合多方面的社会资源，拱墅区成功实现了社区的可持续发展。在这里，我们将通过分析拱墅区的几个具有代表性的案例来进一步阐述社会策划模式的优势以及具体实践过程。

首先，拱墅区的丝绸之路社区，以"丝绸文化"为核心，成功吸引了大量民间组织和企业参与其中。在这个社区里，丝绸文化博物馆成为文化传承的重要载体，通过举办各种丰富多彩的文化活动和技艺培训，以此来传承和弘扬丝绸文化。此外，丝绸之路社区还与周边商家和创意产业园区展开合作，共同打造了一条集文化、艺术和商业于一体的"丝绸文化产业链"，有效地推动了社区经济发展，为居民提供了更多的就业机会。

绿城社区环保项目则是通过与民间环保组织的合作，实施了一系列环保措施，如垃圾分类、绿色出行、节能减排等。这些项目旨在鼓励居民积极参与环保行动，提高社区的环境质量。同时，绿城社区还积极开展环保知识普及和技能培训活动，从而增强居民的环保意识和参与度。拱墅区在多个社区设立了联合服务中心，将政府、企业、民间组织等多元主体资源整合到一起，为社区居民提供一站式综合服务。服务内容包括了教育、医疗、养老、文化等多个领域，这使得社区服务的便捷性和满意度大幅度提升。在社区治理创新方面，拱墅区通过引入专业社工团队，开展了一系列创新型社区治理项目，如邻里调解、家庭关爱和心理援助等。这些项目遵循问题导向和需求导向的原则，充分关注和回应居民的实际需求，为社区和谐稳定做出了积极贡献。

综合以上案例分析，我们可以看到杭州市拱墅区在社会策划模式的实践中取得了显著的成果。通过整合社会资源，充分调动民间力量，拱墅区成功推动了社区多元化、可持续发展。这为其他城市的社区工作提供了宝贵的借鉴和经验。

然而，这些案例也揭示了社会策划模式在实践过程中可能遇到的挑战。例如，如何平衡专家意见与民间智慧的关系，以充分尊重和满足社区居民的实际需求；如何提高社会策划模式的实施难度，克服高专业水平和资源整合能力的要求；以及如何避免资源浪费，确保在动员和分配资源过程中的高效管理。针对这些挑战，未来的社区治理实践需要在保持社会策划模式优势的基础上，加强创新和完善。

杭州市拱墅区的实践为我们提供了一个生动的例证，展示了社会策划模式在推动社区治理、提高居民生活质量方面的巨大潜力。为了更好地实现社区治理目标，各地政府和社区组织可以借鉴拱墅区的成功经验，积极探索社会策划模式在本地的实践途径。同时，也需要关注模式实践中可能出现的问题和挑战，以期不断优化和完善社会策划模式，为构建更美好的社区生活共同努力。

（三）社会策划模式的选择与实施

在新时代城市社区工作中，选择与实施社会策划模式时，我们需要关注以下几个关键方面。

要准确把握社会服务机构的使命、宗旨、政策和资源。这些因素构成社会策划模式的基础，对于确立工作目标和选择方案具有关键作用。我们需要对这些因素有清晰的认识，以确保社区工作的方向和计划能够切实符合实际需求。

要注重民间智慧和居民需求。在依赖专家意见和知识的同时，我们要充分挖掘民间智慧，关注社区居民的实际需求，避免出现脱离实际的现象。这将有助于让社区工作更加贴近居民，提高工作的实际效果。

要强化资源整合能力。为了提高社区工作效率，我们需要充分发挥政府、企业、民间组织等多元主体的作用，通过资源整合和优化配置，将各类资源用到最需要的地方。这样，我们才能确保社区工作能够高效地进行。

要保持创新和专业化。我们应鼓励创新思维和方法，提高专业化水平，不断提升社区工作的质量和效果。在社区工作中，创新和专业化将有助于我们更好地应对各种挑战，从而取得更好的工作成果。

同时，要灵活应对实际状况。在工作过程中，我们需要适应不断变化的实际状况，随时调整计划，确保计划朝向预定目标前进。只有这样，我们才能应对各种不确定因素，让社区工作始终处于正确的轨道上。

最后，要建立有效的评估和反馈机制。通过总结和反思工作经验和问题，我们可以不断优化社会策划模式，为下一阶段的社区工作提供支持。有了这样的评估和反馈机制，我们将能够不断改进社区工作，提高工作效果。

（四）章节小结

本章我们深入探讨了社会策划模式在社区治理实践中的运用及其优缺点。本章小结将对本章内容进行全面梳理，以便对社会策划模式有一个系统的理解。

社会策划模式的核心理念：我们首先讨论了社会策划模式的核心理念，强调了以专家意见和知识为基础的科学决策、多元主体参与、资源整合和创新实践在社区治理中的重要作用。

本章详细分析了社会策划模式在提高工作效率、强化资源整合能力、注重创新和专业化以及适应变化能力等方面的优势。这些优势使得社会策划模式在社区治理中具有很高的应用价值。我们也客观地指出了社会策划模式在过度强调专家意见、实施难度较高以及可能存在资源浪费等方面的不足。这些问题需要在实际操作中加以关注和改进。

此外，本章通过对杭州市拱墅区的具体案例进行分析，展示了社会策划模式在推动社区多元化、可持续发展方面的实际成效。同时，案例分析也揭示了社会策划模式在实践过程中可能遇到的挑战，为我们提供了更为全面的认识。在总结本章内容的基础上，我们探讨了未来社区治理实践中如何在保持社会策划模式优势的基础上，加强创新和完善，以更好地实现社区治理目标。通过本章的学习和讨论，我们对社会策划模式在社区治理中的作用和影响有了更为深入的理解。希望本章内容能为广大读者在社区治理实践中提供有益的启示和借鉴。

新时代城市社区工作需要在理论与实践、专业与创新、资源整合与优化配置等方面不断探索，发挥社会策划模式的优势，促进城市社区的和谐、稳定与发展。

三、社会行动模式

（一）概念阐述

在新时代城市社区工作中，社会行动模式作为一种重要的工作模式引入关注。这种模式又被称为社区行动、抗议行动或冲突模式。它的核心理念在于，社区中存在一批弱势群体，他们需要团结起来，与其他人共同争取在社会资源分配和待遇上的公平。因此，社会行动模式的工作对象通常是社会地位较低、资源有限、易受忽视和不公平对待的人群。

在中国城市社区工作的背景下，弱势群体可能包括老年人、残疾人、低收入家庭、少数民族和流动人口等。老年人因年龄增长在生活、健康和经济方面往往面临更多困难，需要得到更多关爱和支持。身体或智力残疾使得残疾人在生活、工作和社会参与等方面面临更多挑战，需要得到更多的关注和帮助。贫困家庭在教育、医疗、住房等方面难以享有与其他群体同等的待遇和机会，需要得到更多的扶持和关爱。由于历史、文化和地理原因，少数民族群体在社会、经济和文化等方面可能面临不利条件，需要得到更多的关注和支持。农民工、外来务工人员等流动人口在城市生活中往往面临住房、就业、子女教育等问题，需要得到更多的帮助和关爱。

在社会行动模式中，关注弱势群体的需求和权益，通过集体行动争取支持和资源，促使社会权力、地位、资源合理再分配，以实现社会公平和正义。同时，强化弱势群体的自我意识和社会意识，帮助他们提升自己的生活状况和地位。

社会行动模式的理论基础建立在以下几个假设之上：首先，弱势群体的权益受到压迫，需要行动来维护；其次，通过集体行动，这些弱势群体能够争取到支持和资源；最后，合理地再分配社会资源、权力和地位，有助于实现社会的民主和公正。

在实施社会行动模式时，可采取多种策略。首先，充分发挥社区工作者的作用，帮助弱势群体组织起来并发声；其次，广泛宣传以提高社会各阶层对弱势群体的关注度，争取更多的支持；再次，运用各种途径，如抗议、请愿等，向政府和有关部门提出诉求，争取改善待遇；最后，关注行动的成果，确保资源、权力和地位的合理再分配，提升弱势群体的生活水平。

社会行动模式的特点主要体现在以下几个方面：首先，该模式强调集体行动的力量，认为只有团结一致，才能实现目标；其次，它关注弱势群体的权益，旨在改善他们的生活状况，提高他们在社会中的地位；最后，它提倡民主和公正的价值观，追求社会的和谐与稳定。

对于社会行动模式的评价，可以从优点和缺点两个方面进行分析。优点方面，它能够增强弱势群体的自我意识和社会意识，消除他们的无助感；通过争取资源、权力和地位的再分配，使社会更加公正；此外，它还能够提高社会对弱势群体的关注度，增强社会的包容性和凝聚力。

然而，社会行动模式也存在一些不足之处。首先，社会行动可能引发社会冲突，导致社会秩序的不稳定；其次，过于激进的行动可能使政府对待弱势群体的态度变得消极，反而不利于解决问题；最后，过分强调弱势群体的利益，可能导致忽视其他群体的需求，不利于整个社会的和谐发展。

社会行动模式在新时代城市社区工作中具有一定的价值和意义。在实践过程中，我们需要充分认识其优点和局限，采取适当的策略，有针对性地解决弱势群体面临的问题。同时，结合党的二十大精神，努力提高社区工作的实效性，为建设和谐、美好的社会做出更多的贡献。

在未来的城市社区工作中，我们应该更加关注弱势群体的权益，倡导公平、民主的价值观，深入了解不同群体的需求，制定更加科学、有效的政策。通过加强社会行动模式的实施，我们可以为弱势群体提供更好的帮助，促进社会资源的合理分配，使得社会更加公正。为了实现这一目标，我们还需要进一步完善社会行动模式的理论体系，结合实际情况进行创新。例如，在实施过程中，可以尝试采用新的技术手段，如社交媒体、网络直播等，扩大弱势群体的声音，提高他们的影响力。同时，我们还应该加强对社会行动模式的研究，总结经验教训，不断优化实施策略，提高工作效果。此外，我们还应该加强跨部门、跨地区的合作，搭建良好的沟通平台，分享成功经验，共同应对挑战。通过深入开展城市社区工作，我们可以为实现全面建设社会主义现代化国家的宏伟目标，为人民群众创造更加美好的生活环境贡献力量。

与此同时，我们还需关注其他群体的需求，保持社会的平衡发展。在强调弱势群体权益的同时，避免矛盾激化，形成恶性循环。通过坚持民主、公平的原则，努力营造一个和谐、稳定的社会环境，使各个群体都能在城市社区中找到自己的位置，共同分享社会发展的成果。在全面贯彻党的二十大精神的过程中，我们要始终保持对弱势群体的关注，努力提高社区工作的针对性和实效性，为构建更加公平、民主的社会做出积极努力。只有这样，我们才能确保新时代城市社区工作的持续发展，为全面建设社会主义现代化国家创造良好的社会环境。

（二）社会行动模式中社会工作者的角色

社会工作者在新时代中国城市的社区工作中应用社会行动模式，可以遵循以下几个步骤。

1. 了解和识别弱势群体：社会工作者首先需要深入了解社区的现状，识别出处于不利地位的弱势群体，包括老年人、残疾人、低收入家庭、少数民族和流动人口等。了解他们在生活、工作和社会参与等方面所面临的困难和挑战。

2. 建立联系和信任：社会工作者要与弱势群体建立紧密联系，与他们沟通交流，了解他们的需求和期望，逐步建立起信任关系，为后续的社会行动打下坚实基础。

3. 动员和组织：在充分了解弱势群体需求的基础上，社会工作者可以动员他们参与相关活动，帮助他们组织起来，形成一个共同为权益而奋斗的团体。

4. 确定目标和策略：社会工作者与弱势群体共同商议，确定可行的目标和策略，包括争取资源、提高社会关注度等。在制定策略时要确保合理性和可行性，同时注意平衡各方利益，避免过激行为导致社会冲突。

5. 开展行动和宣传：在明确目标和策略后，社会工作者引导弱势群体开展合适的社会行动，如举办座谈会、论坛、集体讨论等。同时，通过媒体和社交平台宣传活动，提高社会各界对弱势群体问题的关注度。

6. 评估成果和调整策略：社会工作者需要持续关注社会行动的成果，对行动过程中遇到的问题及时进行调整和优化。在取得初步成果后，根据实际情况调整策略，进一步争取资源和支持，提升弱势群体的地位和生活水平。

7. 培养自主能力：在整个社会行动过程中，社会工作者要注重培养弱势群体的自主能力和社会意识，帮助他们提高自我保护和维权的能力，使他们在未来的生活中能够更好地应对挑战。

8. 跨界合作：社会工作者可以与其他专业人士、组织和机构合作，共同解决弱势群体面临的问题。例如，与法律援助机构合作为弱势群体提供法律咨询和支持；与企事业单位合作，为弱势群体提供就业和培训机会；与医疗机构合作，为弱势群体提供健康服务等。

9. 持续关注政策变化：社会工作者要密切关注国家和地方政策的变化，了解哪些政策对弱势群体有利，及时将相关信息传递给他们，帮助他们充分利用政策优势，改善自身处境。

10. 形成长效机制：社会工作者要努力将社会行动模式与社区工作的其他方面相结合，形成一个长效的工作机制，以确保弱势群体的权益得到持续关注和改善。例如，可以将社会行动模式与社区自治、社区服务等方面相结合，激发社区居民的参与意识和能动性。

通过以上步骤，社会工作者可以在新时代中国城市社区工作中有效地运用社会行动模式，实现弱势群体权益的改善和社会公平正义的推动。需要注意的是，社会工作者在实践过程中要保持敏锐的洞察力，及时发现社区内的新问题和需求，调整工作策略，以应对不断变化的社会环境。总之，在新时代中国城市社区工作中，社会工作者运用社会行动模式，关注和维护弱势群体的权益，推动社会资源、权力和地位的合理分配，实现社会公平与正义。在实践过程中，要灵活调整策略，充分利用社会资源，跨界合作，培养弱势群体的自主能力，持续推动社区工作的开展。

（三）城市社会行动模式的案例分析

在上海市闵行区的一个社区内，有一定数量的残障人士，他们在生活和工作中面临诸多困难。为了维护残疾人的权益，社区工作者和志愿者开始着手组织相关活动。他们通过举办座谈会、论坛等形式，提高整个社会对残疾人权益的关注，争取到更多的支持和资源。在社区工作者的引导下，残疾人家庭成立了一个自助互助小组，相互之间互帮互助，共同面对生活中的困难。经过一段时间的努力，社会各界对残疾人权益的关注度逐渐提高，政府开始加大对残疾人的扶持力度，为他们提供更好的就业机会和生活保障。在这个过程中，社区工作者发挥了关键作用，帮助残疾人群体组织起来，增强了他们的自我意识和社会意识，使他们在争取权益的过程中不再感到无助。

在长三角和珠三角城市群中，许多来自农村的外来务工人员面临着子女教育的问题。为了帮助这些孩子更好地融入城市生活，享受与城市孩子同等的教育机会，社区工作者和志愿者采取了一系列措施。他们开展了对农民工子女的义务教育支持项目，包括提供免费课后辅导、组织文体活动、设立奖学金等。此外，他们还积极与当地教育部门沟通，争取为这些孩子提供更多的教育资源。

通过以上两个案例的分析，我们可以看出社会行动模式在新时代城市社区工作中的重要作用。在实践中，我们需要充分发挥社区工作者和弱势群体的作用，根据实际情况采取合理的策略，以实现资源、权力和地位的合理再分配，推动社会公平与正义。同时，我们还应注意平衡各方利益，避免过激行为导致社会冲突和不稳定，以确保社区工作的和谐与发展。

在外来务工者较多的城市中，众多的随迁老年人因为子女工作繁忙而缺乏关爱和陪伴。为了改善老年人的生活质量，社区工作者和志愿者发起针对老年人的关爱行动。他们组织了老年人互助小组，让他们相互照顾，分享生活经验。此外，还策划了丰富多彩的活动，如书画兴趣班、健身课程、养生讲座等，以丰富老年人的精神生活。

在这一系列行动的推动下，老年人的生活得到了很大的改善，他们的精神状态也变得更加积极向上。政府和社会各界也给予了足够的支持和关注，为老年人提供了更多的养老服务和福利。这个案例再次证明了社会行动模式在应对城市弱势群体问题方面的有效性。

通过多案例交叉对比可以发现，社会行动模式在解决城市社区弱势群体问题方面具有显著的效果。社区工作者和志愿者的参与，以及他们与政府、企业、公众等各方的合作，有助于调动更多的资源，为弱势群体提供更多的支持。社区工作者在社会行动模式中起到了关键作用。他们具有专业知识和实践经验，能够引导和组织弱势群体，帮助他们增强自我意识和社会意识，提高争取权益的能力。此外，社会行动模式有助于推动社会公平和正义。通过争取资源、权力和地位的合理再分配，弱势群体能够获得更多的机会和发展空间，进而提高他们的生活质量。

而在实践过程中，我们需要注意平衡各方利益，避免过激行为导致社会冲突和不稳定。此外，还应关注社区工作的可持续性，确保为弱势群体提供持续、有效的支持和服务。

在新时代的城市社区工作中，我们应充分认识和发挥社会行动模式的作用，关注和关爱弱势群体，为他们创造更多的发展机会，努力实现社会公平与正义。在这个过程中，我们要紧密团结和合作，共同为构建和谐、美好的城市社区而努力。

通过以上分析，我们可以看出社会行动模式在新时代城市社区工作中的重要作用。在实践中，我们需要充分发挥社区工作者和弱势群体的作用，根据实际情况采取合理的策略，以实现资源、权力和地位的合理再分配，推动社会公平与正义。同时，我们还应注意平衡各方利益，避免过激行为导致社会冲突和不稳定，以确保社区工作的和谐与发展。

（四）社会行动模式的选择条件与实施策略

社会行动模式的选择条件与实施策略主要包括以下几点。

第一，要明确社会行动模式是否适用于当前社区工作的环境。在一些情况下，与政府、企业等相关方协商可能是解决问题的更好途径。但在某些情况下，弱势群体可能因为资源、权力和地位的不平等而难以与有关方面公平地协商，此时采用社会行动模式可能更有利于解决问题。

此外，社区工作者应具备较高的专业素养和能力。他们需要了解政策法规、熟悉社会运作机制，并具备组织、协调、沟通等方面的能力，才能在社会行动过程中发挥关键作用。

弱势群体要具备一定的组织意识。他们需要意识到自己的权益受到了侵害，只有通过集体行动才能实现公平对待。此外，他们还需要学会如何表达诉求、如何与其他群体沟通合作，以便在行动中取得更大的支持。同时，要关注社会行动模式的实施过程。这包括及时关注行动的成果，以确保资源、权力和地位的合理再分配；同时，要注意避免激进行为，以免引发不必要的社会冲突。

社会行动模式是新时代城市社区工作的一个重要选择。在实施过程中，我们需要根据实际情况，充分发挥社区工作者和弱势群体的作用，采取合理的策略，以实现资源、权力和地位的合理再分配，推动社会公平与正义。同时，我们还应注意平衡各方利益，避免过激行为导致社会冲突和不稳定，以确保社区工作的和谐与发展。

（五）小结

在未来的城市社区工作中，社会行动模式将继续发挥重要作用。随着城市化进程的加速和社会结构的变化，我们需要不断总结经验，完善社会行动模式的理论和实践体系，以更好地应对新时代的挑战和需求。通过加强社区工作者的培训、增强弱势群体的自我意识和社会意识，以及完善社会舆论、法律等多方面的支持，我们可以让社会行动模式在保障弱势群体权益、促进社会公平与正义方面发挥更大的作用。在实践中，我们还需要加强与其他城市社区工作模式的结合与互动。例如，在某些情况下，我们可以将社会行动模式与社区发展模式、资源互助模式等相结合，共同推动社区工作的多元化发展。通过这种方式，我们可以更好地满足社区居民的需求，提升社区的凝聚力和活力。

四、社区照顾模式

（一）概念阐述

随着我国城市化进程的加速发展，城市社区面临着照顾需求日益凸显的问题。为满足广大市民对优质生活的向往，政府、社会组织和企业纷纷投身社区照顾服务。本章将深入探讨新时代城市社区工作的模式选择——社区照顾模式，分析其实施策略、特点、优缺点以及案例，以期为社区照顾模式的选择条件和实施策略提供借鉴。社区照顾模式是一种以社会工作者为引领，整合社区内部资源，利用非正式支持网络和正式服务机构，为需求照顾的居民提供在家庭和社区环境中的关爱和支持的模式。这一模式致力于构建一个由非正式网络和各类正式社会服务机构共同组成的社会服务网络。社区照顾模式背后的理论假设有以下几点：首先，社区具备自我治理能力，能够作为一个整体满足居民需求；其次，非正式支持网络和正式服务机构在社区内部相互结合，能更好地满足居民需求；再次，社区照顾模式有助于提高居民生活质量和幸福感；最后，社区照顾模式能积极推动政府、社会组织和企业的参与。

为了实现社区照顾模式，需要关注以下几个方面：首先，完善社区治理机制，提高社区治理能力，确保社区服务的有效性；其次，加强社区服务机构建设，提供多元化、专业化的服务，以满足居民多样化的需求；再次，鼓励居民积极参与社区事务，发挥居民在社区建设中的主体作用；最后，创新社区合作模式，搭建政府、企业、社会组织之间的合作平台，实现资源共享。社区照顾模式具有以下显著特点：以人为本，紧密围绕居民的需求，提供切实可行的关爱和支持；服务内容丰富多样，涵盖养老、育幼、残疾人照顾等方面；具有灵活性和可持续性，能够适应社会变革和发展；社区参与度高，可以充分发挥居民的积极性和创造力。

如果要更好地发展城市社区照顾模式，社会工作者在统筹照顾主体资源时应在实践中积极调动五社联动思维，即通过社区、社会工作者、社区社会组织、社区志愿者、社区公益慈善资源共同构建一个满足居民需求为导向的社会关爱服务体系。为了更好地推广五社联动政策背景下的社区照顾模式，各地还可以根据自身的实际情况，开展具有地方特色的项目。例如，山区地区可以通过乡村振兴战略，充分利用当地资源，发展乡村旅游、特色农业等产业，为社区提供更多的就业机会，从而缓解留守儿童、空巢老人等特殊群体的照顾需求。

社区照顾模式优势突出，是未来社区发展的一大趋势。在优点方面，它能有效整合社区资源，提高资源利用效率；增强社区凝聚力，促进居民之间的互助互爱；减轻政府负担，缓解公共服务供需矛盾；有助于提升居民生活质量，提高人民群众的幸福感。然而，也存在一些不足之处。例如，社区照顾质量参差不齐，专业水平有待提高；社区服务资源分布不均，容易出现服务空白地带；部分地区居民参与度不高，影响社区照顾模式的发展；有时过度依赖社区资源，可能影响到政府履行社会职责。

在推动社区照顾模式的过程中，我们还需关注以下几个方面：首先是加强社区工作者的培训和素质提升。社区工作者是推动社区照顾模式实施的重要力量，只有具备专业知识和服务技能的社区工作者，才能更好地满足居民的需求。因此，政府和相关部门应加大对社区工作者的培训力度，提高其专业素质，使他们更好地服务于居民。另外，在"五社联动"的政策推动下提高社会组织参与度。社会组织在社区照顾模式中起到关键作用，可以为居民提供更加多样化、专业化的服务。政府应当加强与社会组织的合作，鼓励社会组织积极参与社区照顾服务，发挥其专业优势，提升社区服务水平。同时，需要注重居民自主参与。居民是社区照顾模式的主体，他们的参与度直接影响到服务的质量和效果。因此，在推动社区照顾模式的过程中，应当充分尊重居民的意愿和需求，鼓励他们参与到社区事务中来，发挥居民的主体作用，共同维护社区利益。完善政策法规，为社区照顾模式提供良好的制度保障。政府应当出台相应的政策措施，为社区照顾模式的推广和实施提供法律依据，同时加大对社区服务项目的扶持力度，创造有利于社区照顾模式发展的环境。

(二) 城市社区照顾模式的案例分析

推进"五社联动"，关爱"一老一小"，为了满足社区内居民的需求，在五社联动政策背景下实施社区照顾模式时，需要考虑一系列选择条件和实施策略。选择条件包括明确的居民需求、资源和服务基础，以及完善的社区治理机制。实施策略则涉及宣传推广、社区服务机构建设、优化资源配置、居民参与、政策支持和跨界合作等方面。五社联动政策和理念得到了广泛的应用和推广。以下是一些城市实践的案例，它们展示了五社联动在社区照顾模式中的实际应用。

成都市武侯区政府与社会组织、企事业单位、社区居民和社工团队联动，共同打造了"阳光关爱"计划，为社区内的孤寡老人、残疾人和留守儿童提供关爱服务。"阳光关爱"计划通过政府购买服务的方式，引进社会组织，建立起一支专业化的社会工作服务队伍。该队伍致力于为社区内的特殊群体提供关爱服务，包括陪伴聊天、看病、购物等日常生活服务。此外，项目还设立了一系列的互动活动，如亲子阅读、手工制作、亲子运动等，为社区居民创造更多交流和互动的机会。

南京市建邺区政府与社会组织、企事业单位、社区居民和社工团队联动，共同推动了"宁小蜂驿站"项目。该项目针对社区内的特殊群体，提供居家养老、心理关爱、紧急救援等服务，以满足他们在生活、精神等方面的需求。"温暖驿站"项目通过五社联动的方式，整合了各方面的优势资源。政府主导并监督项目的实施；社会组织负责项目运营、服务提供和人才培训；企事业单位为项目提供资金和技术支持；社工团队作为项目的核心力量，专注于提供优质、专业的服务；社区居民则通过参与志愿者活动，共同关爱特殊群体。福州市鼓楼区的"未成年人心理辅导站"项目关注单亲家庭、留守儿童等特殊群体，提供心理疏导、生活照顾和教育辅导等全方位服务。郑州市金水区的"邻里守望"项目则侧重于老年人、失独家庭等群体的生活照顾、心理关爱和法律援助。

在实施过程中，加强宣传推广是提高社区照顾模式认知度和接受度的关键。政府、社会组织、企事业单位、社工团队和社区居民共同参与，共建共享美好生活。同时，强化社区服务机构建设和培养专业化的社会工作人才，以满足不同群体的需求。通过这些案例，我们可以看到五社联动政策和理念在社区照顾模式中的实际应用和成效。五社联动模式有助于提升社区治理水平，实现资源优化配置，更好地满足居民的需求。在未来，我们期待五社联动理念在更多地区得到推广和应用，共同为居民创造一个和谐、温馨的生活环境。

为了更好地实现资源共享，需要优化资源配置，打破部门壁垒。政府部门应主导并监督项目实施，社会组织负责项目运营和人才培训，企事业单位提供资金和技术支持，社工团队提供专业服务。鼓励社区居民参与志愿者活动，发挥居民的主体作用，共同关爱弱势群体。政策支持是保障社区照顾模式发展的重要手段，政府应为项目提供有力保障。同时，鼓励跨界合作，搭建政府、企业、社会组织等多方共建的合作平台，实现资源整合，提高服务质量。

社区照顾模式是新时代城市社区工作的一种有效选择，它具有明显的优点和一定的局限性。在实施社区照顾模式时，需要根据具体情况选择适合的模式，制定合理的实施策略，不断优化和完善，以便更好地满足居民需求，提升居民的生活质量和幸福感。同时，社区照顾模式的发展还需要政府、企业、社会组织和居民共同努力，形成多方共建、共治、共享的新型城市社区治理格局。

第四章　新时代城市社区工作中的人才队伍

随着人口的城乡与区域间流动日益频繁，对城市的社会治理提出了更大的挑战。城市社区所需承担的社会治理和服务任务也加重。有着"社会润滑剂""社会工程师"之称的社区工作人才，是提供社会公共服务、缓解社会矛盾、推动社会公平正义的重要人才，在创新社会治理、优化社会治理机制中发挥着不可忽视的重要作用。随着经济社会的发展，社区作为城市社会的基本单元，其重要性日益凸显。建设一支年龄结构合理、文化层次较高的社区工作者队伍，是加强社区各项工作、推进和谐社区建设的关键。

一、新时代城市社区工作人才队伍构成

（一）社区工作者

社区工作者是社区专职工作者的简称，1999年，我国民政部对社区工作者的概念做出了概括：受聘于非营利的社区组织或机构，受过专业培训并从事基层工作的全职或兼职人员，其主要包括居委会干部、社区志愿者、社会中介组织、专职和兼职相结合的理论工作者。2000年，《民政部关于在全国推进城市社区建设的意见》将社区工作者明确为社区居委会干部队伍。社区工作者即为社区居委会成员和社区专职工作者，即在社区内从事特定社会服务和管理的工作人员。

（二）社区工作人才队伍的构成

社区工作者是指在基层从事社区工作，由街道或社区聘用并签订合同的人员，包括居民区党组织书记、副书记、居委会主任、副主任、委员、主任助理、社工指导员等人员。

社区工作者主要包括社区居委会干部和社区专业人员，其队伍建设是我国社区服务体系建设的重要组成部分。伴随着我国综合国力的增强、经济体制转型以及社会形态和政府职能的转变，"单位人"逐渐变为"社会人"，社会矛盾与问题不断向社区集聚。在利益多元化、关系复杂化与生活方式多样化的今天，人们的思想愈加具有独立性、选择性、多变性，需求越来越多元化，社区在服务居民、解决社会问题，维护社会稳定和促进发展方面的任务越来越重，难度也在不断加大。居民对社区服务的需求层次的提高，要求更全面和具体，社区工作社会的中坚力量，其作用愈加突出。

当前，社区工作人才队伍的构成主要包括以下四类：一是由街道聘任的主要协助政府职能部门行使行政管理职能的社区工作者（协管员），这部分人是专职的社区工作者，既包括社区居委会工作人员，也包括专业的社会工作者；二是街聘民选产生的居民委员会委员或干部；三是社区中介、服务组织的专业工作人员；四是群众自发组织的社区志愿者。具体如下：

1. 职业社区工作者[①]

职业社区工作者是指以社区工作为职业的工作者。这部分工作者具有以下基本特征：第一，大部分人员在社区基层组织或机构中从业，其工作或职业是社区事业和社区生活的重要组成部分；第二，从事的主要是社区管理及服务性或福利性工作，不以营利为基本目的；第三，掌握一定的专业知识和方法。由此，可以看出我国的职业社区工作者主要由以下三类人员构成。

（1）社区居委会成员及助理人员

这部分人员主要是指在社区中从事特定社会管理和社会服务的居委会成员及助理人员，主要负责制定社区工作的有关政策、法规、规划，指导、检查、监督社区工作的开展，研究社区发展中的问题，做好组织、协调工作。他们长期从事实际工作，具有相当丰富的经验、极高的工作热情及奉献精神，但缺乏系统的专业知识，同时，由于年龄偏大，观念与知识层次较为陈旧，素质有待提高。

---

① 刘燕，贾小波. 社区服务 [M]. 北京：机械工业出版社，2022：12.

（2）社区性公共服务机构工作人员

这部分人员由社区内各服务机构，如社区服务中心、卫生中心、文化站、老年公寓等的工作人员、社会服务团体工作人员构成。其中包括分工专管社区工作的民政干部、从其他单位借调的人员、聘用的人员、安置的待业人员和农民合同工。这部分工作者一般工作岗位相对固定，大多数都接受与自身岗位有关的专业培训。

（3）服务社区的专业社会工作者

这部分人员是指受过专业教育、运用专业方法，一般就职于一些非营利组织的专业社会工作者。社会工作的服务领域有很多，社区是社工主要的服务领域之一。有大量的社会工作者的工作岗位就在社区，社区社会工作者成为城市社区工作人才队伍中的重要一员。随着社区工作走向专业化、职业化，专业的社区社会工作者将成为未来社区工作的主力军。

2. 群众自发组织的社区志愿者

社区服务的志愿者按照自愿互利的原则自觉组织起来，通过成立志愿者组织或志愿者协会，义务为社区居民提供各种福利服务和便民服务。近年来，我国志愿服务事业蓬勃发展。根据中国志愿服务网的数据显示，截至2021年3月，已有实名注册志愿者1.92亿名，志愿团体总数79.46万个，在全国志愿服务信息系统上发布的志愿服务项目501余万个，记录的志愿服务时间达27亿小时之多。在2020年新冠疫情防控工作中，志愿者成为社区疫情防控的骨干力量，为疫情防控阻击战取得决定性成果做出了积极贡献。

社区志愿者主要由社区内开展互助行为的居民、离退休干部及学校的师生构成，有的志愿者与社区订有协议，服务工作制度化；有的无协议，凭爱心自觉奉献。近年来，社区志愿者服务的足迹已遍布便捷生活、社区居家养老、文娱健康等各个领域，其突出特点是人数众多、分布广泛、年龄跨度较大，他们一般没有学习过专业的社区服务知识，自愿服务，不取酬劳。近年来，我国社区志愿者组织以及志愿者数量都在日益增长，越来越多的爱心人士乐于参与志愿服务，社区志愿服务队伍日益壮大。值得一提的是，作为以助人和互助为目标的志愿者组织，其行为方式应是自主、自治的。但是，我国的社区志愿者组织是在政府的直接引导下发展起来的，一直存在行政化倾向，难以发挥民间组织灵活、创新的优势。因此，应逐步剥离志愿者的行政化倾向，还原其非行政化、群众自发的性质，帮助其加入社会工作者协会，接受专业化的管理。

二、新时代城市社区中社区社会工作者

（一）社区社会工作者所扮演的角色

服务于社区的专业社会工作者是新时代社区工作人才队伍重要组成部分。在社区中，社会工作者因承担的任务不同而扮演不同的社会角色。这里根据常见的工作任务而列出具体的角色。

1. 使能者

社区社会工作者挖掘社区居民的潜能，调动居民的参与积极性，培育居民的社区参与意识和能力，使居民能够关心社区事务，参与社区发展。

2. 倡导者

社区社会工作者了解熟悉社区困难群体问题，反映困难群体的诉求，并提出建议，促进制度和政策的修订或完善，使得困难群体获得更合理的支持。

3. 资源联系人

根据服务对象的需求和问题，连接有关的资源，帮助服务对象寻找合适的资源。

此外，由于在开展服务的同时，会开展情绪支持、方案策划和实效研究等，社会工作者还可能承担着支持者和研究者等角色。

（二）社区社会工作者的使命

在社区开展社会工作专业服务，必须了解为何开展服务，对谁开展服务，实现什么样的目标。根据社会工作引入在社区开展服务的近些年来，社区社会工作者的使命主要如下。

1. 消除贫困，促进弱能人士增能

社区中的贫困群体，不仅在经济生活、物质生活和资源占有中处于弱势，

还体现在个人能力、社会交往、社会支持方面的弱势。通过社区工作的介入，帮助贫困群体获得政府及相关资源的支持，挖掘潜能，给予支持，提升个人的社会和生活能力。

2. 建立关系，搭建社区居民互动平台

现代社会的治安因素及居住格局的改变，邻里之间的关系弱化，社会交往较少。通过社区工作介入，开展邻里关系建设，搭建社区活动平台，促进社区居民关系建设。

3. 挖掘潜能，建立社区支持网络体系

社区中不乏资源，包括具有各种特长的人力资源、社区的各类组织资源、场地及设施资源等。通过社区资源评估和需求评估，分析社区的人力、物力、财力资源，建立社区的自助互助网络。

4. 改善环境，提升社区居民参与意识

社区的物理环境和人文环境建设，有助于改善社区与居民的关系。并通过物理环境建设，来改善社区的人文环境，调动居民参与社区活动的意识。

三、新时代城市社区工作人才队伍存在的问题

（一）队伍结构不合理

性别结构上，目前各城市男性社区工作者较少，大部分社区的工作者队伍是纯粹的"娘子军"，性别比例严重失衡，不利于社区工作的开展。年龄结构上，多数社区的工作者队伍都是"4050部队"，新生力量稀缺，整支队伍缺少干事创业的朝气和热情。知识结构上，社区人才队伍学历层次偏低、素质参差不齐，高中及以下学历者仍大有人在，大学文化程度的屈指可数，普遍缺乏社区工作系统知识和能力，知识面也不够宽，尤其是计算机操作能力、基础写作能力十分缺乏。由于结构上的缺陷，一些社区依然存在着"居大妈"作风，工作效率低下，相当一部分的社区工作者则存在安守现状、敷衍了事的观念，缺乏主动意识和创新精神。

(二) 队伍稳定性不佳

由于编制和薪酬等方面的原因，社区工作者的职业成长受到严重制约，他们无法享受机关和事业单位人员一样的政治待遇，没有流动或上升的机会和空间，这让他们感到"没奔头"，工作上没劲头。另外，社区工作者的工资福利待遇偏低。繁重琐碎的工作与微薄的收入极不对称。由于用工性质不明确、各种待遇得不到保障，相当一部分人员到社区工作只是权宜之计，而想扎根社区工作的人员又觉得没"盼头"，导致社区工作人才不断流失，往往给社区工作带来被动局面。

(三) 队伍专业性不强

随着社会与经济的发展，社会分工程度越来越高，工作领域的完成越来越依赖于专业人员。一些城市社区居委会雇用临时工，人员配备缺乏专才，社区工作者往往是一人身兼数职，扮演各种角色。现代化城市社区的工作覆盖面广，涉及内容多，如社会保障金、失业金发放、再就业等，都迫切需要专业人员参与。虽然近年来，有一大批的专业社会工作者进入社区工作，但在人数上还只是占少数，社区工作者要提升专业性。

(四) 队伍职业化水平低

从长远发展来看，职业化是社区工作者队伍建设的方向。而从当前实际来看，社区仍是一级"小政府"，社保、低保、计生、治安等工作，最终要落实到社区一线。这就要求社区工作者要以专业水准面对、协调、解决各方面问题，做到社区服务与社区管理并重。然而，目前城市社区工作者来源渠道单一，受各方面的局限，多数人对新型社区职能缺乏足够的认识和理解，也缺乏社区工作的专业知识和技能，还是沿用政府行政管理的手段从事社区工作，与实现自我管理、自我服务、自我教育的新型社区功能的要求存在很大差距。部分社区的领头人由于视野不宽、思路不畅、工作方法陈旧，面对工作力不从心，难以适应新形势下和谐社区建设的需要。

四、新时代城市社区工作者的职业化道路

在"小政府,大社会"的时代背景下,越来越多的社会职能被下放到社区,社区工作者是指在基层从事社区工作,由街道或社区聘用并签订合同的人员,包括居民区党组织书记、副书记、居委会主任、副主任、委员、主任助理、社工指导员等。社区工作者是社区事业发展中的支柱力量,承担着基层治理和服务社区居民的重任,社区工作者的职业发展影响着和谐社区的建设成效,同时也关系到社区居民的生活质量。随着我国城市化进程的不断加快以及社区工作的复杂程度不断上升,培养并建设一支专业化、职业化的社区工作者队伍是时代的要求,也是社会发展的需要。

(一) 社区工作者职业化的定义

"职业化"有两层含义:其中一层含义是从整体状态层面进行分析的,认为职业化就是一个群体的发展水平和职业性质当前正处在一个什么样的标准和发展状态中;另一层含义是从过程方面进行研究的,指一个群体是怎样从一个具有一般性或者非职业性状态发展到具有一定专业职业水平、呈现专业化职业状态的,这是一个什么样的过程。

那何为社区工作者职业化?社区工作者职业化,即在社会经济发展的推动下,为了适应社会分工越来越精细化、社区工作日益复杂多样的发展趋势而要求社区工作者要具备基本的入职资格,具有专业的服务、管理工作的知识技能,能够自如应对社区各项工作内容,服务好工作对象。[①]

社区工作者队伍职业化建设是指社区工作作为专门的职业,具有准确清晰的职业职能定位、严格完整的职业准入标准、多样化的职业发展路径、结构合理的职业阶梯、客观公平的职业评价与考核、体现价值与激励的薪酬体系、有效的职业培训体系等职业管理过程,使得社区工作者队伍能不断满足社会创新管理的要求。

---

① 余蓉. 社区工作者职业化路径与探讨 [J]. 管理观察,2016 (23):62-63+67.

（二）社区工作者职业化的要求

社区工作者要走向职业化道路，必须具备一定的素质要求。MKASH 原则是国际著名战略与人力资源管理顾问林正大先生提出来的原则，此处借用 MKASH 原则具体阐述社区工作者职业化要求。

1. 强烈的职业认同感

职业认同感对应的是 MKASH 原则中的 Motivation（动机），职业认同是个体对于自身职业在精神层面的认同，职业认同感是建立在个体在对自己未来的职业生涯有着清晰的认识和规划的基础上，愿意为之付出自己的汗水并承担相应责任的一种心理感受，也是社区工作者职业化发展的内在驱动力，是被社会承认的内在动机。职业化社区工作者应具备强烈的职业认同感和归属感，只有形成良好的自我约束力和强烈的责任感，才能在工作中发挥出自身最大潜力。

2. 获得正式的职业资格

职业资格对应的是 MKASH 原则中的 Knowledge（知识）。随着社区治理面临的挑战越来越大，公众对社区工作者的要求也越来越高，成为一名合格的职业化的社区工作者不是无门槛的，需要经过考试、培训和层层筛选，尽管我国目前还没有社区工作师资格证的资格认定考试，但是考取社会工作师资格证应当作为职业化社区工作者的入职条件之一。

3. 脚踏实地的职业行动

职业行动对应的是 MKASH 原则中的 Action（行动）。职业化的社区工作者应该具备脚踏实地的行动能力，强劲的执行力。有的人方方面面都比较优秀，知识水平很高，能力很强，可就是做不出出色的工作业绩，原因就出在行动能力的欠缺上。汤姆·彼得斯说："快速制订计划并采取行动应该成为一种修养。"要想成为一个职业化的人才，就必须改掉犹豫不决，瞻前顾后，拖拖拉拉的办事作风，在自己认准的事情上认认真真地采取行动，用行动来证明一切，不断提高自己的执行力。

4. 较高的职业素养

职业素养对应的是 MKASH 原则中的 Skill（技能）。社区工作者的业务能力影响着社区工作服务的成效，职业化社区工作者需要具备较高的职业能力素养，其中包括学习能力、管理能力和服务能力。学习能力的强弱是判断社区工作者职业素养高低的首要条件，要求社区工作者积极主动学习职业知识技能，提升和优化自身知识结构。管理能力要求社区工作者要提升自己组织、沟通和创新意识，培育社区成员的公共性，从而增进共同的社区认同感和归属感。服务能力要求社区工作者树立服务精神，端正工作态度，认清职业定位，将服务精神贯彻到日常工作中。

5. 内化专业职业伦理

职业精神伦理是职业行为（Action）和习惯（Habit）的上层建筑，每个行业都有相应的伦理要求和行业规范。社区工作者也有其相应的职业道德要求，社区工作者应将自己视为社会公共利益的代表，树立正确的社会工作伦理价值观，践行专业使命和责任，不能从工作中谋取私利，用职业精神和职业伦理指引职业行为，养成良好的职业习惯。

（三）当前社区工作者职业化困境

1. 基层杂工，缺乏职业认同感

社区工作者的就业门槛不高，部分年轻就业人员只是将其作为"短期过渡"的选择，缺乏职业认同感。社区工作者的待遇、社会地位普遍偏低，社区工作吸引力不足，只要有机会，从业人员多数会选择"跳槽"。社区工作就是积累工作经历的"短期过渡"，他们随时准备考入事业单位或进入公务员队伍，这就直接导致了社区工作者"常态化招聘、经常化流动"现象的出现。职业认同感不高在社区工作者队伍中并不是个例，特别是在一线城市。在适应社区工作者专业化需求的背景下，新招聘人员多为刚毕业的学历层次较高的青年大学生，甚至研究生，社区工作并非其就业的优先选项，而是"情非得已"情况下的次优选择，这也预示着其情感认同上的淡漠，甚至出现抵触、厌倦情绪。

2. 晋升体系未完善，职业发展空间有限

当前城市专职化社区工作者的职业定位尚不明晰，工作的内容也较为繁杂，工作方法较为单一。社区工作者是非公非编的"双非"人员，其晋升渠道有限，向上流动的出路较少。而且我国目前尚无统一的社区工作者职业资格认证，没有完善的职称考量机制，这使得从事社区工作的人员对自身职业发展前景不看好，进而丧失了工作热情和职业追求。由于社区工作者的职业发展对年轻人的吸引力较弱，不少社会工作专业的毕业生在择业时往往会避开本专业对口岗位，选择其他职业前景明朗的工作，也有部分暂时从事社区工作的毕业生将其作为未来职业选择的跳板，遇到新的机会便会另谋高就，而这也从一方面反映出了社区工作者职业化发展所面临的诸多问题。

3. 疲于应付，缺乏职业成就感

城市社区居委会职能行政化、工作方式机关化、运行机制科层化的倾向仍然存在，导致社区工作者出现情感倦怠。这一方面源于程式化的工作方式，另一方面也直接源于社区工作者的工作性质。他们每天要接触大量的事务性工作，甚至负面事件，并且很难看到改变，时间一长，就容易产生专业无力感，导致成就感低，久而久之，成为职业倦怠高危人群。

4. 待遇偏低，缺乏职业获得感

当前城市专职化的社区工作者的工资收入仍然处于一个较低的水平，特别是对于年轻的社区工作者来说，面对日益增长的社会消费水平，微薄的工资收入难以满足生活开支的需要。此外，社区工作者的工作内容烦琐、负担较重，工资福利待遇与工作任务量不成正比，比如，根据上海市《2019年浦东新区社会工作服务机构薪酬体系指导方案》中的相关数据，包含个人缴纳的社会保险费、住房公积金、个人所得税、各类福利及年终绩效等项目在内，新入职的社区工作者参考月薪为5747~7389元，主管级社区工作者月薪在万元上下，高级督导月薪可达1.8万元。薪酬指导价系数级差从0.1到0.4不等，级别越高，级差越大①。在职业地位不高、整体薪酬待遇欠佳、"干得多拿得少"的认知下，必然形成严重的情感受挫，直接影响社区工作者工作的主动性和积极性。社区专职工作者难免存在心理落差，优秀人才难以接受进

---

① 《2019年浦东新区社会工作服务机构薪酬体系指导方案》解读［J］. 中国社会工作，2019 (28)：8.

入社区从事专职化的社区工作。

5. 准入标准低,职业培训不到位

从当前城市社区工作者的目前发展情况来看,专职化社区工作者的准入门槛较低,很多人员缺乏社会工作的专业背景,对社区工作的理论知识、工作职责、工作方法和工作技能的掌握还不够充分。正规、系统的职业培训是强化社区工作者职业观念、帮助他们树立职业精神、推动社区工作者职业化进程的有效途径,可以显著提高社区工作者的专业技能知识,帮助他们更好、更有效地处理日常工作,做好社区服务与管理。但从当前情况来看,这部分工作并不到位。当下,社区工作者准入标准过于简单,准入门槛较低,领导主观意识较高,有些地方甚至存在严重的暗箱操作行为。这是社区工作者职业化过程中较为突出的问题,导致社区工作者职业化"先天不足"。

(四) 新时代城市社区工作者的职业化道路

1. 完善激励机制,提高职业认同感

新时代城市社区工作者的职业化道路需要建立全面、完善的激励机制,是提高社区工作者工作积极性、提高社区工作者职业认同感的必要路径,这有利于稳定社区服务人才队伍,吸引优秀人才流入。所以,相关机构及社区应该从自身实际出发,以物质激励与精神激励、工作激励、晋升激励等相结合的方式,来全面提升社区工作者的职业热情,尤其在薪酬、福利待遇激励方面,这是强化社区工作者职业感的基础。其次,要构建畅通有序的晋升机制,为具有较高社区工作热情、较高社区专业工作技能的优秀人才提供宽阔的发展前景,帮助有远大理想的社区工作者实现职业梦想。一是参照同行业标准,依据"不低于同行业工资水平平均值"的薪酬标准,提高社区工作者队伍整体收入水平,并在专业能级津贴中设定培训、理论水平、工作绩效、重大矛盾化解、特殊奖励等附加项,鼓励社区工作者在干事成业中成长成才,体现价值。二是设置重点工作专项资金,实施骨干社区工作者"激励计划",主动对接社会基金会,以项目合作方式寻求资金支持,从而有针对性地实施定向激励,在推动工作过程中提高社区工作者待遇。

2. 实施双线晋升，拓展社区工作者职业发展通道

解决新时代城市社区工作者职业化困境，最终还是要拓展职业发展通道。通过岗位晋级、薪酬设置、规范选任等一系列措施，进一步畅通社区工作者职业化发展通道，形成"普通社区工作者—居民区党组织副书记（机构副主管）—居民区党组织书记（机构主管）"的晋升路径，打破社区工作者职业发展的"天花板"。着眼长远，改进机制，实施双线晋升，拓展社区工作者职业发展通道。一是依托后备干部选拔机制，建立"能上能下、有进有退"的退出机制，完善社区工作者职业晋升渠道，进一步推进社区工作者职业化发展。二是在街道范围内制定初、中、高三级职级制度，依据社区工作者核定编制额度，按照一定比例统筹设置各级职数，纳入街道所属居民区范围内，通过全员竞争晋级、兑现待遇。按照实务类（督导类）和行政类分别制定细则，实现双线评定、双线聘任、双线晋升、双线成长。

3. 择优选用，分类设岗，提高社区工作者职业素质

社区工作者队伍在年龄结构、学历背景、工作年限、实践经验等方面存在较大差异。在大力推进社区工作者队伍专业化、职业化建设的背景下，需要以激励为导向，充分尊重当前社区工作者队伍的实际情况，在岗位设置中做到"人尽其才、才尽其用"。一是同一岗位，根据工作性质设置若干岗位类别，同一岗位设置岗位职级，由社区工作者根据自身情况自主选择，并在薪酬设置中体现差异性。以居民区社区工作者为例，设置"岗位A类"，注重社区工作经验和一线服务水平，以工龄与居民满意度对照考核；设置"岗位B类"，重视行政工作和信息化水平，以学历水平和证书等级对照考核。通过分类分职级设岗，真正激发社区工作者的工作热情，在薪酬考核中体现公平。二是不同岗位类别，根据工作内容实行定期轮岗制度，并在季度考核中体现差异性，从而激发社区工作者的学习热情，提升社区工作者队伍的整体素质。

4. 强化职业培训，提升职业化程度

新时代建立完善的培训机制，强化培训教育工作，是提升社区工作者职业化程度必不可少的关键路径。首先要健全培训运行机制，打破传统自

上而下、具有浓厚行政色彩、未能结合社区工作实际的培训机制。应该形成以专业培训机构为载体，从社区工作者实际工作内容及性质出发，并以社区为平台的培训机制，围绕不同专业领域、不同工作性质、等级的社区进行具有针对性的培训。其次，要完善培训内容与方式。在内容上，应该建立以专业实务技能为主体、以专业理论知识为支撑的培训内容体系，不断融入具有本土化的素材和案例，讲求培训内容的针对性和实用性。在培训形式上要具有体验性、灵活性和多样性，以提高社区工作者职业技能、知识为基点，结合个人自学、集中培训、案例解决、专题讲座等多种培训方式，全面提高培训成果。尤其是在实战能力培训方面，要善于通过角色扮演等方式来激发并提高社区工作者解决实际问题的能力。

五、新时代城市社区工作人才队伍建设路径

在社区工作人才队伍建设中，人才培养是基础，人才评价是关键，人才使用是目的，人才激励是保证。社区工作人才的培养、评价、使用与激励机制必须相互协调，形成有机的体系。根据和谐社区的需要与社区工作人才队伍建设的目标，提出关于社区工作人才培养、评价、使用、激励机制的建构方式与相关对策建议。

（一）建立社区工作人才的新型培养机制

当前城市社区要建立的社区工作人才培养机制，是以社区工作人才队伍建设的目标为导向，以科学的培养计划为依据，以在岗培训为重点，需要做好以下几方面工作：一是制订培养计划与过程管理制度，实现人才培养的系统性；二是优化社区工作培训课程设置，凸显人才培养的专业性；三是建立专业社区工作实习基地，强化人才培养的应用性；四是实施有重点的多元化人才培养模式，提高人才培养的有效性。

（二）建立社区工作人才的新型评价机制

在评价机制方面，要认真贯彻落实人事部、民政部的社区工作者职业水平评价规定，并建立社区工作行业规范与职业标准，出台专业社区工作绩效

考评办法，形成社区工作人才的新型评价机制。

1. 成立社区工作职业水平评价机构

可以由组织部、人事局、民政局联合成立社区工作职业水平评价办公室，贯彻落实社区工作职业水平考试规定，对取得相应证书者进行登记与复核，对社区工作从业者进行执业资格认证。结合从业资质与实务业绩，对社区工作者进行职称评定；明确社区工作者的职业标准与考评规则，从专业角度对各类社区工作项目、机构及个人业绩进行评估。

2. 贯彻落实社区工作职业水平评价规定

助理社区工作师、社区工作师职业水平考试制度的出台，是我国推行社区工作者职业水平评价制度的重要举措。要进一步贯彻落实人事部、民政部联合发布的《社区工作者职业水平评价暂行规定》和《助理社区工作师、社区工作师职业水平考试实施办法》，动员和组织符合要求的社区工作从业人员参加职业水平考试，促进更多的社区工作从业者取得相关的资格证书。

3. 推行社区工作者登记制度与执业资格制度

对获得助理社区工作师、社区工作师证书的人员进行登记，自考试获取证书从业的第二年起，对从业人员实行年度复核登记。定期向社区公布社区工作者职业水平证书登记情况，并为用人单位提供关于社区工作者职业水平证书人员的信息服务，逐步推行社区工作执业资格制度。

4. 建立社区工作者的职称评定机制

在社区工作职业水平考试制度的基础上，综合社区工作者的实务业绩与从业年限等因素，借鉴先发展地区的经验，结合我区的实际情况，建立社区工作者的职称评定制度；创新社区工作人才考核评估制度。由专业的社区工作评估机构，研究制定不同类型、不同层次的社区工作岗位职责规范，明确考核评估标准、伦理要求与奖惩措施。在社工实务中建立社工专业督导机制，促进一线社区工作者的专业提升。组织社区工作专家，制定专业化标准，对各类社区工作项目、机构实施全面评估。

（三）建立社区工作人才的新型使用机制

社区工作者的使用制度是指专业社区工作者在什么领域、什么机构和什么岗位发挥作用的制度。社区工作人才的使用问题是我国社区工作制度建设的重点和难点,也是建立社区工作制度的目的所在。

1. 建立社区工作岗位设置标准

岗位设置是建立新型社区工作人才使用制度的核心问题。要根据"以需定岗"的原则,在涉及社区工作的机关事业单位、社区组织和公益性民间组织中研究设定社区工作岗位。根据不同领域社区工作的岗位要求,研究设计相应岗位等级、岗位数量,确定社区工作人才配置结构,明确各个领域、各个级别社区工作者的岗位职责和任职条件,形成我国社区工作岗位设置配备标准。

2. 开拓社区工作岗位设置空间

在社区工作岗位设置的标准制定之后,还需要在现实层面开辟社区工作岗位的设置空间。这主要包括推进体制内机构的职能转换与岗位设置改革、推动体制外民间公益性组织的发展与民办机构的社工配置。

(四)建立社区工作人才的新型激励机制

1. 提高社区工作者的收入待遇,建立合理的薪酬机制

在提高社区工作从业人员专业素质与知识技能的基础上,建立合理的薪酬制度,完善奖励政策。采取学历、资历、资格、业绩、岗位等多种指标相结合,按照以岗定薪、以绩定奖、按劳取酬的原则,实现薪酬机制的合理化。

2. 扩大社区工作的宣传力度,建立有效的精神激励机制

进一步营造社区工作的良好环境。要积极营造社区工作职业和社区工作人才受尊重的良好社区氛围,树立社区工作人才队伍中的先进典型,让社区了解他们、尊重他们、支持他们,激发广大社区工作人才的工作热情和创造潜能。

3. 完善职业晋级与选拔提升制度,建立通畅的向上流动机制

要建立长久而稳定的社区工作人才队伍,应当为其制定完善的选拔提升制度,让从业人员有职业发展方向和动力。有了明确的向上流动机制,社区工作人才的流失率才会降低。

总之,社区工作人才队伍各项机制的建立,对于结构合理、素质优良的

社区工作人才队伍的建设来说具有极其重要的意义。各级部门要给予高度重视，形成组织部门牵头抓总，民政系统率先示范，相关职能部门积极配合、社区力量广泛参与的工作格局。在这个过程中，需要建立专门的社区工作管理部门与协会，需要区财政的大力支持。只有政治上高度重视、组织上协同创新，资金上有效保障，才能够成功实现社区工作人才队伍的制度建设创新，为培育一支现代意义的社区工作人才队伍提供条件，从而更好地满足社区主义和谐社区建构的需求。

第五章　新时代城市社区需求调研的探索与实践

一、社区需求调研的内涵与步骤

社区的问题和需求是社区工作的重要导向，对社区问题和需要的了解，可以为社区工作者如何更好地开展工作指明方向。当社区中大部分人的某些需求得不到满足时就会形成社区问题，因此开展社区需求调研非常必要。社区需求调研是开展社区服务最重要的前期工作，在服务规划、项目评估、行动研究及专业深化等方面扮演着不可或缺的作用。在理解什么是社区需求调研之前，我们先来谈谈需求的内涵。

（一）需求的概念、层次和类型

1. 需求的概念

需求是个体在生活中缺乏某种东西在人脑中的反映。这缺些什么叫需求，它既包括生理的方面，也包括社会的方面。社区工作开始于对"需要"的把握，每个人都希望生活在一个亲切、卫生、舒适、安全、快乐的环境里。

2. 需求的层次

马斯洛需求层次理论，亦称"基本需求层次理论"，是行为科学的理论之一，由美国心理学家亚伯拉罕·马斯洛于1943年在《人类激励理论》论文中提出。马斯洛理论把需求分成生理需求、安全需求、社交需求、尊重需求、和自我实现需求五类，依次由较低层次到较高层次排列。各层次需要的基本含义如下：

(1) 生理需求。生理需求与有机体生存有直接关系，人和动物所共有的，包括呼吸、水、食物、睡眠、生理平衡、性等。生理需求是最基本的需求，如果不能得到起码的满足，它就会完全支配这个人的活动。

(2) 安全需求。安全需求包括住宅、工作场所、秩序、安全感等。处于这一层次，人们首先是减少生活中的不确定性，如儿童失去父母就会出现焦虑不安、失去信赖、寻求安定的行为。成人失去了工作也会产生焦虑、烦躁、不稳定感等。

(3) 归属与爱的需求。在前两类需求基本满足的前提下，人们就会寻求在人与人之间建立健康亲密的关系，如彼此关心、需要爱与被爱等。感情上的需要比生理上的需要来得细致，它和一个人的生理特性、经历、教育、宗教信仰都有关系。在现代社会中，建立一个人人向往、有亲密感、彼此关怀、易于接触的社区，是一个现实的要求。

(4) 尊重的需求。尊重的需求可分为内部尊重和外部尊重。内部尊重是指一个人希望在各种不同情境中有实力、能胜任、充满信心、能独立自主。总之，内部尊重就是人的自尊。外部尊重是指一个人希望有地位、有威信，受到别人的尊重、信赖和高度评价。两种情感来源于人们在从事社会的活动之中，而社区便可以为人们提供满足这种需求的条件。

(5) 自我实现的需求。这是最高层次的需要，它是指实现个人理想、抱负，发挥个人的能力到最大程度，达到自我实现境界的人，接受自己也接受他人，解决问题能力增强，自觉性提高，善于独立处事，要求不受打扰的独处，完成与自己的能力相称的一切事情的需要。

3. 需求的类型

英国学者 J·Bradshaw 提出的需求理论，可从四个维度进行社区需求分析，具体如下。

(1) 感觉性需求。感觉性需求是指大多数居民感觉到某些需求和期望得不到满足的需求。由居民通过想象和感知来觉察自身有何种需要，但未形成行动来表达。例如在社区调查中，有80%的居民认为社区文化广场的卫生环境较差，亟待改善。

(2) 表达性需求。表达性需求指社区中的居民通过实际行动，对某些服务表达其需要。例如在某小区中,目前接受高龄长者送餐服务的人数为 20 人,但仍然有 30 名高龄长者的送餐需要未被处理。

(3) 规范性需求。规范性需求以某些标准、权威来界定需要,是指专业人员、专家学者依据专业知识和规范指出所需要的标准。例如,世界卫生组织界定,成年女性每天至少需要摄取 1800~1900 卡路里的热量。

(4) 比较性需求。比较两个相似或相近情景下的服务差别来说明需要的存在。例如,甲社区和乙社区分别有 30% 和 5% 长者正接受居家养老服务。两个社区的人口结构、社区环境等相似,比较之下,乙社区对居家养老服务有很大的拓展需要,以满足这 5% 长者的需要。

(二) 社区需求调研

1. 社区需求调研的概念

社区需求调研是指通过收集和分析社区居民的意见和建议,了解他们对社区中各种服务和设施的需求和期望,从而制订出更符合居民需要的社区服务规划。社区需求调研可以帮助政府、社会组织等了解社区居民的需求和意见,为社区提供更好的社会服务和发展方向。

2. 社区需求调研的基本步骤

社区需求调研可以通过多种方式进行,如问卷调查、访谈、焦点小组讨论、观察法等。通过这些方法收集到的信息和数据可以帮助规划和决策者更好地了解社区居民的需求和意见,为社区建设和发展提供更有针对性的支持和服务。其基本步骤如下:

(1) 制订调研方案,明确调研指引

制订科学、合理、可操作的调研方案是开展需求调研的关键一步。需求调研方案一般包含以下几个方面:调研背景、调研主题、调研目的、调研内容及对象、调研方法与实施计划、资料分析方法、调研进度安排、调研预算、预计风险及应对方案等。每一个方面都应该清清楚楚、明明白白,才能够为后期的调研工作提供可操作的指引。

另外需要提醒的是,调研者必须跳出"社区需求调研就是仅对服务对象开展需求调查"的框框,延展需求评估的范围和内容。社区需求调研不仅对服务对象开展需求调查，还包括对社区基本情况的了解、社区内部及周边服务资源的分析、社区团体和居民的关系及权力分布的了解等，因此调研要延展需求评估的范围和内容。

民政部发布的《社区社会工作指南》中，指出社区需求评估的内容如下：

①在社区党组织和社区居民自治组织的指导下，走访社区各类组织和社区骨干，调查、分析社区的地理环境、经济状况、人口结构、文化特色、资源优势等基本情况；

②描述和界定社区问题，对社区社会工作服务的介入层面和类型进行分析；

③分析社区内公共设施、教育机构、医疗单位、社区组织、商业场所等单位和组织的数量、位置、运作情况、对居民的影响、使用状况等，全面了解潜在社区服务资源状况；

④分析社区党组织和社区居民自治组织成员、社区专职工作者、社会组织工作人员以及社区志愿者、社区居民骨干、社区各类专业人员等社区服务人力资源状况。

（2）设计调研工具，开展试调工作

调研中我们常用到调查问卷、调查量表、访谈提纲等工具，而问卷、访谈提纲是否设计得合理有效，在很大程度上影响着调研工作的结果。所以，调研者在设计问卷及访谈提纲时要结合调研主题，调研维度设计具体的测量指标，转换成具体问题。问卷完成后需要进行一定数量的问卷试填、访谈试问，以检验和完善问卷和访谈提纲的可行性。这里需要提醒的是，在社区中的很多项目是持续运作的，第一年可能更侧重于开展全面摸底式的调查，第二年或第三年就要在原有服务的基础上，就某些服务开展深入的调研。因此，使用的调查工具，如问卷、访谈提纲等也要相应修改，有时甚至需要全部重新设计。

（3）组建调研团队，实施培训，开展调研

调研团队的组成不是随随便便地组合，结构合理、搭配得当、多元参与的调研团队，往往能够使调研工作起到事半功倍的效果。如新老搭配，有调研经验的老社会工作者或督导带领新入行的社会工作者。需求调研不只是社会工作者自己参与，也可以邀请志愿者、社区领袖、普通居民等参与调研工作，同时给予适当的激励，促进其全身心地投入和参与调研工作。在这个阶段，需要对所组建的调研团队进行必要的培训，如流动儿童城市适应项目调研培训可以包含以下内容：流动儿童的基本特征、如何与流动儿童群体接触、如何打开流动儿童问卷与访谈的话题、流动儿童城市适应问卷的内容解释、问卷填写的标准以及在流动儿童调研工作中的注意事项等。让参与调研的团队成员知其然也要知其所以然，真正了解开展此次流动儿童城市适应调研的目的、意义、内容、技巧和方法，才能够最大限度保证需求调研的第一手原始资料的客观、真实和可信。

（4）整理调研数据，分析调研资料

运用一定的工具，如 Excel、SPSS、问卷星等对调研资料进行分析、整理，形成调研报告。在这个过程中注意的是调研分析部分不一定所有的调查资料都有用，不需要对问卷的每个问题都进行分析，而是选择与主题紧密相关的资料，进行进一步的分析。量化的资料包括问卷、量表等方式收集的资料，这类资料可以通过专业的软件 SPSS、问卷星、Excel 等工具完成汇总分析。数据分析一般包括资料审核、资料编码、资料录入、资料汇总、制作图表等几个步骤。如在流动儿童城市适应项目调研中，首先是要对回收的流动儿童调查问卷进行审核，看看是否有无效问卷，保证资料的真实性、准确性和完整性。其次要对流动儿童调查回收问卷及答案进行编码，当然也可以在设计问卷时就进行预编码。再次是对流动儿童问卷的编码进行录入和汇总。最后是对输入的数据进行数据的描述分析和交叉分析，生成并导出图表，可以得出每一个变量之间的关系。

质性的资料，包括访谈、焦点小组、服务分析、观察等方法收集的资料，这类资料需要进行合理的分类、整理和分析，得出条理清晰的调研启示及结论。

（5）调研报告的撰写

调研报告一般包括调研目标、调研方法、调研分析（问卷数据分析、访谈资料分析）、调研发现、服务建议等。其中调研目标一般与调研方案中的目标一致。调研方法与调研方案中的方法一致，并把具体情况进行概括性陈述。调研分析部分避免"头重脚轻"，花大量的篇幅、一堆的图表去分析数据资料，再漂亮的统计分析如果对实务没有指导也只是一纸空文。调研发现主要是呈现问题和需求。服务建议是针对问题和需求，提出建议。

调研工作结束后不仅仅是完成1份调研报告，开展需求调研的过程中，我们也可以有意识地去搜集社区服务数据或资料，例如1份重点服务对象名单、初步整理1份社区资源清单、记录N篇社工行走日记、完成1份年度服务方案等。

二、新时代城市社区需求调研存在的问题与对策建议

（一）社区需求调研存在的常见问题

在进行社区调研的过程中，调研者常用的一类调研方式就是采取问卷或访谈直接向居民询问他们的需求状况。一般而言居民需求调研的内容通常包括询问居民的基本情况、对社区的看法、自身各层面的需求等，居民需求调研是社区调研中重要的一个组成部分。从理论上讲调研这些内容获得的信息直接、准确、可靠，可以直接反映居民的需求状况。很多社工在社区调研中，都把居民需求调研放在非常重要的位置，但是在实际的操作中调研者在采用这种方式调研时会遇到一些困难。

1. 受访者的意愿问题

受访者的意愿问题表现为受访者不愿意披露自身需求的状况。出于种种原因，考虑他们表现为不合作的态度、拒绝调研的行为，有的一开始就不愿意参与，有的进行到中途要求退出，有的敷衍作答等。不论是访谈式还是问卷式，这种不愿意被调研表现得较为明显。

2. 调研结果准确性偏差

调研出的结果和受访者的实际情况存在差异，有的差异还比较大。有的受访者在被调查时主观的随意性较强，有的或许是理解上的偏差，有的是由于问卷设计的问题。大多数情况下这种偏差是无法完全消除的，但是通过合理的设计与调研者的努力在一定程度上是可以减少的。

3. 调研结果的有效性短

主要体现在某些层面上，居民的需求往往变化得较快，在被调研时也许

给予了某个选择，但随着时间的推移或者受到了其他因素的影响，居民的这一想法又会发生迅速的改变。

（二）社区调研常见问题的对策建议

1. 采取适度的奖励措施

一般而言当受访者乐意配合时回答问题会比较真实。采用适度激励可以提高受访者的意愿。毕竟调研是耽误了受访者的时间和精力，适度的补偿在调研的过程中常常使用到，尤其是一些采集的信息量较大的问卷调查和专门的访谈。适度的回报能提高居民参与调研的积极性。例如，有些社工在调研时会给居民送上小礼品，或者提供抽奖的机会等。

2. 澄清调研意义

在做需求调研时，我们往往会发现有些受访者是愿意接受调研的，有些受访者是没那么愿意的，究其原因，愿意接受调研的一般对调研意义和调研目的比较理解，知道调研者做这个调研，是为了以后可以更好地服务居民，或者能够解决社区问题。而不愿意接受调研的，往往是不理解的，他们可能本身就对调研者带有防备的心理。因此，调研者在开始调研时要向受访者澄清调研意义，尽量让受访者了解调研意义，当他们理解调研与自身利益密切相关后，更愿意接受调研。

3. 合理的调研设计

为了解决受访者根本不了解相关信息的问题，调研应该设计些过滤性的问题进行筛选对象，也可通过增加"不知道"的选项让调研结果接近真实。此外，调研者应该避免将问题设计得过于抽象，或采取太多的专业术语，无论是问题还是答案，都尽量通俗易懂让受访者接受，受访者付出的努力越少接受调研的自愿性越高。在涉及敏感性问题时一般采取后置问题的方式，受访者在调研的后期已经逐渐地克服了最初的不信任，产生了接受的态度，因为调研已经到了最后受访者倾向于完成调研。

4. 加强对调研者实施的培训

前文提到，调研步骤很重要的一步是组建队伍并且对调研人员实施培训。首先调研人员的行为要遵守相关的法规和道德规范，不能做任何违反职业操守的事情。在遇到敏感人群时应该小心，需要保证受访者是自愿合作的，他们已经充分了解调研的目的、未被误导并表示同意参加的。调研者在调研的过程中应该给予一些指导，尤其是采用了标准问卷调研形式的。有些问题的设计也许和受访者所理解的不同，而实施调研的人员在这个过程中应该予以说明和指导，因此在实施调研之初有必要就这些内容、指导的要点向调研者进行相关的培训。

第六章　新时代城市社区微治理的探索与实践

一、社区微治理的内涵与内容

(一) 社区治理的含义

党的二十大报告指出,"要完善社会治理体系,健全共建共治共享的社会治理制度,提升社会治理效能,加快推进市域社会治理现代化,提高市域社会治理能力,建设人人有责、人人尽责、人人享有的社会治理共同体""完善网格化管理、精细化服务、信息化支撑的基层治理平台,健全城乡社区治理体系"。社区治理是国家治理在社区场域的具体细化,社区治理能力现代化是国家治理能力现代化的总抓手和压舱石。在理解社区微治理之前,首先要明晰什么是社区治理。

社区治理是社区范围内的多个政府、非政府组织机构,依据正式的法律、法规以及非正式社区规范、公约、约定等,通过协商谈判、协调互动、协同行动等对涉及社区共同利益的公共事务进行有效管理,从而增强社区凝聚力,增进社区成员社会福利,推进社区发展进步的过程[①]。根据定义,社区治理具有以下特征:

1. 社区治理的主体多元化

尽管政府在社区治理过程中依然会发挥决定性的影响作用,但是社区治理的主体不再是单一的政府。在政府之外,还有其他治理主体,如企业、非政府组织、私人机构甚至于个人,它们通过同政府机构,以及彼此之间建立

[①] 刘芳,卢磊. 城市社区治理能力现代化研究评述——基于近五年的国内文献分析 [J]. 社会福利 (理论版), 2022 (12): 32-36.

起多种多样的协作关系,通过相互之间的协商与合作,来共同决定和处理社区公共事务,使得过去政府的社区管理趋向于社区治理。

2. 社区治理的目标过程化

社区治理除了明确的任务目标之外,过程目标更是其所注重的因素。社区治理要解决社区存在的问题,完成特定、具体的经济社会发展任务。此外,社区治理还要培育其基本要素,包括调动社区居民参与公共事务,培育改善社区组织体系,建立正式、非正式的社区制度规范,建构社区不同行为主体互动机制等。这些社区治理的过程目标只有在社区治理的长期过程中才能逐渐培育起来。

3. 社区治理的内容扩大化

社区治理的内容涉及社区成员社会生活的多个方面,事关社区成员的切身利益。它包括社区服务与社区照顾、社区安全与综合治理、社区公共卫生与疾病预防、社区环境及物业管理、社区文化和精神文明建设、社区社会保障与社区福利等。要做到社区公共事务的治理就必须最大限度地整合社区内外资源,构建社区治理机制,调动社区居民参与,达成社区事务的良好治理。

4. 社区治理是多维度、上下互动的过程

社区治理区别于政府行政管理,其权力运行方式并不总是单一、自上而下的。社区治理并不是通过发号施令、制定执行政策等来达到管理目标,它通过协商合作、协同互动、协作共建等来建立对共同目标的认同,进而依靠人民内心的接纳和认同来采取共同行动,联合起来对社区公共事务进行良好的治理。多维度、上下互动的过程使得社区治理源于人们的同意和认可,而不是外界的强制和压力。

(二) 社区微治理的内涵与内容

1. 社区微治理的含义

随着我国城市化水平的不断提高,城市人口流动性日益增大,城市社区治理也面临着一些新问题,例如,城市社区呈现出成员构成复杂化、成员需求多元化的特点,而原有社区治理模式中的居民表达诉求的渠道不足、社区解决问题的方式不健全,难以满足社区居民的现实需求,给城市社区治理提出了新的挑战；另外，我国社会组织和公益团体正在蓬勃发展，居民参与社区治理的意识逐渐增强，但可供各主体参与治理的途径少且不畅，导致社会力量无法真正有效地参与到社区治理中来，在此背景下，社区"微治理"应运而生①。

社区微治理是社区治理模式的创新，也是提高社区治理质量和水平的有效途径。所谓"社区微治理"，就是以社区为主体，发挥社区居民的作用，对社区内各项微事务进行治理。开展社区微治理，不仅有利于发挥基层政府和社会组织的优势，而且能更好地满足社区居民的各种需求。在居民广泛参与的基础上，细化社区微治理的工作责任和相关措施，推动社区居民自我管理、自我改造、自我监督、自我教育、自我服务、自我提升，从而营造和谐稳定的社区环境。

2. 社区微治理的功能

（1）促进多元主体参与，化解社区矛盾更加灵活

社区微治理实际上是通过"权利下放"实现的，以居民的需求为导线实现"以人为本"，而充分整合资源的方式又能有效降低成本。居民与社区的良性互动营造了很好的民主参与氛围。而社区微治理的方式更容易在社区中形成共识，有助于培养和提升居民的自治意识与自治能力，另外，社区通过向特定微单元赋权，架起了一座居民与社区间有效互动的桥梁，使居民需求能够及时传递至社区。社区微治理扩大了社区治理主体范围，将社区内的群众组织、社会组织、志愿者组织乃至小区内的个体商户、物业、楼栋长作为社区治理主体，实现了社会多元主体参与，弥补了政府治理的不足。微治理将社区划分为"微单元"产生了"熟人社会"效应，使人们自发地共同遵守圈子所认同的价值规则。此外，社区中的微服务关注居民异质化需求，尤其体现在其注重特殊群体帮扶，起到了从源头处化解矛盾的作用。

---

① 张继涛，范子轩. 我国城市社区"微治理"研究综述［J］. 四川行政学院学报，2022（05）：17-27.

(2) 整合内外资源，社区治理专业性进一步提升

近年来，我们看到很多社区设立社区基金会或社区基金，如在广州番禺区，社区基金已经做到每个社区100%全覆盖。从社区资源整合的角度指出，社区基金是社区资源整合模式的一种创新形式，有效克服了传统社区治理资源整合模式单一性与资源分散性的弊端，创新了资源挖掘方式和资源整合机制，形成了新的城市社区资源整合模式，有助于高效整合社区微治理的内外资源。微治理对于实现政府、居民、企业与社区社会组织的资源整合具有重要的推动作用，特别是在"半熟人社区"内的居民有着地域性情感基础，蕴藏着丰富的社会资本。"微治理"很好地契合了社会精细化治理的要求，不仅以社区居民需求为导向，还积极引入专业社会团体完善社区治理过程，让社区服务更加地多元化和精准化，增强了社区治理方式的专业性。

(3) 扩大溢出效应，社会治理体系逐步完善

社区微治理最大的特征就是自身"微小"，微治理的灵活方式渗透于社区居民的点滴日常之中，治理主体可清晰了解矛盾纠纷的起因与经过，随时随地化解居民矛盾，通过在全社会推广微治理使其交织成一张从矛盾源头进行预防的安全网，有效弥补"基层社会矛盾频发而化解能力有限"的问题。社区微治理有效发挥其自身的理念、技术与机制优势，扩大城市社区居民自治的溢出效应。社区微治理与社会整合紧密相关，通过优化政府管理与社区自治的关系，推动多方共同参与社区治理，并运用法治手段化解社区矛盾纠纷，有助于培育社会治理核心要素、培养居民的法治精神、完善社会治理体系建设，进而推动全社会的平稳健康发展。

二、新时代城市社区微治理存在的困境与对策

(一) 新时代城市社区微治理存在的困境

社区微治理在社区治理实践创新中效果显著，较好地解决了诸多传统治理模式难以解决的突出问题，但与此同时，社区微治理也面临着一些新的困难与挑战。

1. 主体角色定位不明晰，成员治理能力不充足

有些学者认为社区微治理存在两方面的问题：一方面，微治理主体的身份合法性尚未明确，如社区居务监督委员会等基层工作机构，因此难以获得街道与社区的重视；另一方面，这类主体的成员的业务能力尚需加强，成员的文化程度普遍偏低，缺乏专业知识，难以处理专业性较强的微治理工作。此外，当前我国基层微自治组织发育不充分，微自治利益、责任、规则和价值边界的不明晰可能引发多维主体冲突。居民参与社区微治理缺少热情，大多缺乏民主参与意识和公共精神，而居委会往往深陷于烦琐的行政性事务，没有充足的时间参与微治理活动，且缺乏参与微治理所需的专业知识技能。此外，社区社会组织本身数量较少，其中具备治理能力的志愿类社会组织更是屈指可数，参与社区微治理的可持续性不足。

2. 盲目套用外来经验，治理效果适得其反

在粗放式的治理思维方式下，微治理在推广的过程中可能存在"重形式，轻实质"的现象，近年来很多地区都开创了不少"典型"和"优秀"微治理的模式和案例，但各地如不结合本地实际情况而盲目照搬照抄微治理模式，可能将产生社区"碎片化"风险。① 不同社区中存在的特殊性，大纲性指导意见需要同各社区实际情况相结合，立足于自身的社区人文特色。然而，当前我国城市社区微治理实践中存在生搬硬套的模仿现象，将外来经验盲目套用于本社区治理之中，这将使微治理模式出现水土不服的现象，导致微治理的零碎性和不完整性，极大影响微治理的效果。社区微治理开始的时间较晚，虽在某些地区取得了一定成效，但目前还没有可复制的模板。某些地方盲目参照成功案例，将其微治理模式强行运用于本地社区，最终由于不适应本社区实际情况而适得其反，治理效果尚不如从前。

3. 现代信息技术手段应用不充分

我国社区微治理中的技术服务存在明显不足，当前社区治理仍旧是处于传统模式之下，除了发达地区，较少引进专业的社会工作人才，缺乏微治理

---

① 王云斌. 社会工作视角：城市社区"微治理"顶层设计思路研究［J］. 社会福利（理论版），2022（09）：3-9.

理念和专业治理技术。社区微治理只重视监测网络社群舆情和处理社区综合治理隐患，忽视了网络社群的多元化民主协商诉求。某些社区所推出的"互联网+沟通平台"的方式较为单一，仅能够被动地获取信息后开展行动，较难适应"治理对象、治理工具、治理环境"不断变化的现实情况，难以及时发现和解决社区微治理中的微需求和矛盾冲突，智慧社区并不"智慧"。因此，需要运用多样化的信息技术方式在矛盾冲突发生的前期便主动地获取信息，及早发现和分析问题，从而将其解决在萌芽状态。

（二）新时代城市社区微治理的现实对策

为化解社区微治理实践中遇到的现实问题，学者们从参与主体、参与方式、参与技术三个角度提出了破解微治理难题的现实对策。

1. 党建引领下，促进多元主体参与微治理

从参与主体的角度来看，以"微党建"为引领的路径构想，将党的基层组织建立在微治理单元上，使微党组织领导与微治理单元自治相结合，并以促进社区居民"再组织化"为牵引，引入专业社会组织，培育社区群团组织，从而以此为纽带将社区中的个体再组织起来。同时以基层党建为引领建立多元协同的治理模式，充分发挥社区党员的先锋模范作用，鼓励和培养优秀党员成为"邻里"党支部书记。同时强调在微治理实践中要理顺各主体之间的利益归属，构建畅通的利益表达与协商机制，培育各主体的责任意识、明确责任界限。此外，还要拓展居民"互惠性制度空间"，建立"激励性参与制度"并搭建利益互动平台，捏合多元主体利益。值得提醒的是，社区精英在社区微治理中扮演重要角色，主要由社区管理者精英和社区居民精英组成，充分发挥社区精英的治理能力是城市社区微治理的可行性路径选择。有些学者也提出可借鉴发达国家经验，建构"政府行政介入、社区组织自治、社区公民参与"三位一体的城市社区治理体制，调整行政组织与社区自治组织间的角色定位，充分利用非营利组织的重要作用，探索多元化的资金筹集渠道，为社区微治理的可持续开展提供经费支持。

2. 搭建多形式、多渠道微治理参与平台

社区要积极建立资源共享平台和民主协商平台，通过民主协商平台建立社区居民议事会制度，鼓励和引导社区多元力量参与民主协商，依据既定程序对社区事务进行充分讨论，从而形成"民主提事、民主议事和民主决事"的民主氛围。同时，我们也要注重结合各地的实际情况，保护微治理形式的多样性。例如，某些社区的微治理首先会以项目制为载体，推动制度的赋权增能。通过整合社区元素与社区资源，激发社区治理活力，以"专业团体+社区自组织"的方式，促进技术增能，以社区公益组织为载体，引进专业社工组织，设立"微项目"，成立"微社团"。而在搭建社区联合体、社区自组织网络、社区资源对接平台后，社区中负责专业技术指导的专业团体和社工便可以退出社区管理，并引入转移技术型社会组织，从而将自主管理权还给社区公益社团，提高社区公益组织的资源获取能力。

3. 利用现代信息技术助力社区微治理

从参与技术的角度来看，更多的跨界合作是实践途径。社区要依托互联网和物联网等技术资本，利用大数据和云计算等信息技术，完善社区"智慧治理"方式，为社区微治理提供技术支持。同时要充分利用新媒体这一沟通媒介，通过新媒体建立社区微需求表达平台，在社区微参与中形成资源纽带，在社区微项目中链接多元主体，拓宽需求表达渠道、拓展线上沟通协商空间和优化微项目运行路径。同时可通过微信群这一目前来说最为广泛使用的"连接器"来拓展社区连接，让更多人有机会、低门槛地通过社交媒介表达和参与社区治理。针对数据零散和整合利用率低的问题，要将互联网技术作为治理手段，运用人工智能等技术，应用智能手机的移动客户端及数据平台，加强城市社区信息化、智能化建设。依托新媒体实现社区微治理的智能化，杭州市上城区的实践经验就非常值得参考，如设置"社区事务治理网、社区电话电视电脑服务网"，建立"智慧事务治理平台、智慧养老服务平台等智慧志愿服务平台"等。

三、新时代城市社区微治理的案例展示

案例一：志愿合伙人——专业志愿服务参与社区治理项目

背景介绍

D市S镇X社区辖区面积约有2.5平方公里，下辖11个居民小组，户籍常住户2.5万人，非户籍人口2万人。X社区志愿者服务站现有i志愿注册志愿者386人，登记在册志愿者5743人，2011年至2020年连续10年被评为"S镇先进志愿服务集体"称号，2018年被评为"D市最美志愿服务社区"等称号。2020年X社区启动"时间银行"志愿服务管理模式，有效提升志愿服务的管理质量，推动志愿服务可持续发展。

总的来说，X社区志愿服务发展基础扎实，X社区志愿服务发展有良好的基础。但仍然存在一定的问题，例如志愿者参与面不广，主要表现为"三多三少"，即老年人多、群众多、非专业人士多；年轻人少、党政人士少、专业人员少。另外，开展的服务主要集中在助老助残、贫困帮扶、大型活动、河湖清洁等，活动内容单一，无法满足居民多样化、个性化的需求，因此无论是服务内容还是服务质量，与居民的实际需求存在一定的距离。志愿服务担负着社会治理和推动社会发展的重要使命，已不能仅凭爱心和热情来满足社会需求，需在专业、规范层面深入发展。同时，随着社会发展和服务意识的普及，人们对于志愿服务的需求更加多样，要求不断提高，专业、规范的志愿服务成为社会的普遍需要。但社区志愿服务仍然存在角色定位不清，参与面窄、供需对接不畅、治理共识欠缺等问题，无法最大限度地介入社区治理，发挥其应有功能。

政策及理论依据

（一）社区治理

社区治理是指政府组织、社会组织、社区自组织和社区居民基于社区认同，按照一定的原则协同处理社区公共事务的过程，其中包括人力资源、项目资源、价值理念和行动规范，通过社区治理，达到居民需求满足、生活质量提升和促进社会和谐有序。因此，社区治理不是单一主体治理过程，而是多方利益主体合力共治的结果。

（二）志愿服务条例及基层治理政策

2017年,《志愿服务条例》正式实施,明确提出"国家鼓励和支持国家机关、企事业单位、人民团体、社会组织等成立志愿服务队伍开展专业志愿服务活动,鼓励和支持具备专业知识、技能的志愿者提供专业志愿服务"。专业化的志愿服务能够为社区治理带来更大的效能。2021年4月,《中共中央国务院关于加强基层治理体系和治理能力现代化建设的意见》指出,完善社会力量参与基层治理激励政策,创新社区与社会组织、社会工作者、社区志愿者、社会慈善资源的联动机制,完善基层志愿服务制度,大力开展邻里互助服务和互动交流活动,更好地满足群众需求。志愿服务是社区治理有序开展的重要依托和力量支撑。

介入策略

项目旨在扩展志愿服务的参与面,提升志愿服务治理意识和质量,满足居民多样化及个性化需求,畅通志愿服务参与社区治理渠道,推进志愿服务专业化、可持续性发展,发挥志愿服务参与社区治理的更大效能。具体介入策略如下:

（一）规范项目管理,保障项目运行

项目在X社区党群服务中心领导与指引下,由专业社会工作者做规划统筹,召集具备专业技能的各领域人才加入成为社区志愿合伙人,利用广东i志愿系统和X社区时间银行管理机制对志愿者进行统筹管理。一方面明确项目领导、执行;另一方面规范了项目的日常管理,让项目无论在运行、监管、风险应对等方面都具备有力保障。

（二）创新服务模式,发挥专业力量

项目面向社区各个专业领域招募志愿合伙人,根据他们的特长把志愿合伙人分为卫生健康类、体育健身类、艺术文化类、生活便民类和科普宣教类五大类别,形成"人力资源库",社会工作者调研、评估和对接居民需求形成"需求库",供需对接,匹配专业志愿合伙人和相应需要满足的需求,从而解决社区问题。

（三）传播志愿服务文化,提升公众参与意识

项目在招募、培训、实践、团建等每个环节都非常注重志愿文化理念的

灌输，让参与项目的成员一方面明晰志愿者的权利和义务，另一方面也让他们理解"合伙人"的意义，提升他们对于社区参与的意识和能力，同时通过志愿合伙人的身体力行，带动更多的社区居民关注社区事务、共同参与社区建设。

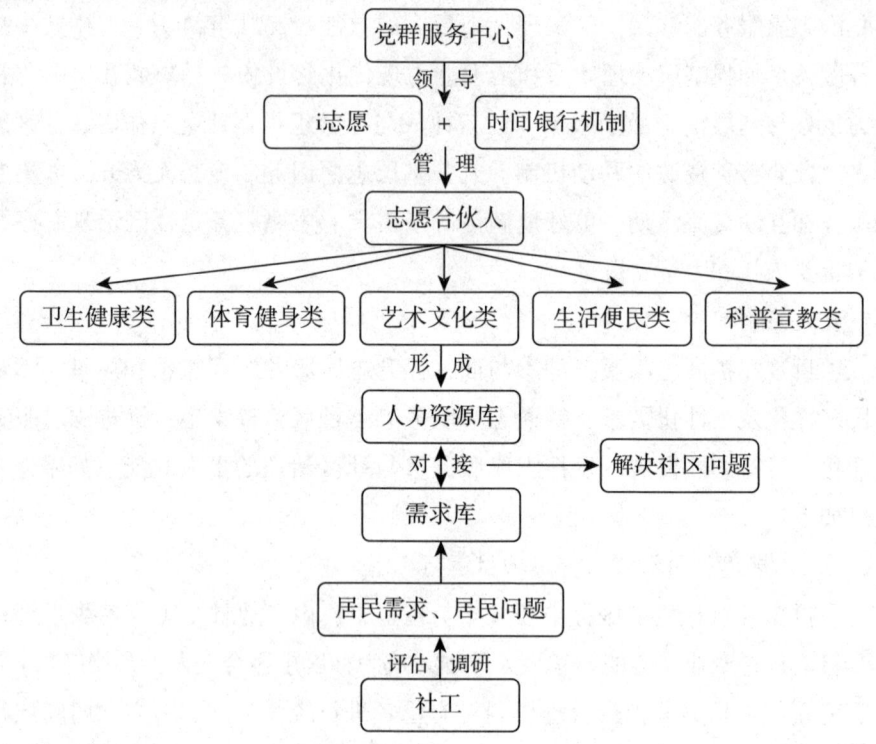

```
                    党群服务中心
                        │领 导
              ┌─────────┼─────────┐
            i志愿       +      时间银行机制
              └─────────┼─────────┘
                        │管 理
                     志愿合伙人
        ┌──────┬───────┼───────┬──────┐
     卫生健康类 体育健身类 艺术文化类 生活便民类 科普宣教类
                        │形 成
                     人力资源库
                        │对↕接 ──────→ 解决社区问题
                      需求库
                        │
                居民需求、居民问题
                        │评估 调研
                       社工
```

实施过程

2021年3月，X社区综合服务中心推出了"志愿合伙人"——X社区志愿服务发展计划，由社会工作者统筹，召集具备专业技能的人士，探索创新符合基层实际、贴近群众生活、满足社会需求的志愿服务新模式，切实为群众办实事、解难事、做好事，使志愿服务走向常态化、专业化、精细化，充分发挥志愿服务提升社会治理能力的作用。项目具体操作如下：

（一）"志"同道合，助力志愿合伙人"成团出道"

项目专门招募具有专业技能的社区居民加入，在第一批的志愿合伙人当中，就有包括医生、书法家、维修师傅、篮球教练、收纳师、粤剧传承人、理发师等不同专业人士共35人，形成了一个志愿服务人才"资源库"。一方面,这批志愿者能够通过志愿服务的平台展现自我,服务社会;另一方面,志愿者服务专业化和精准化有了人力基础。正如科技辅导员罗老师在加入项目时说道:"我十分期待能借助这一平台,为青少年剥开一个个科学的坚果,培养青少年的科学思想和探索精神,为社区的科普发展添砖加瓦。"当然,志愿合伙人的招募与一般志愿者招募也有所不同,除了通过常规公众号发布、微信群招募等,也需要社会工作者有意识地去物色有能、有志之士,做好动员、讲解、沟通工作,邀请其加入。

(二)"志"友同行,实行专业化管理保障项目运行

在广东省i志愿的统一管理基础上,X社区综合服务中心有一整套志愿服务管理机制,包括管理制度、申请流程、服务登记、培训及团建计划、服务项目执行规范等,而早在2020年,X社区就实行"时间银行"模式去加强志愿服务与社区发展的有机联系,以"用奉献的时间换取他人的帮助或银行积分兑换礼品"的方式,充分肯定志愿者的付出,而时间银行中的所有礼品,都由社区爱心企业、商家赞助、捐赠,构筑爱心循环系统。针对志愿合伙人,社会工作者进一步细化管理,把所招募的志愿合伙人根据技能特点分为卫生健康类、体育健身类、艺术文化类、生活便民类和科普宣教类,每一类都有其服务范围规定及服务指引,而为了特显志愿合伙人身份,他们在提供服务时一般穿着自身行业服装,因此社会工作者为每一类别合伙人制作特定的颜色标识胸章。除了日常的管理,社会工作者还会为志愿合伙人提供培训、团建、表彰等一系列的管理配套,让志愿服务有规范感,让志愿合伙人有归属感。

(三)"志"力践行,开展专业志愿服务解决社区问题

在专业的管理下,志愿合伙人的志愿服务开展有条不紊,而这些服务的提供,均是贴合社区需求的。社会工作者在社区调研、日常服务中会掌握到很多社区及居民的需求,形成"需求库",志愿合伙人则是一个非常有效能的"资源库","需求库"与"资源库"一对接,快速、有效地突破社区治理难题。例如在双减政策之下,学生在素质教育上有更大的需求,2021年暑假期间,艺术文化类的志愿合伙人举办"智趣在社区——儿童暑期成长夏令营"活动,为社区儿童青少年提供画画、歌唱、书法等系列兴趣发展课程。而生

活便民类的志愿合伙人现在已经成为社区居民的贴心人，困境家庭的电器维修、高龄长者的每月理发、主妇们的居家收纳通通有专业人士包办。2021年12月，东莞大朗暴发疫情，东莞市各镇街一下子进入紧张的防疫状态，社会工作者联动卫生健康类的医生、心理咨询师为居民提供24小时防疫心理热线，康复师、护工则上门为社区长者提供血压、血糖检测服务，守护着社区居民的身心健康。

实施成效

2021年3—12月，项目共有志愿合伙人40人，开展活动35场，服务人次超过1000人次，通过活动后的《参加者意见表》统计，整体满意度超过95%。而通过志愿合伙人链接了包括商家、企业、社会组织等12个多元主体参与社区服务，链接资源折合人民币56000元，解决了社区青少年儿童兴趣发展、困境家庭帮扶等5个社区问题。党的十九大报告明确提出"加强和创新社会治理，打造共建共治共享的社会治理新格局"，这也为志愿服务参与社区治理提供了根本遵循。志愿服务开展必须打通到社区治理的最后一米，而"志愿合伙人"项目的主要成效则表现为以下几个方面。

（一）培养志愿文化，构建共治精神

志愿服务文化和价值理念是指导服务开展的前提，也是推进志愿服务发展的动力。"志愿合伙人"，顾名思义，我们既要强调"志愿者"的身份，也重视"社区合伙人"的社区治理参与理念。项目所招募的志愿者首先有为社区贡献的热情，同时我们在招募、培训、团建、实践中处处都会灌输社区"合伙"理念，他们的加入是为了切切实实解决社区问题，这种理念能够让他们对自我身份有更高的定位，同时形成一种对这个志愿服务队的集体认同感。

（二）明确角色定位，社区参与更有效能

社区居民是志愿者服务的受益者，社区居民需求的满足是开展志愿服务的追求所在。在项目中，志愿合伙人所开展的服务都是以需求为导向的，这当中有社会工作者的专业评估和供需对接，不同类别的合伙人对口不同领域问题，志愿合伙人发挥自身的长处去满足居民需求、解决社区问题，角色定位精准，服务开展必然是有效率和高质量的。

(三）专业化管理，实现志愿服务可持续发展

志愿合伙人项目的启动不是一蹴而就的，是在 X 社区志愿服务发展多年基础上的一个深化，而这个基础的重点就是完善的管理机制。目前在整个志愿服务管理上，充分发挥了"社会工作者+志愿者"联动优势，制定包括了志愿服务的组织动员、志愿者日常管理、服务项目设计及运行统筹、服务流程监测、效果评估等系列规范，这些规范正是解决了志愿服务如何开展、如何维系、如何评估等影响着可持续发展的系列问题。

以上案例是在"社志联动"之下志愿者参与社区微治理的典型案例。社会工作正处于不断嵌入社区工作的进程中，尤其是近年来政府对专业社会工作者服务的关注与推进，更是将社会工作的专业优势逐渐渗透于社区服务当中。而相对而言，志愿者其实更早地参与到社区服务中，扎根于本土成长，具有本土优势与群众优势。"社志联动"则是建立在发挥社会工作的专业优势与志愿者的本土优势、群体优势的基础上提出的。志愿合伙人项目便是"社志联动"的有效服务样板。通过社会工作者的统筹规划，最大限度地提升志愿者服务质量和发挥志愿者效能。

进一步探索专业志愿服务参与社区治理的有效路径，是志愿服务实现自我改革创新的必然之路，也是志愿服务与国家发展"同行同向"的定位要求，志愿者合伙人项目是在这方面的一个新尝试，项目一方面能够畅通专业领域人才参与志愿服务的路径，另一方面也能够产生积极的影响带动作用，在全社会营造浓厚的公众参与氛围。近年来，随着社区基层治理的进一步推进，志愿服务发展备受重视和关注，志愿发展需要乘势而上，抓住机遇，嵌入社区治理各个体系，提升服务质量和效能，往深里走，充分发挥公众参与的主体作用。

案例二：以自然体验为起始推动社区参与——以【城市里的阳台农业】T社区自然科普研学计划为例

背景介绍

在农村城市化、城镇面积高速扩张的发展大环境下，城镇内大部分青少年儿童缺乏对自然的近距离接触，缺少接受体验式、接触式的自然教育。同时，在接触认识自然、学习探索自然技能的需求基础上，人们居住在城市环

境内对环境的认识与适应也有现实性的需求,即对青少年儿童的环境教育有相关要求。

Y镇T社区以打造友善社区为社区发展主要方向,从社区环境友好发展、居民社区参与及友善文化氛围建设等多个方向推进友善社区发展。在开展多领域服务以及党建引领推动下,T社区组织起一定的社区参与居民基础,为友善社区发展提供了充分的资源。在基于对中心功能性拓展及场地利用的充分考虑,T社区利用服务中心楼顶建设阳台花园,提供绿化种植场地用于居民服务,进一步推动友善社区环境建设。

项目以社区服务中心楼顶建设花园提供公共设施基础的前提,结合借助社区所在镇街范围内可开展体验性活动的环境如公园、环境教育基地等,以青少年儿童作为主要服务对象开展自然与环境体验科普性活动,培养服务对象掌握认识、感受和观察自然与环境的技能和工具,结合科普类讲座提升居民绿化种植知识和技能,推动社区整体绿化种植,在社区大范围营造自然环境,营造绿色生活氛围。从自然入手,推动服务对象对生活环境的关注和参与。

理论依据

(一)社会资本理论

社区社会资本对居民的公共参与产生积极的影响,是解决社区合作困境的一种有效机制,其存量与结构决定着人们参与社区公共生活的质量以及解决公共问题的效率。社会资本是指"社会组织的特征,包括社会网络、规范以及信任",信任、规范和关系网络之间是相互联系的,也是相互促进和加强的。项目的设计规划充分发挥社区场地及人力资源的优势和利用性,为社区自然科普及社区居民联结发挥最大化作用。

(二)社会学习理论

社会学习理论探讨个人的认知、行为与环境因素三者及其交互作用对人类行为的影响。生理因素的影响和后天经验的影响在决定人的行为上是微妙交织,密不可分的。项目设计中强调结合观察学习和探索实践行为学习,利用社区资源环境营造良好的自然科普环境影响因素,提升社区居民的自然认知以及影响他们在自然种植和环境保护方面的行为习惯。

介入策略

（一）介入服务目标

1. 总目标

发挥社区居民自然种植知识作用，推动社区绿色建设，提升青少年儿童自然环境探索能力，推动社区居民关注和参与社区环境建设。

2. 具体目标

（1）通过项目专业讲座等知识分享性活动，普及提升70%以上服务对象自然科学、农业技术知识，并推动40%以上参与服务对象开展居家种植；

（2）组织开展社区自然环境教育体验活动，培养70%以上青少年儿童服务对象掌握环境探索的技能和工具，并提升50%以上青少年儿童环境探索积极性；

（3）以友善农场承包种植为基础，提升70%参与承包的服务对象对参与社区环境发展建设的主动性。

（二）项目计划实施方案

1. 项目实施前期阶段

（1）开展社区楼顶花园利用相关需求调研，确认社区服务对象对楼顶花园发展及相关配套服务需求；

（2）聘用农业指导专家，为项目相关活动提供专业技术及知识支持；

（3）制作项目专题KT板，用于项目种植知识宣传和推广；

（4）制作项目专题围裙、草帽，用于项目活动，提升服务对象参与感受。

2. 项目实施中期阶段

项目围绕自然讲堂、自然乐园、友善农场三大主题系列活动开展，统筹运用社区资源，为社区居民提供专业自然及农业技术科普，体验性自然环境探索，承包种植共建等多维度的社区自然环境教育服务。

（1）自然讲堂

邀请专业农业人士开设讲座、工作坊，通过知识讲授和实操体验形式，推广教学阳台农业技术知识，让先进科学的农业技术知识走进社区居民生活，带动社区居民科学合理开展阳台种植，互相分享经验，拓展城市绿化。

(2) 自然乐园

以社区楼顶花园作为科普场地基础设施，结合配套的自然科普研学路线，组织社区青少年儿童，在社区及户外开展各类自然体验及科普活动，培养青少年儿童掌握感知环境探索技能和工具，提升青少年儿童对自然环境的自主探索积极性，促进青少年儿童参与社区环境讨论共建。

(3) 友善农场

围绕社区楼顶花园制定承包种植制度，组织招募社区家庭或邻里团体为群体开展分区域承包种植，结合专业指导，在基本的管理下开展日常种植，共同探索阳台种植科学技术，分享经验，共建社区阳台自然科普场地，并把部分农作收获作为社区探访赠送物资，支持社区服务，推动居民参与社区发展事务。

3. 项目实施后期阶段

(1) 项目评估

①针对介入具体目标，采用不同的数据处理的评估方式。

②通过分析统计【自然讲堂】相关主题活动服务对象活动后的意见表分析，结合对服务对象对活动内容知识掌握的调查，评估分析服务对象相关知识的掌握提升程度以及服务对象居家种植的意愿。

③通过分析统计【自然乐园】针对青少年儿童开展的自然体验相关活动的参加者意见表进行统计分析，以及对服务对象相关技能掌握的测验，评估青少年儿童服务对象掌握自然环境探索技能和工具的程度以及参与活动后服务对象自然环境探索积极性的提升。

④通过针对【友善农场】承包服务对象开展服务调查，评估其对楼顶花园承包管理开展满意度，以及个人参与承包后对社区参与的投入提升程度及对社区环境关注积极性变化。

(2) 项目总结

向社会大众及服务对象展示项目成效，跟进优化项目。

4. 介入策略特色

(1) 自然科普研学路线，深度实践培养青少年儿童探索能力

项目以社区楼顶花园场所为轴心，围绕青少年儿童环境感知探索技能培

养需求，将自然科普、自然观察、环境感知结合在一套自然科普研学路线体验计划当中，结合相关研学记录手册，让青少年儿童能够通过系统深度的实践，掌握相关技能，提升自主探索积极性。

（2）友善农场承包种植制度，带动居民参与社区共建

项目围绕楼顶花园整体规划，制定承包种植制度，带动社区居民通过承包区域种植，积极参与社区建设，让居民共同参与区域分配管理、日常维护、收成分配等制度优化讨论，积极调动承包居民共建共治，与居民联手打造可持续发展的社区自然科普场地。

实施过程

项目自2019年10月开展，围绕三大主题活动开展，从知识推广、探索体验培养、居民种植参与多维度深化，逐步达成项目目标。

（一）制作项目宣传物资，提升项目推广力

整合项目内容，制作项目宣传折页派发推广；整理农业种植专业知识，制作成KT板，在相关活动开展过程中展览，提升科普效果。制作一批项目定制的围裙和草帽，让参与活动的居民深入活动体验情境，积极投入活动获得更深的体验。

（二）邀请项目指导专家开设专业讲座，提供专业自然及农业知识

社区自然科普需要注重专业性，邀请项目指导专家，根据社区居民实际需要，开展主题性自然科普及农业知识讲座，为社区居民认识现代化农业技术提供平台，推动居民开展居家种植，为社区自然绿化建设奠定居民参与基础。

（三）建立承包种植制度，组织居民参与楼顶花园共建

为社区楼顶花园建立承包种植制度，组织招募有意参与的服务对象，以分区域种植形成参与社区楼顶花园建设，在社会工作者管理下，组织服务对象开展农作种植，参与社区楼顶花园的共建。

（四）以楼顶花园为基础，打造社区自然环境教育体验学习平台

以社区楼顶花园作为基础，种植各类蔬菜花卉，研发自然科普研学路线，组织社区青少年儿童参与体验，结合研学路线的活动内容编制研学路线记录手册，结合五感体验、知识学习、探讨记录等多形式，培养服务对象掌握环

境探索感知的技能和工具，逐步提升服务对象环境探索的积极性。

（五）利用楼顶花园收成用于社区服务，深化居民社区参与共建

充分利用服务对象的种植成果，结合社区多领域服务，通过分享成果、社区探访的形式，并由社会工作者引领该群体服务对象作为志愿者参与到相关服务当中，促进居民联结，深化社区参与程度。

实施成效

从2019年10月起开展相关活动，截至2021年10月，项目通过组承包管理制度开展楼顶花园承包管理，共计组织28组服务对象参与承包，并以参与服务对象为基础建立社区组织团体【友善家庭】楼顶花园志愿服务队，参与楼顶花园公共卫生、楼顶花园收成分享探访以及自然科普平台建设服务共计97个服务时，其中开展探访共计10场，探访服务人次达到100人次；另外，【自然讲堂】【自然乐园】主题活动共计开展19场，小组1场，直接服务人次达到390人次。项目具有一定的创新性以及社区建设方向的独特性，获得媒体的广泛报道，其中获得国家级报道2次，省级报道1次，市级报道2次，镇街级报道6次，其中获得《学习强国》《羊城晚报》等代表性的官方媒体报道。

项目采用相关的评估形式开展评估总结，总结整体成效如下：

（一）成功为服务对象提供科学种植知识学习平台

社会工作者通过链接农业种植专业资源，开展各类主题种植讲座、参观学习活动，并通过建立交流微信群，为服务对象和专业人士的交流咨询平台。相关活动共计开展8场，服务对象共计240人次，78%的服务对象通过活动对种植相关的技巧知识提升了认识，其中主要包括对植物病虫害的认识、居家无土栽培的设施及日常农作施肥等基本操作。同时，推动了43%服务对象开展居家种植，有效推动服务对象参与社区绿色建设。

（二）【友善农场】带动服务对象参与社区建设和服务

通过分区域承包建立承包管理制度，共计组织28组次服务对象参与承包种植，并以参与承包服务对象为基础建立社区组织团体【友善家庭】楼顶花园志愿服务队，参与楼顶花园公共卫生、楼顶花园成果探访以及自然科普平台建设服务；按承包管理制度，根据种植情况按比例将承包种植服务对象的

收成组织开展共计10场社区探访服务，并组织【友善家庭】楼顶花园志愿者共同服务，85%承包服务对象通过参与承包种植及相关志愿服务，提升了其个人社区参与积极性，更加关心社区环境建设等相关内容。有效促进社区居民联结，拓展社区互助网络，居民社区参与程度得到深化。

（三）【自然乐园】培养青少年儿童环境探索能力，推动促进自主探索及对社区环境关注度

围绕【友善农场】搭建的自然科普平台，社会工作者结合自然教育、环境教育的形式方法，针对青少年儿童服务对象组织开展具备自然环境体验性、探索性的主题活动共计11场，开展小组1个，服务150人次，有效培养提高70%参与服务对象培养掌握如生物分类、植物结构、环境污染及垃圾分类的基本知识，学习如何进行植物的观察与记录、结合五感进行环境的探索和认识。

（四）特色自然研学路线，带动服务对象自主探索自然环境

社会工作者通过组织开展自然环境探索体验活动，对活动设计反馈进行总结，结合社区环境资源可利用性，设计并优化出自然研学路线，并依据自然研学路线内容以及服务对象自主探索的需求，编制自然研学记录手册。该手册既可以用于社会工作者组织开展自然研学活动，亦可在一定的内容指导下提供服务对象进行自由探索和记录。自然研学路线共有53人次服务对象经过体验，开展的体验也让75.6%服务对象提升了环境探索的积极性，在生活中主动观察身边的环境，观察环境现象。

该项目通过自然教育、农业种植学习等的形式，推动服务对象开展种植、参与自然探索体验，从而开始关注身边绿色生活和植物种植方面的信息。在此基础上，通过多形式加强社区参与，如社会工作者通过开展活动让青少年儿童对社区环境进行调查、开展环境共建讨论；结合东莞市垃圾分类落实计划，引导居民了解垃圾分类与环境的关系，推动居民在相关问题的共同参与。另外，从社区参与的深化推动考虑，在项目对服务对象在社区关注主动性和积极性的影响基础上，可结合社区居民对社区环境建设的作用，参考如青少年儿童友好社区共建、关于社区环境问题的服务对象共同参与的调研活动等，从自然绿色种植延伸到整个社区环境，让服务对象充分发挥自身权利，参与

社区发展。

案例三：新时代城市社区微治理的案例研究——城市服务驿站

当前，城市社区微治理已逐渐成为各级政府和社区管理部门关注的重点。东莞市的城市服务驿站建设作为一个典型的案例，充分展示了新时代城市社区微治理的实践成果和优势。

城市服务驿站在东莞市市民游客密集区域，如公园广场和街角游园等的精准选址，为市民群众提供方便快捷的服务。除了基本服务外，驿站还特别设置了星级公厕、母婴室、第三卫生间等，以满足不同群体的需求，实现了"小驿站"汇聚"大功能"的效果。除了基本服务，城市服务驿站还致力于为民服务。城管工作的领导和城管系统领导班子经常到驿站与市民面对面沟通，了解民情民意，以提升服务质量。通过这种精心建设，城市服务驿站不仅是户外工作者的便利之所，也成了社区居民的"大管家"。

此外，城市服务驿站还成为各个单位、社区和爱心企业开展公益活动的重要场所，如国民体质监测、义诊、送温暖、法律法规宣传等，这使得城市服务驿站成为志愿服务"同心圆"的根据地。通过这些活动，城市服务驿站推动着新时代城市社区微治理的发展。

城市服务驿站建立了便捷、人性化的服务窗口，打造了与市民随时沟通联络的互动机制，并精心组织各类公益活动，为市民提供优质服务。这种模式为新时代城市社区微治理提供了有益的借鉴和启示，值得在更多城市推广和实施。城市服务驿站的发展充分展示了新时代城市社区微治理在实践中的有效性，为推动城市社区微治理发展做出了重要贡献。

总的来看，东莞市城市服务驿站的成功案例向我们展示了新时代城市社区微治理的实践成果和优势。它为我们提供了一个值得借鉴的范例，使我们更加深入地了解了新时代城市社区微治理的内涵、特点和发展路径。以下几点是对东莞市城市服务驿站案例的进一步分析和阐述。

一是，增进社区凝聚力，提升市民满意度。城市服务驿站的设立，有助于增进社区居民之间的联系，提升社区凝聚力。在驿站举办的各类公益活动中，市民可以相互认识、交流和互动，进一步加强邻里关系，营造和谐的社区氛围。同时，城市服务驿站的便捷服务窗口和人性化设计，也使市民在享受城市管理服务的过程中更加满意。

二是，深化基层民主参与，提升社区治理水平。城市服务驿站通过零距离交流、面对面沟通的方式，让市民更加直接地参与社区治理，为社区治理提出意见和建议。这种方式有利于提升基层民主参与水平，使市民真正成为社区治理的主体。同时，市民对社区治理的参与和监督，也有助于提升社区治理的水平和质量。

三是，探索创新城市管理模式，提高城市治理效能。东莞市城市服务驿站的成功实践，为其他城市提供了一个新的城市管理模式。在这一模式下，城市管理部门不再是单纯地执行管理职能，而是更加注重与市民的沟通、服务和互动。这种模式有助于提高城市治理的效能，使城市管理工作更加符合市民的需求和期望。

社区治理是一个持续性和长效性的过程，新时代城市社区微治理要注重长远发展。要建立完善的社区治理体系，确保社区治理工作的稳定推进。例如，完善社区治理的规划、组织和实施机制；建立健全社区治理的考核和激励机制，激发各方参与治理的积极性。新时代城市社区微治理的发展路径涉及基层组织功能的健全、基层民主参与水平的提高、人性化城市管理体系的完善、党建引领作用的加强、社会工作人员队伍的专业化水平的提升、法治建设的推进、社会组织的积极作用的发挥等多个方面。同时，需要跨部门协同合作，形成治理合力，深入开展社区治理宣传教育，增强居民的社区治理意识，重视社区治理的持续性和长效性等。在实践中，要根据具体情况灵活调整策略，不断创新和优化治理方法，确保城市社区微治理工作的有序推进和持续发展。

在实践中，要建立健全社区治理评估体系，对社区治理工作进行全面、客观、细致的评估，以便找准问题、研究对策。为此，可以建立社区治理绩效评估指标，对社区治理成果进行量化评估；开展定期的社区治理工作检查和评估，持续改进和优化治理策略。同时，要加强国内外经验的交流与借鉴，学习先进的社区治理理念和方法，为我国社区治理提供借鉴。可以组织定期的国内外社区治理学术研讨会，分享经验和成果；对国际上成功的社区治理案例进行深入研究，提炼其成功经验，为我国社区治理创新提供参考。

为拓展社区治理领域，城市社区微治理要根据社会发展和科技进步的趋势，不断创新社区治理方式。例如，充分运用大数据、云计算等现代科技手段，提高社区治理的智能化水平；关注新兴社区治理问题，如网络空间治理、环境保护等，积极探索有效的解决方案。在推进社区治理的过程中，要注重跨部门的协同合作，形成治理合力。各部门要加强沟通与协调，共同制订和实施社区治理计划。例如，城市管理部门、公安部门、卫生部门等要密切合作，共同解决社区治理中的突出问题，提升社区治理的整体效果。同时通过加强社区治理宣传教育，增强居民的社区治理意识和参与积极性，是新时代城市社区微治理的关键。要通过多种形式和渠道，深入开展社区治理宣传教育活动。例如，组织专题讲座、培训班等，教育居民了解社区治理的重要性；利用社区文化活动、媒体宣传等方式，普及社区治理知识，提高居民的"主人翁"意识。

第七章　新时代城市社区志愿服务的探索与实践

一、社区志愿服务的内涵与内容

随着时代的变迁和社会经济的发展，城市社区成为人们生活的重要场所。社区的和谐发展离不开志愿者们的无私奉献，新时代城市社区工作中，志愿者们发挥着越发重要的作用。本章将结合实际案例，对新时代城市社区志愿服务的探索与实践进行深入分析。

社区志愿服务作为一种社会力量的参与，突出了民间自发、自愿组织的服务行为。这些服务行为涵盖了帮助社区内生活有困难的居民扶贫济困，关爱孤儿、孤寡老人和残疾人，帮老助残，关注幼儿和未成年人的成长，支持弱势群体，维护社区内环境卫生，保护生态环境，积极参与社会公益活动，以及融入社会大型活动等方面。

（一）社区志愿服务的内涵

社区志愿服务是指志愿者在城市社区内开展的一系列无偿、自愿的服务活动。这些活动旨在提高社区居民的生活质量，增强社区凝聚力，促进社区的和谐发展。社区志愿服务的核心理念是奉献、互助、进步，它体现了公民对社会的关爱和对他人的关注，以及对美好生活的追求。在新时代背景下，社区志愿服务在传统的基础上，不断创新和拓展，形成了更为丰富和多样的内容和形式。与此同时，社区志愿服务也成了推动社会文明进步、培育和践行社会主义核心价值观的重要途径。

(二) 社区志愿服务的内容

社区志愿服务以人为本，涵盖了丰富多样的领域，如生活服务、教育支持、文化活动、环境保护、社会治理、公共安全、健康服务、关爱特殊群体、社区建设、公益创新以及团队建设等。志愿者们为社区居民提供各种便民服务，关注特殊群体，组织丰富多彩的活动，提升社区环境质量，协助社区治理，宣传安全知识，推动健康生活，参与基础设施建设，发挥创新精神，实施公益项目，致力于团队建设，提高服务质量，为社区注入正能量，根据志愿服务的性质和目的，我们可以将其划分为以下几个方面。

1. 生活服务

志愿者们为社区居民提供贴心的便民服务，包括家政服务、代购物品、代领快递等，让居民感受到生活的便捷。此外，志愿者们还可以向有特殊需求的居民提供临时性的生活帮扶，如为生病、残疾或孤寡老人提供关爱、陪伴和照顾，让他们感受到社会的温暖。

2. 教育支持

志愿者们在社区开展各类教育辅导和培训活动，如课后辅导、技能培训、家长培训等。这些活动旨在提高社区居民的综合素质和教育水平，为他们提供更好的发展机会。

3. 文化活动

志愿者们组织丰富多彩的文化活动，包括戏剧表演、书画展览、民间艺术等。这些活动丰富了社区居民的文化生活，弘扬了传统文化，加强了邻里间的交流与互动，促进了社区文化的传承和发展。

4. 环境保护

志愿者们积极参与社区环境的保护与改善工作，如清理垃圾、绿化美化、宣传环保知识等。通过这些努力，社区的整体环境质量得到了提升，居民们生活在一个更加美好的环境之中。

5. 社会治理

志愿者们协助社区开展社会治理工作，如维护社区秩序、宣传法律法规、化解矛盾纠纷等。这些工作有助于维护社区的和谐稳定，为居民创造一个安全、宜居的生活环境。

6. 公共安全

志愿者们参与社区的安全工作，如开展消防安全、交通安全、食品安全等方面的宣传和培训。这些活动旨在增强居民的安全意识和自我保护能力，降低安全隐患。同时，志愿者们还可以在突发事件中发挥应急救援作用，为社区提供及时的公共安全。志愿者们积极参与社区的各项安全工作，如在消防安全、交通安全、食品安全等方面进行全面的宣传和培训。这些活动的目标是增强居民的安全意识，提高他们的自我保护能力，减少可能发生的安全隐患。此外，在突发事件发生时，志愿者们能够迅速展开应急救援行动，为社区居民提供及时的援助和支持，确保他们的生命财产安全。

7. 健康关爱

志愿者们在社区开展健康关爱活动，如组织健康知识讲座、免费体检、心理咨询等，旨在帮助居民养成健康的生活习惯，提高他们的生活质量。同时，针对特殊人群，如孕妇、儿童、老年人等，志愿者们还会提供个性化的健康服务，为他们的生活提供关爱与支持。

8. 公益活动

志愿者们组织和参与各种公益活动，包括慈善募捐、扶贫济困、关爱弱势群体等。这些活动不仅提升了社区居民的公益意识，还有助于传播爱心、凝聚社会力量，为社区的可持续发展提供支持。

9. 国际交流

志愿者们还致力于推动国际的文化交流，如举办国际友好活动、参与国际志愿者项目等。这些活动有助于拓宽社区居民的国际视野，增进对其他国家和文化的了解，促进国际友好合作。

通过以上多元化的社区志愿服务内容，志愿者们为社区居民创造了更加美好的生活环境，增进了邻里之间的友谊与互助，提高了社区的凝聚力和向心力。同时，这些服务也充分体现了志愿者们的奉献精神，彰显了社会主义核心价值观。

(三) 社区志愿服务的意义

社区志愿服务在提升社区居民生活品质、增强社区凝聚力、塑造和谐社会文化、提高个人综合素质以及促进国际友好交流等方面具有重要意义。社区志愿服务是构建社会主义和谐社区、促进社会全面进步和发展的重要手段。在新时代背景下，我们应当进一步推广和深化社区志愿服务，发挥其在构建社会主义现代化国家中的积极作用。

通过志愿者们的无私奉献，社区居民的生活得到了实实在在的改善，生活品质得到了提升。这些改善包括但不限于生活便利、教育水平、文化活动、环境质量、社会治理、公共安全、健康关爱等多个方面。社区居民们在更加美好的环境中成长、生活和发展，形成了良好的社会氛围。志愿者们的服务为社区居民提供了一个互帮互助、共建共享的平台。在这个平台上，居民们不仅可以共同解决生活中的困难，还可以在文化、教育、娱乐等方面互动交流，增进彼此的了解和友谊。这样的互动过程不仅增强了社区的凝聚力，还有助于形成一个和谐、团结、共同发展的社区环境。社区志愿服务体现了人与人之间的互助、关爱和奉献精神，弘扬了社会主义核心价值观。

在志愿服务的过程中，志愿者们的行为成为一种正能量的传播，为社会营造了一种和谐、友善、积极向上的氛围。这种氛围有利于培养公民的道德素质，提高社会文明程度。参与社区志愿服务的志愿者们在为社区居民服务的过程中，不仅能够积累丰富的社会实践经验，还可以提高自身的组织协调、沟通能力等各项能力。这对于志愿者们的个人成长、提升综合素质具有积极意义。志愿者们参与国际交流活动，有助于拓展社区居民的国际视野，增进对不同国家和地区文化的了解。这种跨文化交流有助于提高社区在国际舞台上的影响力，推动国际友好合作，为世界和平与发展做出贡献。

(四) 社区志愿服务的发展建议

完善和发展社区志愿服务是建设社会主义和谐社区的重要一环，助力社会全面进步和发展。在构建更好的生活共同体中，政府与社会工作人员应建立健全社区志愿服务的组织管理体系，制定详细的志愿服务规章制度，确保志愿服务的有序、高效开展。同时，要加强志愿者的培训和指导，提高志愿者队伍的整体素质。针对社区居民的需求，积极探索适合社区特点的志愿服务模式，提高志愿服务的针对性和实效性。此外，我们需要通过柔性治理的方式鼓励志愿者发挥创意，创新服务项目和方式，满足社区居民多样化的需求。加大对社区志愿服务的宣传力度，提高社区居民对志愿服务的认识和参与度。

社区志愿服务需要更多的推广，社区可以通过举办活动、制作宣传资料等多种方式，让更多的人了解志愿服务的意义和价值，积极参与到志愿服务中来。充分利用互联网技术，打造便捷、高效的志愿服务信息平台。通过该平台，志愿者可以随时获取志愿服务的信息，方便社区居民了解和参与志愿服务活动。政府、企事业单位、社会团体等多方共同参与，营造尊重、支持、鼓励志愿服务的良好氛围。通过表彰先进、设立奖励等方式，激发志愿者的积极性和创造力。与其他国家和地区的志愿组织开展交流与合作，共同探讨志愿服务的发展经验和创新模式，为我国社区志愿服务的发展提供有益借鉴。

社区志愿服务以自愿参与、无偿奉献为原则，形式多样，内容丰富，既包括传统的服务项目，也有创新的公益活动。志愿者与居民之间的互动交流，增进相互了解，促进邻里关系融洽。为了实现可持续发展，志愿服务积极开展跨界合作，与政府、企业、非营利组织等多方携手，共同推动社区的和谐发展。志愿服务不仅有助于提高公民的道德素质和社会责任感，还为志愿者提供了展示自我、实现价值的舞台。

二、新时代城市社区志愿服务面临的困境与挑战

当下，城市社区志愿服务虽然取得了显著的成绩，但仍然面临着一系列困境与挑战。在社会层面，如果要进一步推动社区志愿服务的发展，就需要深入分析这些问题，并寻求有效的解决方案。

总体而言，志愿者人员素质参差不齐，部分志愿者的社会责任感和服务意识不强，使得服务质量得不到保障。其次，部分志愿者组织缺乏系统化、专业化的管理，导致志愿者资源利用率不高，难以充分发挥其作用。此外，资金、物资、场地等资源配置不足，制约了志愿服务活动的开展和效果。最

后，社会对志愿服务的认同度有待提高，部分居民缺乏对志愿服务的理解和支持，影响了志愿服务的推广和发展，本小节将通过深入分析新时代城市社区志愿服务面临的困境与挑战，以提出针对性的策略建议，为新时代城市社区志愿服务发展助力。

(一) 城市社区志愿服务面临的困境

在新时代高质量发展的背景下，城市社区志愿服务在迅速发展的同时，也面临着诸多困境和挑战。本章节将对这些困境和挑战进行分析，并提出相应的策略建议，以期为推动城市社区志愿服务的健康发展提供参考。

一方面，城市社区志愿服务面临的困境主要包括以下几个方面：首先，组织体系方面，尽管城市社区志愿服务取得了一定的发展，但其组织体系仍不够完善，缺乏统一的协调和管理机构，这导致了志愿服务资源的分散和浪费，以及志愿者队伍管理和培训水平的参差不齐。其次，在资金支持方面，当前社会环境下，很多城市社区志愿服务项目面临资金支持不足的问题，尤其在基层和边远地区，资金短缺成为制约志愿服务开展的关键因素。再次，人才储备方面，城市社区志愿服务需要大量的专业人才参与，但目前志愿者队伍中的专业人才储备相对较少，这限制了志愿服务项目的质量和效果，也影响了志愿者个人的成长和发展。最后，社会认知度方面，虽然志愿服务在国家政策和民众心中已经占有一定地位，但在一些地区和群体中，对志愿服务的认识仍然不足，参与度有限，这既限制了志愿服务的推广和普及，也影响了志愿服务的实际效果。

另一方面，城市社区志愿服务还面临着诸多挑战：首先，随着社会经济的发展和居民生活水平的提高，城市社区居民对志愿服务的需求日益多样化，这对志愿服务组织和志愿者提出了更高的要求，如何满足不同群体和个体的需求成为一个亟待解决的问题。其次，科技进步和互联网的发展为城市社区志愿服务带来了新的机遇，但同时也带来了挑战，如何利用新技术提高志愿服务的效率和质量，如何培训志愿者掌握新技术，以适应社会发展的需要，成为城市社区志愿服务亟须面对和解决的问题。再次，随着城市化的加速推进，来自不同地区、背景的居民汇聚到城市社区，形成了多元化的社区结构。

第七章 新时代城市社区志愿服务的探索与实践

如何在这样的环境下提供有针对性的志愿服务，加强社区居民之间的交流与融合，也是城市社区志愿服务面临的新挑战。最后，新时代背景下，城市社区所面临的社会问题日益复杂，涉及老龄化、环境保护、精神健康等多个方面，如何通过志愿服务来解决这些问题，提高社区居民的生活质量，成为社区志愿服务的重要任务。同时，随着国家政策的调整和完善，城市社区志愿服务需要适应新的政策环境，积极参与政策制定和实施，为社区提供更好的服务。而社区志愿服务也应关注政策变化带来的影响和挑战，以便更好地应对和发展。

针对以上困境和挑战，以下策略建议可以有效化解：首先，完善组织体系，加强城市社区志愿服务的组织建设，形成统一、高效的协调和管理机制，提高志愿服务资源的利用效率，确保志愿者队伍的管理和培训水平不断提升。其次，拓宽资金来源，通过政府、企业、社会组织等多途径筹集资金，确保城市社区志愿服务项目的顺利开展。特别是要加大对基层和边远地区志愿服务项目的投入，缩小区域差距。再次，强化人才培养，通过各种形式和途径，加强志愿者队伍的专业知识和技能培训，提高志愿者的综合素质和服务能力，为城市社区提供更高质量的志愿服务。最后，提高社会认知度，通过广泛宣传和推广，提高社会对城市社区志愿服务的关注和认识，鼓励更多人参与到志愿服务中来，实现志愿服务的普及和推广。此外，我们还应创新服务模式，结合社会发展的新需求，积极探索和创新城市社区志愿服务的模式和方法，以满足不同群体和个体的需求。同时，注重利用科技手段提升志愿服务效率和质量，使志愿服务更具时代特色和实效性。例如，利用互联网和移动通信技术，实现志愿服务的线上化和智能化，便于志愿者之间的沟通协作，以及服务对象的需求匹配。

在志愿服务过程中，促进社区融合也是一项重要任务。注重加强社区居民之间的交流与互动，促进不同背景、地区居民的相互认同和融合，共同构建和谐的城市社区环境。为此，我们可以组织举办各类文化、体育、公益活动，提高社区居民之间的互动频率，促进他们对社区事务的关注与参与。针对城市社区面临的复杂社会问题，志愿服务组织应关注这些问题，并通过志愿服务为解决这些问题提供支持和帮助，提升社区居民的生活质量和幸福感。

例如，在应对老龄化问题时，我们可以组织志愿者为老年人提供陪伴、关爱和生活帮助等服务；在环境保护方面，我们可以发起环保公益活动，宣传环保理念，增强社区居民的环保意识；在精神健康领域，我们可以开展心理健康宣传、辅导和支持等服务，帮助居民克服困扰和压力。积极参与政策制定和实施也是应对困境与挑战的重要策略。关注国家政策的变化，积极参与城市社区志愿服务相关政策的制定和实施，推动政策与实践的有机结合，为社区提供更好的服务。同时，社区志愿服务组织应关注政策变化带来的影响和挑战，以便更好地应对和发展。

（二）城市社区志愿服务面临的挑战

随着社会经济的持续发展和居民生活水平的逐步提高，城市社区居民对志愿服务的需求变得越发多样化。面对这一挑战，志愿服务组织和志愿者们需要努力满足不同群体和个体的需求，提高服务水平，以解决这一亟待解决的问题。

科技进步和互联网的快速发展为城市社区志愿服务带来了新的机遇，但同时也伴随着挑战。志愿服务组织和志愿者们需要不断学习和掌握新技术，以提高志愿服务的效率和质量。同时，如何培训志愿者以适应社会发展的需要，也成了一个亟须面对和解决的问题。

城市化进程的加速推进，使来自不同地区、背景的居民汇聚到城市社区，形成了多元化的社区结构。在这样的环境下，志愿服务组织需要提供有针对性的志愿服务，以促进社区居民之间的交流与融合，共同应对城市社区志愿服务所面临的新挑战。

新时代背景下，城市社区所面临的社会问题日益复杂，涉及老龄化、环境保护、精神健康等多个方面。志愿服务组织应当关注这些问题，并通过志愿服务为解决这些问题提供支持和帮助，从而提高社区居民的生活质量，实现社区的和谐共处。

在不断变革的政策环境中，城市社区志愿服务需要适应新的政策环境，积极参与政策制定和实施，以便为社区提供更好的服务。与此同时，志愿服务组织应关注政策变化带来的影响和挑战，以便更好地应对和发展。

（三）应对困境与挑战的策略建议

为了应对以上所述的困境与挑战，在社会层面，完善组织体系是首要措施，加强城市社区志愿服务的组织建设，形成统一、高效的协调和管理机制，提高志愿服务资源的利用效率，确保志愿者队伍的管理和培训水平不断提升；同时通过公益创投、专项资金资助等方式拓宽资金来源——通过政府、企业、社会组织等多途径筹集资金，确保城市社区志愿服务项目的顺利开展。需要注意的是，在资金来源方面，政府与社会特别要加大对基层和边远地区志愿服务项目的投入，以缩小区域差距，促进城市社区的平衡发展。此外，社会工作者应做好"倡导者"的角色，关注国家政策的变化，积极参与城市社区志愿服务相关政策的制定和实施，推动政策与实践的有机结合，为社区提供更好的服务。

在人才梯队建设方面，强化人才培养是志愿服务发展的根基，我们应当通过各种形式和途径，加强志愿者队伍的专业知识和技能培训，提高志愿者的综合素质和服务能力，为城市社区提供更高质量的志愿服务。同时，通过线下与线上传播渠道相结合的方式，提高社会认知度，具体可以通过广泛宣传和推广，提高社会对城市社区志愿服务的关注和认识，鼓励更多人参与到志愿服务中来，实现志愿服务的普及和推广。

在范式构建方面，创新服务模式是志愿服务发展的重要一环。通过结合社会发展的新需求，积极探索和创新城市社区志愿服务的模式和方法，以满足不同群体和个体的需求。在创新的过程中，注重利用科技手段提升志愿服务效率和质量，使志愿服务更具时代特色和实效性。在志愿服务过程中，注重加强社区居民之间的交流与互动，促进不同背景、地区居民的相互认同和融合，共同构建和谐的城市社区环境。社会工作者和社区服务志愿者应该关注城市社区面临的复杂社会问题，通过志愿服务为解决这些问题提供支持和帮助，从而提升社区居民的生活质量和幸福感。

三、新时代城市社区志愿服务的发展路径

为了解决当前面临的困境与挑战，我们需要从以下几个方面着手：提升

志愿者素质，加强培训和选拔，提高专业素养和服务水平；完善组织管理体系，建立健全志愿者组织的管理体系，明确职责、分工和考核机制，提高管理效率；优化资源配置，统筹规划志愿服务所需的资金、物资和场地等资源，确保资源配置合理且高效；提高社会认同度，加大宣传力度，普及志愿服务的意义和价值，提高社会各界的认同感和支持度；创新志愿服务模式，借鉴国内外先进经验，探索适应新时代发展需求的志愿服务模式，实现服务内容和形式的多样化；加强政策支持，政府加大政策扶持力度，为志愿服务提供有力保障，推动志愿服务事业的健康发展。

在新时代背景下，为了更好地推动城市社区志愿服务的健康发展，我们需要从宏观、中观和微观三个层面来探讨其发展路径。通过系统性、全面性的思考，旨在为城市社区志愿服务提供有益的指导和借鉴。

（一）宏观层面：政策引导与支持

完善政策体系：国家和地方政府应继续完善志愿服务相关政策体系，强化政策引导，为城市社区志愿服务的发展提供有力保障。政策内容应涵盖志愿服务的组织、管理、资金、人才等多个方面，确保政策的全面性和实效性。

政策宣传和推广：政府部门应加大对志愿服务政策的宣传和推广力度，提高社会各界对政策的认知和理解。通过政策宣传，鼓励更多的企业、社会组织和个人参与到城市社区志愿服务中来，形成全社会共同参与的良好局面。

政策监督和评估：建立健全志愿服务政策的监督和评估机制，及时发现和解决政策实施过程中出现的问题，以保证政策效果的最大化。政策评估应采用定性和定量相结合的方法，全面评估政策的实施成效。

（二）中观层面：组织协调与资源整合

建立统一的组织协调机制：各级政府和社会组织应共同努力，建立起统一、高效的城市社区志愿服务组织协调机制。通过组织协调，实现志愿服务资源的合理配置和有效利用，提高志愿服务的整体效能。

跨部门、跨领域的合作模式：鼓励政府部门、企事业单位、社会组织等不同主体之间建立跨部门、跨领域的合作模式，共同推动城市社区志愿服务的发展。通过合作，实现资源共享、优势互补，提高志愿服务的综合效果。

强化志愿者队伍建设：加强志愿者队伍的培训和管理，提高志愿者的专业素质和服务能力。同时，关注志愿者的权利保护和激励机制，营造良好的志愿服务氛围，吸引更多的人参与到城市社区志愿服务中来。

积极推动社会资本参与：鼓励社会各界投入更多的资金、物资和人力资源支持城市社区志愿服务，形成多元化的投入体系。通过政策引导和激励措施，使企业、个人和社会组织更积极参与到志愿服务事业中，提升整体发展水平。

（三）微观层面：服务创新与需求对接

服务内容创新：根据城市社区居民的多样化需求，不断创新志愿服务的内容和形式。从社区居民的实际需求出发，提供更加精准、贴心的服务，以满足不同人群的需求。

服务方式创新：结合现代科技手段，积极探索新型志愿服务方式。运用大数据、互联网等技术，实现志愿服务的智能化和便捷化，提高服务效率和质量。

需求调查与对接：通过深入开展需求调查，了解城市社区居民的实际需求，及时调整和完善志愿服务项目，实现需求与服务的精准对接。同时，加强志愿服务项目的评估和总结，为今后的服务提供有益借鉴。

跨界融合与协作：鼓励志愿服务机构与其他领域的企业、社会组织等展开合作，实现跨界融合与协作。通过跨界合作，拓宽志愿服务的领域和范围，提升志愿服务的综合效果。

城市社区志愿服务的发展需要从宏观、中观、微观三个层面进行全方位的探讨。通过政策引导与支持、组织协调与资源整合以及服务创新与需求对接等方面的努力，我们有信心推动城市社区志愿服务事业迈向新的发展阶段，为构建更加美好的城市社区贡献我们的力量。

四、新时代城市社区志愿服务的案例研究

成都市社区关爱留守儿童项目：成都市社区关爱留守儿童项目是一项关

注留守儿童成长问题的公益项目。项目针对成都市各社区内的留守儿童展开，志愿者们通过走访家庭、掌握需求，为这些儿童提供陪伴、辅导功课和心理关怀等服务。志愿者们还积极协调资源，邀请专业心理咨询师为留守儿童提供心理辅导，帮助他们树立正确的价值观和人生观。

项目自2018年启动以来，得到了成都市各级政府、社会组织和爱心企业的大力支持，投入了大量的资金和物资。志愿者们利用业余时间，深入基层，了解留守儿童的实际情况，为他们提供个性化、有针对性的帮扶。项目已累计服务留守儿童1000多名，得到了社会各界的广泛赞誉。留守儿童在志愿者的关爱下，生活得到了改善，心灵得到了慰藉，成长环境得到了有效改善。

上海市浦东新区养老服务志愿者团队"老伙伴"计划：上海市浦东新区养老服务志愿者团队成立于2016年，以关注社区内老年人的生活需求为己任，为孤寡老人提供生活照料、医疗陪护等服务。志愿者们通过入户走访，了解老人们的需求，制订科学合理的服务计划。团队还积极与社区卫生服务中心、医疗机构等合作，为老年人提供定期的健康检查和健康教育。

志愿者们不仅关注老年人的生活和健康，还注重他们的精神需求。团队组织各类文化活动，如合唱、广场舞、书画等，让老人们在快乐中度过晚年生活。此外，志愿者们还积极参与老年人心理健康服务，为他们提供心理疏导，缓解孤独感和无助感。自成立以来，上海市浦东新区养老服务志愿者团队已为超过2000名老年人提供了贴心服务，受到了广泛好评。

通过对成都市社区关爱留守儿童项目和上海市浦东新区养老服务志愿者团队的案例分析，我们可以得出以下几点启示。

1. 关注特殊群体

在社会工作领域，弱势群体的需求和权益是需要特别关注的。通过强化社区志愿服务对留守儿童、老年人等特殊群体的关注，实施"以人为本、关爱为先"的服务理念，使这些群体在社会参与、资源获取等方面得到平等对待，提升他们的生活质量。这种关爱可以体现在日常生活照料、心理关怀、技能培训等方面，让受助者真正感受到社会的关爱和温暖。

2. 充分发挥社区资源

社区是志愿服务的重要场所，充分发挥社区资源优势对提高志愿服务效果至关重要。社区工作者要具备资源整合和社会动员能力，善于发现、利用和开发社区内的各种资源，包括人力资源、物质资源和信息资源等。通过资源整合和协调，形成有效的服务网络，为居民提供更优质、更便捷的服务。

3. 跨界合作

社区志愿服务要突破传统边界，实现多领域、多层次的跨界合作。这就需要志愿服务团队具备跨界协作的能力，能够与政府部门、社会组织、企事业单位等多方共同参与，打破行政和专业壁垒，搭建共享平台。通过跨界合作，可以整合更多优质资源，提高服务的专业性和针对性，为居民提供全方位、多层次的服务。

4. 定期评估与改进

在社会工作实践中，评估和反馈是不可或缺的环节。志愿服务团队要定期进行项目的评估与总结，运用社会工作方法，如走访、调查、座谈等，收集反馈信息，及时发现问题，改进不足。同时，要根据评估结果调整服务策略，形成持续改进、优化服务的良性循环，以确保服务质量持续提升。

5. 增强宣传力度

宣传是志愿服务事业的重要手段。通过加大宣传力度，可以提高公众对志愿服务的认知度和参与度，树立志愿服务的正面形象。志愿服务团队要运用各种宣传途径，如社交媒体、户外广告、社区活动等，全面宣传志愿服务的理念、项目和成果。此外，还可以借助媒体报道和成功案例的展示，传播志愿服务的正能量，激发更多人参与到志愿服务的行列。宣传的过程中，要注意信息传播的真实性和准确性，避免对外界产生误导。

新时代城市社区志愿服务事业要紧密围绕居民的需求，创新服务模式，发挥志愿者的积极作用，共同推动城市社区的和谐发展。

新时代城市社区志愿服务事业在探索与实践中不断取得新的突破，成为城市社区工作的重要组成部分。面对诸多挑战与困境，我们应以问题为导向，不断创新与发展，推动志愿服务事业更好地服务社会，更好地满足社区居民的多元化需求，为构建美好的城市社区贡献力量。

为了实现这一目标，政府、社会组织和志愿者个人应共同努力。政府要加大政策扶持力度，为志愿服务提供有力保障；社会组织要不断创新服务模式，提升服务质量和效果；志愿者个人要提高自身素质，履行社会责任，践行志愿服务精神。

同时，我们还要搭建良好的社会舆论环境，通过各种途径和渠道宣传志愿服务的价值和意义，提高社会对志愿服务的认同度，形成全社会关心支持志愿服务事业的良好氛围。

此外，我们还要深入挖掘城市社区的特色资源，结合各地的实际情况，发挥地域优势，推动志愿服务事业的区域特色化发展，让志愿服务更好地服务于地方经济社会发展。我们要不断总结经验，吸取教训，积极借鉴国内外先进理念和成功做法，推动城市社区志愿服务事业不断迈向新的高峰。为城市社区的美好未来贡献专业的力量。

第八章 新时代城市社区青少年服务的探索与实践

一、社区青少年服务的内涵与内容

在新时代中国城市发展特征的背景下，政府在帮助青少年健康成长方面采取了一系列政策推进工作。本章将结合社会支持理论、增能理论和优势视角，探讨社区青少年服务的内涵与内容，以期为青少年提供更为全面、系统的支持。在此基础上，我们将关注社会工作者在新时代城市社区青少年服务中的角色和责任，并在其中融入社区朋辈心理支持系统这一理念，为青少年的成长提供更多的支持和陪伴。

（一）社区青少年服务的内涵

社区青少年服务是指在社区层面，以满足青少年成长需求为目标，围绕教育、心理、生活等多个方面，为青少年提供全方位、多元化的支持与服务。在新时代中国城市发展背景下，社区青少年服务应关注青少年的多元需求，为其提供全方位的支持，包括学业指导、心理辅导、素质拓展、资源整合等方面。此外，社区朋辈心理支持系统作为一种新兴理念，也应纳入社区青少年服务的范畴，通过与其他服务相结合，共同支持青少年的成长。

（二）社区青少年服务的内容

1. 学业指导与素质拓展

社区青少年服务应关注青少年的学业与素质发展，提供各类教育支持，为其打下坚实的基础。例如，深圳市福田区"阳光青少年"项目，通过开展课程辅导、兴趣小组、职业技能培训等活动，满足青少年的多元需求，提高其综合素质。同时，该项目还引入了社区朋辈心理支持系统，鼓励青少年之间互相帮助、共同成长，从而营造一个积极向上的学习氛围。

2. 心理辅导与情感关爱

社区青少年服务应提供专业的心理辅导与情感关爱，帮助青少年应对成长过程中的困惑和压力。在北京市朝阳区，一所社区青少年活动中心通过心理咨询、心理成长小组等多种形式，引导青少年树立正确的价值观和人生观，建立良好的心理素质。此外，社区青少年服务还应注重建立家庭、学校、社区三位一体的支持网络，让青少年在成长过程中得到更多的关爱和支持。

3. 资源整合与实践机会

社区青少年服务应善于整合各方资源，为青少年提供丰富的实践机会。上海市徐汇区"青少年发展中心"与企业、社会组织等合作，开展实践活动、志愿服务、实习项目等，培养青少年的社会责任感和实践能力。在五社联动的政策背景下，社会各界共同为青少年提供体验式教育、公益活动、志愿服务等多元化的活动，帮助青少年扩大视野，增长见识。同时，该中心还积极与家长、学校、社会组织等各方沟通，形成合力，共同促进青少年的健康成长。

4. 社区朋辈心理支持系统的建立与实践

社区朋辈心理支持系统作为一种新兴理念，应纳入社区青少年服务的范畴。通过建立青少年之间的互助关系，培养其团队协作、沟通表达、情感共鸣等能力，从而提高青少年的心理韧性，帮助其更好地应对成长中的挑战。

5. 关注特殊群体的服务

社区青少年服务还应关注特殊群体，如留守儿童、空巢青少年等，提供针对性的支持和服务。广州市天河区"候鸟驿站"关爱留守儿童项目，为假期前来广州的留守儿童提供关爱陪伴、家庭教育指导等服务，帮助他们融入社区，共享成长资源。

(三) 社会支持理论在社区青少年服务中的应用

社会支持理论认为，个体的心理健康和生活满意度受到社会支持网络的影响。在社区青少年服务中，我们需要构建一个多层次、全方位的支持体系，包括家庭、学校和社区等各个层面。社会工作者应充分利用现有资源，提供适合青少年成长的各类支持。

1. 家庭支持

社会工作者在家庭层面的工作主要包括加强对家庭教育的指导，推广亲子沟通技巧，提高家庭教育质量。例如，可以开展家长培训班，帮助家长了解青少年发展的特点，提高其教育能力；组织亲子活动，促进家长与孩子之间的感情交流。

2. 学校支持

在学校层面，社会工作者需关注学生的心理健康，提供多元化的成长机会。具体措施包括优化课程设置，满足青少年的兴趣和需求；开展心理健康教育，帮助青少年建立良好的心理素质；推动课外活动多样化，使青少年在各类活动中发现自己的潜能。

（四）增能理论在社区青少年服务中的应用

增能理论强调通过提高个体的能力来促进其自主、积极地参与社会生活。在社区青少年服务中，社会工作者应关注青少年的教育培训、心理辅导和资源整合，以增强其应对生活挑战的能力。

1. 教育培训

社会工作者可以协助学校和社区开展各类培训项目，提高青少年的学术素质、技能水平，为其未来的发展奠定基础。例如，可以开展课程辅导、兴趣小组、职业技能培训等项目，满足青少年的多元需求。

2. 心理辅导

社会工作者应提供专业的心理辅导服务，帮助青少年应对成长过程中的困惑和压力。具体做法包括开展心理健康讲座、心理咨询、心理成长小组等，引导青少年树立正确的价值观和人生观。

3. 资源整合

社会工作者应善于整合各方资源，为青少年提供丰富的成长机会。例如，可以与企业、社会组织等合作，开展实践活动、志愿服务、实习项目等，培养青少年的社会责任感和公民素养。

（五）优势视角在社区青少年服务中的应用

优势视角强调关注个体的优点和潜能，激发其内在动力。在社区青少年服务中，社会工作者应关注青少年的优势和潜力，引导其发掘自己的潜能，实现自我价值。

1. 关注青少年的优点和潜能

社会工作者应积极关注青少年的优点和潜能，帮助其认识自己的特长。通过开展兴趣小组、才艺展示等活动，使青少年在多样化的环境中发现自己的优势，建立自信心。

2. 激发青少年的内在动力

社会工作者应通过正面激励、成长故事分享等方式，激发青少年的内在动力。例如，邀请优秀青少年代表分享成长经历，引导青少年树立追求卓越的目标。

（六）社会工作者在新时代城市社区青少年服务中的角色与责任

在新时代中国城市发展背景下，社会工作者应积极参与社区青少年服务，关注青少年的多元需求，为其提供全方位的支持。具体来说，社会工作者在青少年服务中的角色和责任主要包括以下几点。

1. 资源整合者和协调者

社会工作者应在青少年服务过程中充分发挥资源整合和协调的作用，搭建多方合作的平台，为青少年提供更为丰富和高效的服务。这包括与政府部门、企事业单位、社会组织等多元主体沟通协作，为青少年创造更多的学习、成长、发展的机会。

2. 专业指导与心理支持者

社会工作者应具备专业知识和技能，为青少年提供及时、有效的指导和支持。在心理辅导、学业指导、素质拓展等方面，社会工作者应根据青少年的个性特点和需求，制订合适的服务计划，帮助其解决困扰、实现成长。

3. 倡导者与引导者

社会工作者应在城市社区青少年服务中发挥倡导者与引导者的角色。通过宣传、培训、公益活动等途径，提高青少年及其家庭对于健康成长的重视，传递正确的价值观和行为准则。同时，社会工作者还需引导青少年参与社区建设、志愿服务等活动，培养其社会责任感和公民素质。

4. 评估与反馈者

社会工作者应定期对城市社区青少年服务的效果进行评估，通过跟踪调查、问卷调查、个案分析等方法，收集青少年、家长、学校、社区等各方的意见和建议。根据评估结果，及时调整服务内容和方式，不断提升服务质量。

5. 创新者与实践者

在新时代城市社区青少年服务中，社会工作者应具备创新精神和实践能力。积极探索适应社会发展和青少年需求的新服务方式，如网络心理辅导、线上互动教育、青少年创客空间等。通过实践检验和不断优化，推动城市社区青少年服务的创新与发展。

在新时代中国城市发展的背景下，社区青少年服务应关注青少年的多元需求，为其提供全方位的支持。社会工作者在服务过程中需紧密结合社会支持理论、增能理论和优势视角，关注青少年的家庭、学校和社区等多个层面，以实现青少年的全面发展。在这个过程中，社会工作者应承担规划与组织、评估与反馈、沟通与协调、专业能力建设等重要角色与责任。通过全社会的共同努力，我们必将为青少年创造更为美好的成长环境。

二、新时代城市社区青少年服务存在的困境与挑战

在新时代中国城市发展特征的背景下，社区青少年服务面临诸多困境与挑战。在本章中，我们将从宏观、中观、微观三个层面分析这些挑战，并探讨如何运用社会支持理论、增能理论和优势视角理论应对这些挑战，助力青少年健康成长。

（一）宏观层面的挑战

1. 政策落实与执行不到位

近年来，中国政府出台了一系列关于青少年的政策措施，意在促进青少年的健康成长。然而，在实际操作过程中，部分地区存在政策落实不到位的

问题。有些地方的政府部门虽然给予了一定程度的支持和资金投入，但是在执行层面上，由于种种原因，使得资金并未完全用于青少年的发展项目。这种情况在一些地方尤为明显，导致青少年服务的质量难以得到保障。

2. 地区发展不平衡

中国城市发展在不同地区存在显著差异。一些经济发达地区的青少年服务水平相对较高，如一线城市。然而，在中西部地区，由于经济条件和资源配备限制，青少年服务水平相对较低。这导致青少年在不同地区享有的服务质量和资源存在差距，无法满足青少年全面发展的需求。

（二）中观层面的挑战

1. 社会工作者素质参差不齐

社会工作者在青少年服务中扮演着关键角色，然而目前社会工作者的素质参差不齐。有些社会工作者对于青少年的需求把握不够准确，缺乏专业知识和技能，导致服务的质量难以得到保障。而且，在一些地区，社会工作者的数量不足，难以满足青少年多样化需求，进一步加大了青少年服务的困境。

2. 服务资源分配不均

资源分配不均也是新时代城市社区青少年服务面临的一个挑战。在某些城市，部分社区的青少年服务资源相对丰富，如心理辅导、职业规划等方面。然而，还有一些社区由于资源有限，导致青少年服务项目匮乏，无法满足青少年的多元化需求。这种资源分配不均的状况，使得青少年的成长环境存在差异，影响了他们的健康成长。

（三）微观层面的挑战

1. 家庭教育与社会教育脱节

家庭教育与社会教育在青少年成长过程中起着至关重要的作用。然而，当前部分家庭与社会教育存在脱节现象，导致青少年在成长过程中面临诸多挑战。有些家长过于注重孩子的学术成绩，忽视了德育、体育等方面的培养。与此同时，社会教育资源的不足和分配不均使得青少年无法得到全面、有效的教育引导。这种脱节现象可能导致青少年面临心理、生理和社会适应等方面的挑战。

2. 网络环境对青少年的负面影响

随着互联网的普及，网络环境对青少年的影响越来越大。一方面，网络为青少年提供了丰富的学习资源和娱乐空间，有利于他们的成长。然而，另一方面，网络环境中也存在一些负面因素，如暴力、色情、网络沉迷等。这些负面因素对青少年的心理和行为产生不良影响，导致他们在成长过程中面临诸多困境。社会工作者需要积极引导青少年树立正确的价值观，增强网络素养，避免网络负面影响。

3. 青少年心理健康问题日益突出

在新时代背景下，青少年心理健康问题日益突出。一些青少年在面临学业压力、人际关系、家庭矛盾等问题时，可能出现情绪波动、抑郁、焦虑等心理问题。然而，目前我国青少年心理健康服务体系尚不完善，导致许多青少年得不到及时有效的心理援助。社会工作者在这一领域需要发挥重要作用，提高青少年心理健康服务的水平，帮助青少年度过成长的困境。

4. 青少年犯罪问题

随着社会的发展，青少年犯罪问题逐渐成为一个值得关注的社会问题。一些青少年在成长过程中受到不良因素的影响，可能走上违法犯罪的道路。这不仅对个人和家庭造成了严重影响，也对社会稳定产生了负面影响。针对青少年犯罪问题，社会工作者需要积极开展预防性工作，强化青少年的法制观念和道德素养，帮助他们树立正确的人生观和价值观。同时，社会工作者还需要与相关部门合作，为犯罪青少年提供教育、康复等服务，帮助他们重新融入社会。

5. 青少年就业和职业规划困境

在新时代背景下，青少年面临着严峻的就业压力。一些青少年由于缺乏职业规划、职业技能等方面的培训，可能面临就业困境。针对这一问题，社会工作者需要加强与学校、企业等相关部门的合作，为青少年提供职业教育和培训服务，帮助他们探索适合自己的职业发展道路。此外，社会工作者还应积极开展职业生涯规划指导工作，帮助青少年建立正确的职业观念，提高就业竞争力。

城市社区服务视域中，社会工作者需要深入了解青少年的需求，积极探索适应新时代特点的青少年服务模式，不断提高服务水平，为青少年的健康成长创造良好的环境。在应对这些挑战的过程中，社会工作者可以运用社会支持理论、增能理论和优势视角理论等方法，帮助青少年克服困境，实现全面发展。

三、新时代城市社区青少年服务的发展路径

新时代城市社区青少年服务作为一项至关重要的社会工作，关乎青少年的全面发展与健康成长。为应对新时代所面临的挑战与困境，我们需要积极探索创新，优化资源配置，满足青少年多样化的需求，培养专业人才，提升服务能力，增加社会参与度，共同为青少年创造一个宽松、友好、有益于身心发展的社区环境。

首先，加强社会工作者的培训与专业能力建设至关重要。各地政府部门积极开展社会工作者培训项目，为他们提供系统的专业知识与技能培训，使其在青少年心理、生理、成长发展等方面具备专业素养，以更好地理解青少年的需求和问题。通过将理论与实践相结合的培训方式，不断提高社会工作者的专业水平。同时，应鼓励社会工作者参与青少年相关领域的研究与实践，积累宝贵经验，为青少年提供更加精准的服务。

其次，发挥社会工作者在跨部门协作中的桥梁作用。社会工作者积极参与政府、学校、家庭、企事业单位等多方利益相关者之间的沟通与协作，建立高效的沟通机制。凭借其专业知识和人际交往能力，社会工作者整合各方资源，为青少年提供全方位的支持与服务。在此过程中，社会工作者需运用社会支持理论、增能理论和优势视角等理论，帮助青少年应对各种挑战，促进其健康成长。

关注青少年服务项目的创新与实践。社会工作者针对青少年面临的各种困境，结合实际情况，设计和推广具有针对性的青少年服务项目。例如，开展心理健康教育项目，帮助青少年树立正确的价值观和人生观，增强心理素质；实施职业规划项目，引导青少年了解各种职业，规划人生道路；推行兴趣培养项目，激发青少年的创造力和潜能。这些项目旨在全面提升青少年的

成长质量促进他们全面发展。

此外，加强对弱势青少年群体的关注和支持。社会工作者深入了解弱势青少年的现实困境，制定针对性强的干预措施，帮助他们融入社会，实现公平发展。例如，针对留守儿童和农村青少年，社会工作者关注他们在学业、心理和社交方面的需求，提供个性化的教育支持和心理辅导，助力他们更好地适应城市生活。对于流动人口子女，社会工作者则关注他们在融入城市教育资源方面的困难，积极协调学校和家庭资源，促进其平等接受教育的机会。

推动政策环境的完善与优化。在政策层面，各地政府部门强化对社区青少年服务的投入和支持，为社会工作者提供充足的资源和保障。通过制订青少年发展规划、加大资金投入、改善服务设施等措施，为社会工作者创造良好的工作环境。同时，鼓励社会力量参与青少年服务，形成政府、企业、民间组织等多元主体共同推动的良好格局。例如，引导企业承担社会责任，参与青少年公益项目，为弱势青少年提供实习和就业机会；倡导民间组织发起青少年关爱活动，关注青少年成长需求。

新时代城市社区青少年服务的发展路径应紧密围绕社会工作者的角色，从培训、协作、项目创新、关注弱势群体和政策完善等方面入手，为青少年提供更加高效、贴心的服务。面对城市化进程中的挑战和困境，社会工作者在青少年服务领域发挥着举足轻重的作用。只有更好地发挥社会工作者的专业优势和整合能力，才能为城市社区青少年的健康成长创造有利条件，促使他们茁壮成长，为国家和社会的未来发展贡献力量。

四、新时代城市社区青少年服务的案例研究

（一）多点阳光便能灿烂——社区情绪病青少年个案案例

1. 服务背景

案主小敏（化名）今年13岁，就读初一，与父母、弟弟生活。案主从两年前开始患有情绪病，有持续吃药，但案主一直对就医非常抗拒，不愿意见医生。最近情绪病发作，甚至产生自杀念头，自己偷吃了过量的药物，幸好没有发生悲剧。情绪病不发作时，案主与普通女孩无异，但发作时就会时而

兴奋无比，时而陷入极度悲伤的情绪。父母非常担心，因此带着案主去了不同的地方求助，也找到了社工。

2. 预估分析

表 1　案主预估分析表

客观情况	案主生理状态	案主处于青春期，两年前开始患情绪病，后经医生诊断为双向情感障碍，是一种既有躁狂症发作，又有抑郁症发作（典型特征）的常见精神障碍。由于情绪病影响和药物副作用，案主晚上经常失眠，白天精神不振，没有食欲。
	案主心理状态	受疾病影响，案主心理状态时而兴奋不已，时而极度低落，这两种极端情绪的拉扯也让案主心理混乱不安。
	案主社会环境	案主与父母、弟弟同住，家庭经济条件良好，对案主较为关心，但父母平常工作繁忙，在家多需要照顾2岁的弟弟，案主这次发病后，父亲已请假陪伴1个多星期，但在言语中母亲经常会表现出对女儿患病的不解和厌烦。案主就读寄宿学校，朋友众多，但经常会与不同的同学发生冲突和矛盾，老师偶尔会向案主父母投诉其不守学校纪律。在这次发病前，案主和父母一直对学校隐瞒病情，案主每天自己偷偷吃药（有时候会不吃），这次发病后，父母向学校告知病情，并做请假休学处理。
主观情况	案主对自己及处境的感受、观念和看法	案主对自己患病感到很不解、怨恨和无力，不发病时与一般女孩无异，关心着自己的偶像，烦恼着学习成绩和人际关系，但一旦发病，则一时情绪高涨得整个人停不下来，一时则情绪低落得完全绝望，产生自杀念头和行为。最近发病太过频繁，让案主感到很累，并怀疑自己永远无法恢复正常。同时案主也抱怨父母的言语和行为，父母带着很多亲戚来对案主进行"开导"，让案主感觉很羞耻。同时母亲时不时发出"你什么都不缺，怎么还要自杀？""你知不知道全家人都因为你很累很烦"这样的话语，让案主认为自己是一个累赘和负担，所以有了"如果我不在，大家都会好"的想法。

3. 理论应用

（1）危机介入

危机是指一个人的正常生活受到意外危险事件的破坏而产生身心混乱的状态。危机介入通常涉及两个方面：一是减轻危机事件的负面影响；二是利用危机事件帮助案主解决目前面临的现实问题，并且提升案主适应环境的能力。而在危机介入时，首先要迅速了解案主的主要问题，其次是快速做出危险性判断，再次要有效稳定案主的情绪，最后是积极协助案主解决当前问题。本案例当中，案主产生了自杀念头并有了自杀尝试，尽管不是"正在进行时"，但仍然评估为有中度危机，需要进行危机介入处理。

（2）心理社会治理模式

本案例主要采取心理社会治理模式进行介入，此模式认为个体的发展受到生理、心理和社会三个方面因素的影响，而这三个方面因素又相互作用、共同影响案主的成长过程。心理社会治理模式注重从人际交往的场景中了解案主，运用综合的诊断方式确定案主问题的原因，采用多层面的服务介入方式帮助案主。本案例需要把案主放回具体的人际交往场景中，把案主的内心冲突与以往的经历联系起来，同时通过心理动态诊断、缘由诊断和分类诊断确定案主问题的原因，最后根据介入目标采取直接介入和间接介入的方式帮助案主解决问题。

4. 问题诊断

表2　案主问题诊断表

心理动态诊断	心理动态诊断，是针对案主本我、自我、超我之间的横向动态分析。小敏的情绪病问题除了与外在环境有关，与其心理困扰也有关系。小敏进入青春期后，心思比较细腻敏感，弟弟的出生让父母的关注焦点一下子转移，小敏受到冷落，"本我"对弟弟是嫉妒，对父母是埋怨，但"超我"的约束让小敏一直自我责怪，"弟弟这么可爱，我应该要爱弟弟的，我也应该体谅父母，我怎么能这么不懂事呢"，"本我"与"超我"的冲突，导致"自我"出现了不平衡"病症"。

续表

缘由诊断	案主是在两年前开始发病的，也就是弟弟出生后不久，尽管小敏一直强调自己很爱弟弟，但在与社工进一步面谈时也透露出弟弟出生后自己备受冷落的委屈。另外在升上初中寄宿后，学校的人际关系较为复杂，小敏时有与同学的矛盾冲突，造成一定的负面情绪，加重病情。父母在小敏这次发病时表现出来的疲倦，特别是母亲，甚至出现了厌烦，小敏都看在眼里，因此产生自杀念头。
分类诊断	分类诊断主要是对案主的生理、心理、社会状况进行全面剖析，在上文预估分析中已经把三个方面情况分别阐述，案主因为患病导致生理和心理状况多种不适，家庭关系和学校关系一方面是小敏产生情绪病的原因，另一方面也因为小敏的情绪病导致更加消极，相互造成负面影响。

5. 服务计划

（1）服务目标

①预防案主自杀行为，打消案主自杀念头；

②舒缓案主负面情绪，推动案主积极接受治疗；

③协助案主照顾者对情绪病有正确认知，同时减轻其照顾压力；

④协助与陪伴案主稳定康复。

（2）服务策略

①进行危机介入，迅速了解案主自杀原因，稳定其情绪，保证案主处于安全环境中；与案主进行面谈辅导，为其和家人推荐权威医疗机构，鼓励案主接受系统治疗。

②间接介入，对案主父母进行情绪病科普，教授父母一些照顾的基本理念和方法，给予理解和支持，为父母提供压力舒缓服务。

③持续为案主提供心理调适和辅导，以"人在情境中"的原则去深入案主的内心，打开其心结，陪伴其对抗情绪病。

6. 服务实施过程

（1）危机介入，保障案主安全

第一次接触案主前，案主父母在电话中已经跟社工大概交代了情况，告知其在两天前曾尝试自杀。案主是自愿与社工见面的,见面寒暄几句后,社工判断案主情绪稳定,因此要求与案主单独面谈。

社工首先引导案主分享现在的心情和感受,案主一开始的回答都比较简洁,在社工多次同理、鼓励后,开始越说越多,主动分享这段时间发生的事情、情绪病对其造成的伤害、自己的感受等,案主话语间没有太大逻辑性,时而说家里的事情,时而说学校的事情,有时候也会出现自相矛盾的情况,但社工没有打断,一直积极地倾听。案主表达"袁社工很感谢你,没有人愿意听我讲话,包括爸爸妈妈之前带我见的那些医生,都嫌我很烦一样"。

社工初步评估案主已经对自己产生了一定的信任,因此在面谈结束前,向案主要了一个承诺,"小敏,你答应袁社工,不要再尝试自杀,就算感觉再难受,我们都努力坚持一下,因为你不在的话,你爸爸妈妈会很伤心,我也会很伤心的""难受的时候,你可以给袁社工电话,或者微信留言,我会陪着你一起面对"。案主和社工勾了勾手指答应了。

与案主面谈结束后,社工让同事照看着案主,再与案主父母进行面谈。社工大概告知其服务面谈的情况,主要与父母商量如何保护好案主。社工建议父母这段时间一定要24小时看护着案主,把家里任何危险的东西,如剪刀、水果刀、绳子等都藏好,最重要的是检查案主有没有自己偷偷藏了很多药,之后药都要父母直接保管,每天定时让案主吃。另外,社工也提醒父母这段时间尽量迁就案主,她怎么舒服就让她怎么做就好。

这次面谈后,案主没有再次自杀的行为。

(2)推动案主接受系统治疗

案主父母反映,案主现在很不愿意去医院见医生,现在的药已经是很久之前医生开的药。第一次面谈后的一周,社工与案主每隔一天面谈一次,一方面是保障案主的情绪稳定,打消其自杀念头,另一方面要推动案主接受医院的系统治疗。社工在面谈时引导案主说出不愿意见医生的原因,一步步为案主消除顾虑,给予鼓励和信心。

此外,社工也咨询专业人士了解目前在广东比较权威的相关医疗机构,推荐给案主父母,与案主父母澄清,以案主目前的情况,其实已经超出了社工服务的范围,尽管案主现阶段比较信任社工,但是案主的康复不是靠与社工面谈就能实现的，必须接受专业的系统治疗，案主父母表示理解和认同。社工与案主父母签订了"知情同意书"，明确和澄清"个案辅导不能代替药物治疗"，案主必须在接受治疗的前提下，继续接受社工服务。这样一方面保证社工的操守和权益，另一方面推动案主接受治疗。

案主最终在广州脑科医院接受治疗，诊断为双向情感障碍，住院半个月后再定期复诊。

(3) 间接介入，支援照顾者

案主患病已经两年多，对于其父母来说有很大的照顾压力，不解、担心、厌烦、疲惫、绝望等各种负面情绪都存在于作为照顾者的父母身上。因此在案主住院期间，社工与案主父母保持定期面谈。

社工首先缓解小敏父母的焦虑情绪，肯定父母的付出，同理他们的感受，鼓励他们现在不是单打独斗，有了医生和社工这样的专业人士作为支援，案主的康复会更加乐观。其次社工致力于为案主父母科普情绪病，特别是双向情感障碍的相关知识，让父母理解"小敏为什么会这样"，"我们应该怎么做"。过程中引导父母分享一些以往日常的家庭互动、面对案主发病时他们的应对和举动等，社工再逐一解释，哪些是正确的，哪些是不恰当的，背后的原因是什么，可能导致的后果又是什么。最后社工也建议案主父母，尽管现在我们的焦点都在案主的病情上，但也要适当放松自己，可以做些运动，夫妻轮流休息，尽量让生活是"正常的"，夫妻俩互相打气支持。因为案主的病不是一两天就能康复的，这是一个持久战，照顾者必须有好身体、积极的状态才能一直陪伴和支持案主，而正向能量也可以给予案主积极的影响。

在整个个案的介入过程中，社工都有持续保持与案主父母的沟通交流，及时给予案主父母建议和支持。

(4) 持续辅导，陪伴案主对抗情绪病

经过半个月的住院治疗，案主的身体状况和心理状况都得到了较好的恢复，因此社工能更系统地为案主开展面谈辅导，与案主约定每周1~2次的面谈。具体情况如下：

表3 个案阶段任务表

阶段	任务	内容	辅导技巧
第一阶段	收集资料	在正式进入面谈辅导前期，社工主要营造安全的氛围，引导案主尽量诉说所历、所思、所想，尽可能多地去收集资料，对小敏所表达的东西不评价、不批判。小敏这时所做的表达明显比住院前的面谈更有逻辑和清晰。	专注、倾听、同理、鼓励等
第二阶段	评估问题	针对前期面谈所收集到的资料进行评估诊断，这个过程也是与案主一起的。经过评估确认案主心理困扰的主要问题有：1. 弟弟出生后受到冷落而委屈和失落；2. 学校中经常与不同的同学发生矛盾，认为自己是个不受欢迎的人；3. 发病后认为自己是个累赘。三个问题其实都反映出案主的自我认同感较低。	澄清、摘要、对焦等
第三阶段	治疗辅导	社工首先减轻案主的不安，肯定和认可案主这一路与情绪病做斗争所付出的努力和进步。社工引导案主针对主要问题去具体解释和描述自己困扰产生的原因和发展的过程，表述一些具体的事件，让案主有情绪宣泄的机会。社工也会适时地表达自己的态度和意见，促使案主打破一些非理性的信念，改变观念和想法。例如上次发病后，父母找了很多亲戚朋友过来劝导，姑妈来了一直指责案主"身在福中不知福，不懂得感恩"，这让案主当下感觉非常羞耻，更加坚定自己不应该存在，案主表达的过程非常激动，不断流泪，社工一直耐心倾听，起拍案主肩膀以示支持和关心。等案主冷静后，社工尝试澄清父母做法背后的原因，是"病急乱投医"，用错了方法，但初衷是紧张和关心，案主的存在对于父母是非常重要的。面谈过程中社工不断地帮助案主梳理、澄清，帮助案主对所处的实际状况做出正确的理解和分析，让案主重新认识和评价自己以往的经历，对自己的看法等。	非反思性直接治疗：支持、直接影响、探索—描述—宣泄；反思性直接治疗：现实情况反思、人格发展反思

续表

阶段	任务	内容	辅导技巧
第四阶段	巩固成效	经过大概8次面谈辅导后，案主状态有了较大的改善，社工建议案主要开始改变自己的生活状态，与案主共同制定生活作息表，包括运动、娱乐、补习、与家人互动、休息等。此外，社工还给案主布置家庭作业，每天记录让自己感觉开心、愉悦、幸福的事情。前面一个星期案主完成作业的情况其实并不理想，向社工表示自己没有觉得什么特别开心的，社工引导案主具体分享发生的事情，提醒哪些点值得我们更加用心去感受它们的美好。慢慢地案主的日记本越写越满，开始重新获得发现美好的能力。	倾听、鼓励、澄清、建议等

以上四个阶段只是一个对案主面谈辅导的大概梳理，并不代表个案的辅导过程就是严格按照四个步骤进行，当中可能存在各阶段互相穿插，也需要随着案主的状态变化有所调整，但每个阶段都是由案主一起参与。社工陪伴、支持，让案主逐步走向康复和稳定。

7. 成效评估

经过医生的诊断评估，案主病情稳定，虽然仍然需要药物治疗，但是可以恢复正常上学。学校班主任了解案主情况，给予案主更多的支持和关注，案主也掌握了更多人际交往的方法，在学校情况良好。在家里，案主父母学会科学的照顾方式，照顾压力减轻，案主和父母都有正向的改善，互相促进下案主与父母的亲子关系也越来越好，案主整体稳定康复。个案所制定的四个目标均可达到。

8. 专业反思

(1) 情绪病个案工作服务需有基本原则和策略

有些社工认为情绪病已经超出社会工作的服务范围，应该转介专业医疗机构。但其实"生理治疗+心理辅导+家庭支持"才是对情绪病患者最佳的治疗方案，而后两者都是社工可胜任的服务。以本个案为例，接案后社工首先需要快速评估案主是否有自杀倾向，若有则首先需要进行危机介入，在保证案主安全的情况下再做其他跟进服务。另外，如果确诊了的情绪病人需要确保或推动其接受医学治疗，疑似情绪病人则建议先到专门机构进行诊断。情绪病案主的照顾者支援非常重要，他们才是陪伴案主最长时间，对案主有最大影响的个体，因此社工必须帮助照顾者正确认识情绪病、协助其掌握科学的照顾方法，减轻其照顾压力。在保证案主有接受医学治疗的前提下，社工再做持续的面谈辅导和跟进。（见图1 情绪病个案处理机制）

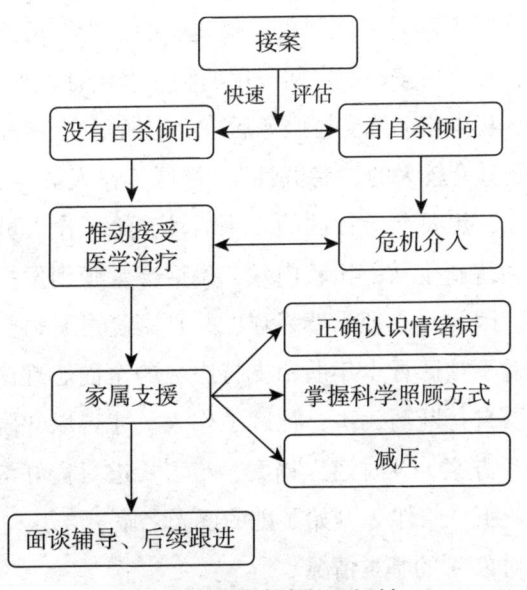

图1　情绪病个案处理机制

（2）父母应该关注青少年心理健康

2021年3月，2020年版"心理健康蓝皮书"《中国国民心理健康发展报告（2019—2020）》正式发布，报告显示青少年抑郁达24.6%，青少年的心理健康状况需要进一步关注。笔者在2021年就接到5起青少年情绪病问题的个案，尽管表现出来的问题症状不一样，但均与家庭环境、学习压力、人际关系等有关，其中能够取得较大进展和改善的，都是父母重视，对情绪病有科学认知，并且能够积极配合医生、社工建议对案主进行照顾。作为父母，应该关注青少年的幸福胜于关注青少年的成功，关注青少年的身心健康胜于关注青少年的表现和成绩。这样才能给到青少年一个健康成长的环境，给到青少年一个更广阔的未来。

（二）社区"关注—预案—支持"朋辈心理辅导服务体系护航心境障碍青少年成长

1. 案例基本情况

青少年服务对象 A，大学生，因生活挫折和多次看到父母争吵等原因表现出持续性的情绪低落。在中学时期因独自返回老家读书，在压力、孤独和不安下演变为情绪低落和亢奋之间极端反复，确诊为心境障碍。A 经过住院治疗后有所缓解，出院后按医嘱定期服用药物，经由社区医院转介至社工站。社工对其开展社区青少年朋辈支持服务后，仍定期复诊，按医嘱服药。

A 的心理问题具有较大的"隐匿性"。社区工作人员与 A 第一次见面时，她积极地自荐自己，想要参与社区的志愿活动，给工作人员留下良好的第一印象：这是一位期待新生活，比较内敛，说话会紧张到发抖，但眼睛始终发着光亮的女孩子。因为对心理学感兴趣，并且康复意愿强烈，A 对自己有着清晰的认知。得益于社区青少年朋辈支持服务的全面心理健康评估，A 在聊天中提及自己想要自行断药一事，社区工作人员才得以知晓其真实情况，及时干预并调整服务方案，及时建立档案，与家长进行良好沟通。由此社工在社区朋辈支持系统下，陪伴 A 开始了她的逐光之旅。

以下是服务对象 A 的基本情况。

（1）社区适应情况：服务对象 A 很认可社工专业的助人理念，也希望可以成长为一个助人自助的青年，她会在课余时间参加社区志愿活动，与社工交流情况较好。

（2）家庭关系情况：A 在小学、初中阶段与家人同住；高中独自返回老家读书，其间有特别强烈的孤独感。读大学后继续返回家中与家人同住，目前家庭成员沟通良好。自确诊心境障碍后，家人每月带她复诊，在治疗初期，家人对其状态抱有"想太多""青春期情绪"的误解。随着治疗的持续推进，在社区工作人员和朋辈邻里的积极沟通下，其母亲转变心态，在配合医生诊疗的同时，对其抱有鼓励、支持的态度。

（3）生理及心理状况：睡眠浅，易整夜失眠。因持续服用药物，经常反胃、食欲不振。服用药物后自己觉得躁动情绪能够稍微控制，但抑郁情绪袭来的时候仍觉得无法控制。躁动时表现为情绪亢奋,自信十足,抑郁时情绪低落,止不住哭泣,有自卑心理。内心希望康复,有主动寻求专业医疗和心理咨询的意愿。

(4) 自伤自杀行为：A 偶有自伤行为。在其抑郁情绪状态曾思考过跳楼轻生的问题,但没有自杀实质行为。

2. 服务对象 A 亟须化解的困境

A 面临的第一层困境是在社区青少年朋辈支持系统中相识的其他有心理问题的青少年对她产生的"群聚性"影响。在社区青少年朋辈支持服务中,除 A 外,还有其他患有精神分裂症、重度焦虑症的青少年。秉承保密原则,社区工作人员和心理咨询师需要分开为他们提供支持,并时刻应对各类突发情况,有较大的挑战性。A 处于其中,也会受到负面影响。

其次,是 A 强烈希望康复的意愿与其受药物、精神状态影响的行动障碍之间的矛盾。A 在情绪亢奋时,会在学校接下许多任务,并常出现熬夜通宵完成作业、任务的情况；在抑郁情绪来临时,会失去所有斗志,推翻先前自己的任务成果,并怀疑自己、责备自己,止不住地哭泣。此类情况在其参与社区活动时也频繁发生。

3. 社区青少年朋辈支持服务的干预措施

(1) 为 A 提供个性化的心理辅导。根据 A 的具体情况,心理咨询师可以为她量身定制辅导计划,帮助她认识自己的情绪波动,学会应对技巧,并逐步建立自信。

(2) 设立专门的心理健康小组。社区可以组织与 A 同龄的青少年,共同参与社区文化活动,让他们在一个安全的环境中分享经历,互相支持,增进彼此的了解。

(3) 邀请专业人士举办讲座和培训。定期邀请心理医生、心理咨询师等专业人士为青少年提供讲座和培训,帮助他们了解心理健康知识,增强应对心理问题的能力。

(4) 家庭支持与沟通。社区工作人员应积极与 A 的家人沟通,帮助他们理解 A 的病情,提高家庭支持,为 A 营造一个温馨、理解的家庭环境。

(5) 关注 A 的学习和生活。社区工作人员积极联动学校,关注 A 的学习进展，关心她的生活状况，定期与她进行沟通，了解她的需求和困扰，为她提供相应的支持和帮助。

4. 案例解决方案

（1）动态跟进，培养信任，全过程陪伴

在A案例中，社工站的社工、心理咨询师、A家庭成员及A就读学校通过共同探讨，建立"关注—预案—支持"心灵护理模式，秉承关爱之心摸索有效路径，在实践中完善体系。

首先，社工建立服务对象个人档案，在档案系统中及时记录个案会谈记录、家校会商记录等的信息。在线档案具有反馈及时、数据统计便捷等优点，在重点关注个案的动态跟进和实时记录工作中起到了重要作用，在服务对象A的工作方案中，社工通过档案系统计算A的抑郁情绪发作的频率，总结出诸如"考试前期、初秋季节"等高频发作时间，并在高频发作时间段做好提前安抚与及时应对的准备。

此外，社工站安排了经过培训的朋辈心理辅导志愿者，他们比A仅仅年长几岁，在了解到A喜欢文学、漫画和动画后，朋辈心理辅导志愿者向A推荐了故事精彩的漫画，A发现自己的爱好与志愿者相同，逐渐卸下防备。在日常聊天中，志愿者以鼓励和引导为主，积极关注日常小事，不忽视微光，不敷衍回应。例如，A习惯在晚上散步，在加入社区青少年朋辈支持服务后，她发现社区某些道路路灯较暗，便向社工站反馈。社工得知反馈后，向物业部门及时反映，路灯得以修缮。除了日常小事件的陪伴和指导，社工站的社工、朋辈心理辅导志愿者和专业心理咨询师也关注A的学习方面的需求，引导她制定成长目标、生涯规划，帮助她分析期末考核成绩，罗列专业学习方法清单，鼓励她有节奏地进行学习，减轻对学业成绩的焦虑。

在多方良好的沟通下，A对社工站的社工、朋辈心理辅导志愿者与家人有着很高的信任度，每当A感觉情绪低落或者有压力时，会及时给朋辈心理辅导志愿者和母亲打电话，积极寻求外界的协助，家庭和社工站均能及时了解情况并开展工作。A在"关注—预案—支持"心灵护理模式下感受到生活当中的确定感、可控感，开始对未来抱有期待，情绪状况日趋稳定。

朋辈心理辅导员是这个服务体系中特别且重要的存在，他们在社工与心理咨询师的培训中感悟社会工作者"用生命影响生命""接纳、包容"的使命，并将感悟化为行动。在保密原则下，A 的朋辈心理志愿者会提供关怀与关爱，会在 A 有抑郁情绪时陪伴安慰，并把情况及时告知社工，请求社工协助。在社区活动中，A 与志愿者们共同设计情景剧，扮演个案工作的会谈情景，拍摄成微电影。社工在观看微电影时发现，A 巧妙地将自己受到朋辈鼓励和支持的故事融入微电影中，大家在感动之余，也感恩 A 被朋辈之光照亮。

5. 专业理论依据提供实践基础

（1）支持性心理护理疗法

支持性心理护理疗法强调治疗过程以支持为主，是属于特殊性心理治疗方法范畴的一种常用方式。可以在实际工作中加以运用，支持、帮助青少年提高对当前现实的适应程度。同时，支持性心理护理疗法通过合理的劝导、启发、鼓励、同情、支持、消除疑虑和提供保证等交谈方法，帮助学生认识问题、改善心境、提高信心，从而促进身心康复。对于心理健康工作者和社工站的社工来说，支持性心理护理疗法理论有四个原则：提供适当的支持、调整对挫折的看法、善于利用各种资源、进行适应方法指导。在运用实践方面，支持性心理护理疗法在青少年心境障碍患者的情绪调节中运用较多，成效明显。

（2）朋辈心理辅导志愿者支持体系

朋辈心理辅导志愿者在青少年心理健康工作场景中有着重要作用，在社工站的社工、专业心理咨询师、朋辈心理辅导项目成员的指引下，服务对象同学、同龄邻里等朋辈同伴可以对有心理需求和帮助需求的青少年进行非专业、非正式的心理辅导活动，以倾听为主，提供必要的安慰和支持，起到心理困惑排解作用。

6. 经验与启示

（1）转介初期，高敏锐多渠道了解服务对象情况

在本案例中，服务对象 A 想自行断药的情况未能在转接档案中体现出来，幸而在朋辈心理辅导聊天中发现，才能让社工及时调整并开展后续干预工作，让服务对象 A 在心灵护理模式下逐光成长。经过反思与实践检验，

"关注—预案—支持"心灵护理模式可以有效优化重点关注青少年服务对象的发现及关爱工作（详见图1），重点在于转介初期或者初步接触阶段，家长、社工等要形成团队意识，共同做到参与式观察，提高敏锐度。同时，社区服务中体系完善的心理健康系列活动与心理拓展活动亦能帮助服务对象缓解病耻感，提高社区居民对心理健康的重视程度，并知晓寻求帮助的渠道。

（2）在重点关注阶段，多层次成体系做好预案机制

在评估和确认重点关注服务对象阶段，社工、监护人在专业心理咨询师的工作指导下，落实好四层预案工作机制：在线档案系统（或其他信息记录系统）实时记录服务对象成长轨迹，做到一人一案；家校联合，社区与家长、学校保持联系，了解服务对象家庭、学校的支持情况，互通有无，做好及时告知的工作，达成支持服务对象成长的共识；社区预案，因个体应激的因素不同，在一人一案保持记录的基础上，寻找危机事件多发的规律，安排专人（一般为社工）在关键事件或重点时间段内跟进服务对象情况，紧密关注；危机干预，在危机事件发生时及时干预，社区各部门协同处理，将伤亡风险减至最小，事后做好复盘总结工作，持续完善工作预案。

（3）在稳定护理阶段，朋辈陪伴与支持拥抱新潜能

在日常稳定状态下，青少年服务对象朋辈心理支持工作的重点应为预防与关怀，"关注—预案—支持"心灵护理模式秉承"接纳包容，逐光成长"的理念，积极建立三级支持体系：在专业层面，社区社工的工作经验丰富、资源充沛，能为服务对象提供专业支持和保障；在朋辈层面，社工站通过培训朋辈心理辅导志愿者，建设具有同理心与助人理念的朋辈团队，运用朋辈的优势，走进服务对象，陪伴服务对象，支持服务对象，安抚服务对象的不安；在自我成长层面，青少年服务对象在专业支持和朋辈支持体系下提升抵御能力，提高心理韧性，接纳自我，并在个人成长的目标制定中找到令自己舒适的节奏，发展心智潜能，逐光成长。

第八章　新时代城市社区青少年服务的探索与实践

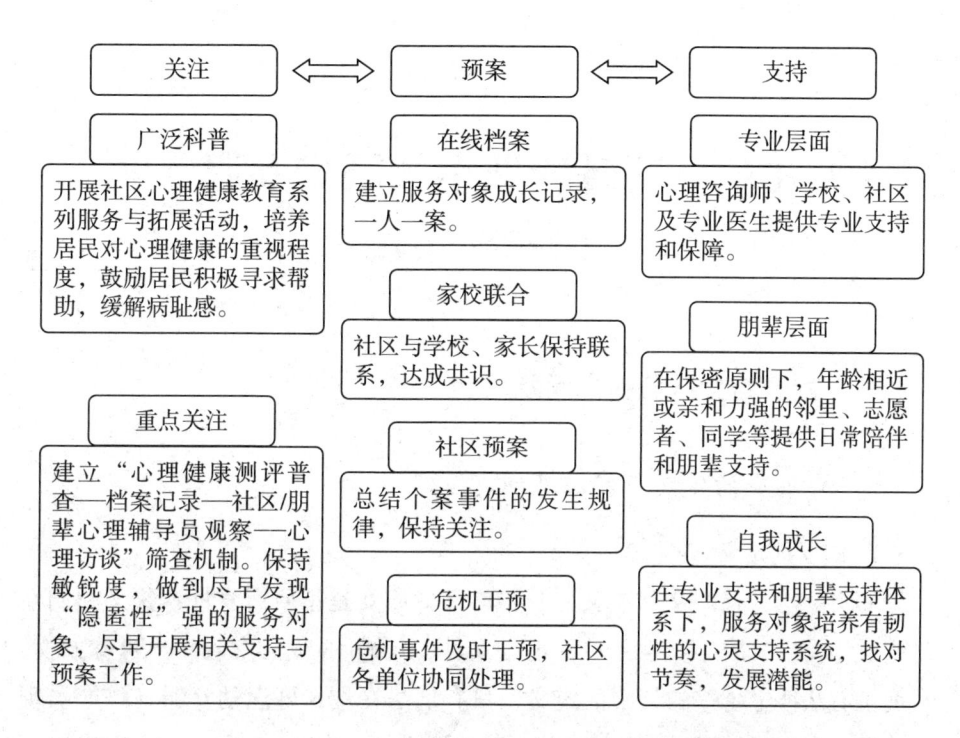

```
         关注  ⇄  预案  ⇄  支持

  [广泛科普]        [在线档案]        [专业层面]
  开展社区心理      建立服务对象      心理咨询师、学校、社区
  健康教育系       成长记录,       及专业医生提供专业支持
  列服务与拓展活     一人一案。      和保障。
  动,培养
  居民对心理健
  康的重视程
  度,鼓励居民积极寻求帮
  助,缓解病耻感。   [家校联合]        [朋辈层面]
                  社区与学校、家长    在保密原则下,年龄相近
                  保持联系,达成    或亲和力强的邻里、志愿
                  共识。          者、同学等提供日常陪伴
  [重点关注]                     和朋辈支持。
  建立"心理健      [社区预案]
  康测评普       总结个案事件的发生规   [自我成长]
  查——档案记录——社区/朋   律,保持关注。      在专业支持和朋辈支持体
  辈心理辅导员观察——心              系下,服务对象培养有韧
  理访谈"筛查机制。保持              性的心灵支持系统,找对
  敏锐度,做到尽早发现    [危机干预]       节奏,发展潜能。
  "隐匿性"强的服务对    危机事件及时干预,社区
  象,尽早开展相关支持与   各单位协同处理。
  预案工作。
```

图 2　"关注—预案—支持"心灵护理模式内容框架图

通过对服务对象 A 的个案分析,我们可以看出,心理健康问题对青少年的生活与学业产生了严重的影响。而在社区工作者、心理咨询师、朋辈心理辅导员等多方共同努力下,成功地帮助服务对象 A 度过了心境障碍的困境。这一过程充分体现了社区工作者和各方资源之间的紧密合作与协调,以及对待青少年心理问题的关爱与敏感。在面对这类问题时,应当关注个体的需求,运用专业知识和技能,为青少年提供全面的关爱与支持。

同时,家庭、学校和社区的积极配合也是解决青少年心理问题的关键。家长要给予孩子关爱和理解,学校要提供专业的心理辅导资源,社区要营造一个关爱、包容的环境。只有这样,我们才能够为青少年提供一个健康的成长环境,帮助他们度过心理困境,茁壮成长。

第九章　新时代城市社区妇女服务的探索与实践

一、社区妇女服务的内涵及内容

(一) 妇女的定义、特征及问题

1. 妇女的定义

妇女的定义有广义和狭义之分，广义的妇女是指所有女性；狭义的妇女是指成年女性，成年女性不单指已婚女性，年满 18 岁的女青年也可称妇女。目前没有法律上统一的妇女的定义，只有刑法在规定奸淫幼女罪（该罪名现已取消，列入强奸罪）、拐卖妇女、儿童罪等时对妇女的界定：14 周岁以上的女性为妇女，不满 14 周岁的称为儿童（女性即为幼女）。本书所讨论的为狭义的妇女。

2. 妇女的特征

(1) 青春期妇女身心特征

这个阶段的生理特征有：①全身发育。随着青春期的到来，青春期的妇女全身发育迅速，并逐步向成熟过渡。②生殖器官的发育。外生殖器、阴道、子宫和卵巢等第一性征的各部分有了明显的变化，第二性征也逐步明显，开始出现月经。这个阶段的心理特征有：①忧郁自卑倾向。走进青春期，集体的生疏、学业的压力、竞争的氛围，都促使青春期妇女感受到了独自面对人生的体验，这些因素在促其成长、成熟的同时，也会使有些女孩子产生忧郁、自卑的倾向。可能因缺少友伴而自卑，因学习不出色而自卑，因自己长得不够漂亮而自卑等。②强烈依赖伙伴。这个年龄段的女孩子对伙伴、对友谊有强烈渴望与关注，表现了她们对友谊的需求和对友伴的依赖。③环境适应不良。女孩子都喜欢有安全感，因此不喜欢环境发生变化。如果不能迅速适应变化的环境，往往采取逃避现实的方法。④对异性关注增加。对异性的明显关注是少男少女在青春期里一个显著表现，这是普遍且合理的表现。

（2）成年期妇女身心特征

这个阶段的生理特征有：女性身体各个部分发育成熟，出现周期性的排卵及行经，并具有生育能力。女性受孕后，身体各个器官发生很大的变化，生殖器官的改变更为突出。这个阶段的心理特征有：①恐惧感。妇女恐惧生殖能力与美貌丧失，恐惧失去为人母、为人妻的机会，在空虚的家中遭受寂寞与忧伤的折磨。②紧张感和焦虑感。妇女在成年期面临着家庭角色和社会角色的双重变化，家庭负担加上烦琐的工作压得妇女喘不过气，常被紧张和焦虑所笼罩。

（3）更年期妇女身心特征

这个阶段的生理特征有：①卵巢功能由活跃转入衰退状态，排卵变得不规律，直到不再排卵。②月经逐渐不规律，最终完全停止。这个阶段的心理特征有：①情绪不够稳定，易激动、易怒、易紧张和焦虑。②注意力不易集中，容易出现精神倦怠。③心理敏感性增强，容易有受挫和不得志的感觉。④记忆力减弱，伴随有头痛或失眠等躯体症状。

（4）老年期妇女身心特征

这个阶段的生理特征有：妇女机体所有内分泌功能普遍低落，生殖器官逐渐萎缩，卵巢功能进一步衰退。这个阶段的心理特征有：妇女感觉和知觉能力逐渐衰退，记忆力开始下降；害怕孤独，害怕无人关心自己，却又怕拖累别人。

3. 妇女面临的问题

（1）婚姻与家庭问题

妇女在婚姻方面突出的问题是婚姻冲突，近年来持续增长的离婚率也说明了这一点，在城市尤为严重。其中违反婚姻法的情况增多，姘居、婚外恋等现象严重损害正常的家庭生活。此外，单亲母亲家庭贫困、缺乏社会福利保障等问题也不容忽视。

（2）针对妇女的暴力问题

根据研究表明，在全世界范围内，妇女一直是暴力的主要受害者。针对妇女的暴力主要包括婚姻暴力、拐卖妇女、性暴力、性骚扰和性服务，以及基于对男孩偏好的强迫堕胎等。施暴手段也是多种多样，不仅严重伤害了妇女的身心健康，影响了其未成年子女的健康成长，而且不利于社会的安定。

（3）妇女的生殖健康问题

妇女的生殖健康比较容易受到危害。妇女较难得到与性、生殖有关的信息及服务，很难获得有效的避孕服务，一旦意外怀孕，如果无法安全流产，又会使得她们处于健康和生命的双重危险中。另外由于生理上的原因，妇女容易感染性传播疾病，妇女宫颈癌、乳腺癌的发病率较高，很多妇女缺乏生殖健康方面的知识和维护生殖健康权利的意识。此外，重男轻女的思想使得未能生育男婴的母亲遭受社会歧视。

（4）流动妇女问题

根据全国第五次人口普查的抽样结果显示，已婚妇女中的流动妇女占11%。流动妇女的问题包括工作权益受到侵害、工资低、工作不稳定、生殖健康的权利得不到保障、照顾不了父母以及承受与孩子长期分离的精神压力等。

（5）妇女就业问题

城市妇女失业率高，妇女在劳动市场受到歧视和排斥，妇女打工者很难享受医疗服务（主要是生育健康、性传播疾病和艾滋病的预防）。收入比男性差，妇女就业者集中在报酬比较低的领域。妇女就业的岗位往往是合同工、临时工，以及一些其他非正式部门提供的缺乏社会保障的工作形式，使得妇女的劳动权益严重受损。

（6）妇女的贫困问题

在贫困人口中，妇女的贫困问题尤为严重。这些年，国家实施脱贫攻坚战、精准扶贫政策，基本解决了妇女的绝对贫困问题。但贫困存在多维度的表现，如健康状况差、文化教育水平低、权利缺失、休闲时间不足等，因教育和疾病返贫的现象也比较严重，解决妇女多维度的贫困问题任重道远。

(7) 妇女的参政问题

妇女参政人数比例是衡量妇女政治地位最重要的标志之一。虽然国家颁布了一系列法律法规用以保障妇女的基本权益，但是现实政治生活中，妇女参政率很低，妇女参政仍旧存在"四多四少"的现象：副职多，正职少；基层多，高层少；虚职多，实职少；辅助岗位多，核心岗位少。妇女参政中存在的问题得不到解决，男女平等和公正就很难实现。

（二）社区妇女服务的定义、特点及内容

1. 社区妇女服务的定义

社区妇女服务是指社区工作者以社区中的妇女为服务对象，针对她们在参政议政、经济、社会、文化和家庭生活过程中遇到的各种群体或个体问题而开展的社会服务性工作，目的在于为妇女的全面发展创造有利的社会环境和社会条件。

2. 社区妇女服务的特点

（1）关注妇女群体的多样性

妇女群体具有多样性，决定了妇女问题的多样性。妇女问题是性别问题，与国家、民族、年龄、残障、宗教、文化、城乡等紧密交织在一起，这样决定了妇女问题的复杂性。城市社区妇女服务的对象不仅包括困难的妇女群体，还包括其他妇女群体。在实际的社区生活中有打工妹、单亲母亲、残障妇女、贫困妇女、流动妇女等生存和生活形态多样的妇女，这些多样性决定了妇女需要和问题的差异性，也决定了妇女内容和工作方法的多样性。

（2）关注妇女的声音和经验

长期以来，在父权文化的影响下，妇女的声音和经验常常被忽视或者轻视，尊重和倾听妇女的声音，尤其是在任何一个人群中被边缘化的妇女的声音和经验，是妇女社区服务的起点和重点。

（3）了解、理解和接纳妇女的现实处境

妇女的现实处境不应该归因于个人选择的结果，而是要看到她们的处境与社会变迁、性别歧视以及社会资源缺乏等问题之间的内在联系。因此，了解、理解她们的现实处境、接纳她们的生存选择、尊重她们生存和生活的方式，都是社区服务提供者要遵守的工作原则。

（4）强调妇女个人问题的社会原因，"个人的即政治的"

传统的妇女工作将妇女问题个人化，并忽视妇女在私人领域中受到的压迫，而在性别视角下，强调个人问题与整个社会环境之间存在的关系。打破了公私领域的划分，将私人领域问题也提升到社会制度层面，使得妇女问题从个人问题上升为社会问题、制度问题。妇女问题的根本解决需要全社会树立积极、健康的妇女观，需要国家的法律和政策给予保障。

（5）注重本土妇女服务经验的总结和提炼

中国的妇女问题产生于中国大地的土壤里，因此解决它必须分析这块土壤的特质，从这块土壤中找到解决问题的方法。而不同城市、地区也有其特殊性，都有着丰富的妇女服务经验，有行之有效地解决妇女问题的方法，因此必须总结和提炼这些有效的本土方法，并在此基础上互相借鉴学习。

3. 社区妇女服务的内容

（1）妇女价值认知服务

社区工作者帮助社区妇女发掘、了解与重视自我的价值，协助妇女挖掘自身的优势，并将其运用于家庭和工作，使更多妇女认清自我、建立自信。

（2）妇女合法权益服务

社区工作者要为社区妇女及时获得法律咨询服务以及有效法律援助提供便利，链接各类妇女求助和服务机构，向社区妇女提供维权和法律援助。另外，社区工作者可依托社工机构、妇女之家、妇女儿童维权站点和法律援助中心等工作场所，吸收各行业、各领域的女性负责人、专业人才、志愿者等参与社区妇女维权工作，成立维权工作队伍，从而为社区有需要的妇女提供更有力的服务。

（3）妇女健康保健服务

社区工作者可以链接资源，联动专业医护人员进入社区开展包括：未婚期保健，如婚前检查；婚后卫生咨询与指导；产前保健，如开展孕期保健、母乳喂养、营养饮食、孕期并发症、产前心理调节的讲座；产后保健，如产后心理调节、新生儿护理知识讲座，产妇及家属支持，产后修复瑜伽课程等；更年期保健，如开展更年期知识讲座，缓解其紧张和焦虑情绪，指导更年期妇女合理就医、饮食和锻炼等。

另外针对特殊妇女群体，社区工作者也要满足其健康保健需求，包括：关注老年妇女的健康，宣传饮食养生与生活养生的妙招，倡导老年妇女从事喜欢且能胜任的公益活动；关注残障妇女的健康，社区工作者可帮助残障妇女补偿自身缺陷和克服环境障碍，协助残障妇女缓解忧郁、恐惧、无助和绝望的情绪，帮助残障妇女制订社区康复计划并评估其心理健康程度，协助残障妇女申请相关福利政策等；关注流动妇女的健康，社区工作者可为其开展健康及法律知识讲座、创业就业培训、亲子教育课堂，也可为流动妇女的孩子提供作业辅导、成长支持等服务。

（4）婚姻家庭咨询服务

社区工作者可为已婚妇女提供婚姻法、婚姻中权利义务、家务分配、财产管理等方面的知识普及，为妇女提供化解婚姻危机的方案，为妇女处理分居、离婚、财产分割与子女抚养等问题提供建议。另外，社区工作者也可帮助妇女理解和适应母亲角色，获取权利和义务方面的知识，提高妇女作为母亲的角色能力。此外，还可以协助妇女处理亲子冲突，开展亲子关系辅导，协助妇女掌握科学的子女沟通、管教方法。

（5）文娱体育服务

社区工作者可开设女性文化学堂，传授妇女各种技能特长，丰富其业余生活，提升妇女的审美水平和塑造优雅形象。另外，也可倡导年轻妇女的球类、瑜伽、跑步等团体，适合年长妇女可组织太极拳、广场舞等兴趣小组，增强体魄，倡导健康生活。

二、新时代城市社区妇女服务存在的困境与对策

（一）新时代城市社区妇女服务存在的困境和挑战

1. 男女平等仍然任重道远

自1995年男女平等列为国家基本国策时起，我国男女平等事业的发展取得了巨大成就，但在男女平等方面还存在不足，主要表现在以下三个方面。首先，妇女参政程度不足。近年来妇女参政情况虽然有所改善，但妇女参政

程度较低，妇女在参与我国高层权力领域中只占总代表人数的百分之十几，参政的比例增长缓慢。妇女干部较少且任职结构不合理，存在高层少、正职少的现状。其次，妇女尚未平等地参与经济社会的发展。在现实生活中，妇女较男子在劳动收入和劳动机会方面仍存在较大差距。一方面表现在招聘中的性别歧视，部分企业在招聘中同等条件下更"偏爱"男性，有的直接在招聘公告中表明仅限男性，这就使得妇女在劳动机会方面低于男性。另一方面表现在女性劳动者中低收入比例较大，与男性存在较大差距，提高妇女的经济地位仍存在较大空间。最后，妇女发展不平衡不充分现象依然存在。我国地域广阔，人口众多，加上我国经济结构不断变化，妇女发展出现不平衡不充分的状态。一方面是以高学历高认知的知识分子、管理者、专业技术人员为代表的，掌握着政治、经济、文化等方面资源的优势妇女群体，这一部分妇女占整个妇女金字塔的塔尖，人数较少，常被社会贴上"女强人"的标签，有的女博士还会被戏称为"世界上的第三种人"。另一方面是女工人、女农民、灵活就业者以及失业妇女为代表的弱势妇女群体，这一部分群体占整个妇女金字塔的塔底，人数较多，收入低、收入不稳定、社会权益得不到保障。由此，各个层次的妇女面临着不同的困境，妇女发展不平衡不充分。

2. 妇女主体意识不强

随着时代的不断发展，中国妇女的主体意识有了一定的提高，但是深受"男主女从""男强女弱"等传统思想的影响，有相当一部分的妇女主体意识不强，主要表现为：第一，妇女的自身角色定位不自信。有相当一部分的妇女持有"女子天生不如男"的落后观念，自身定位很不自信。还有部分妇女对于自己所遭遇的性别歧视现象，认为无力改变而选择默默接受，甚至认为那是"合理"现象①。研究表明在遭遇不公平待遇后，"有45.6%的女大学生习以为常，26.7%的女大学生选择向朋友唠叨，19.3%的女大学生选择默默忍受，而向政府部门反映的只占8.4%"。从这种对不平等待遇的容忍可以看出有相当一部分妇女的主体意识不够强。第二，缺乏独立意识。所谓女性独立

---

① 王斌. 浅议我国妇女社会工作的困境和突围——基于风险社会理论的思考 [J]. 中共宁波市委党校学报, 2011, 33 (01): 106-110.

意识，是指女性自己掌握自己的命运，不消极地依赖于男人，能独立思考、独立生活。在一项针对女大学生的社会调查中发现，"70.69%的女大学生认同'男主外，女主内'，甚至有72.41%的女大学生认可'男人挣钱，女人花钱'的观念"。女大学生作为高知人群，尽管有一定的社会认知的学历经验，但对男性依然存在很大的依赖性。女性的独立意识不足会助长大男子主义。

（二）新时代城市社区妇女服务的对策

1. 党建引领下，各方合力积极推进男女平等

新时代背景下我们应着重从以下几个方面推动男女平等进一步发展。首先，党和政府加强妇女权益的法律保障，倡导在出台法律、制定政策时，充分考虑妇女群体的特殊性。近年来新闻频繁曝出丈夫杀妻案以及家庭暴力案件，相信这只是极少数的个别现象，但也有力地证明了这一现象的存在，令人触目惊心。全国人大及其常委会应根据妇女遇到的新情况、新问题，科学立法。形成以宪法为基础，以妇女权益保障为主体，包括多种法律法规在内的保障妇女权益的法律体系，为充分保障妇女权益提供法律依据和良好的法律环境，为保护妇女权益保驾护航。妇女工作也只有在中国共产党的坚强领导下，才能不断取得发展和进步。其次，建立健全促进男女平等法律的配套设施。加大对贯彻男女平等国策的组织建设，促进妇联改革创新，增强妇联组织与其他妇女组织的合作，形成推动妇女工作和男女平等事业发展的合力。最后，在全社会营造一种男女平等的文化环境。不断宣传男女平等的社会主流价值观，摒弃性别歧视的社会陋习，构建男女平等的社会氛围。

2. 增强性别责任，增强妇女自身主体意识

在新中国成立70周年时，国家表彰了申纪兰、屠呦呦、樊锦诗等女性在内的国家勋章和国家荣誉称号获得者，表彰她们为新中国的发展做出的杰出贡献。她们是全国优秀女性的杰出代表，是广大妇女学习的榜样。妇女应向英雄模范学习，增强自身的主体意识，争做新时代的巾帼奋斗者。首先，不忘初心，坚定理想信念。学习英雄模范为党和国家事业不断发展的矢志不渝、一心向党的理想信念，牢记中国共产党为中国人民谋幸福，为中华民族谋复兴的初心和使命。其次，顽强拼搏，埋头苦干。广大妇女应在祖国和人民需

要的地方，埋头苦干，坚守党的妇女事业，在平凡的岗位上默默奉献，以实际行动自觉践行"幸福源自奋斗、成功在于奉献、平凡造就伟大"的价值理念。在社会发展的各个领域内，不懈追求，努力与祖国共成长，与时代共进步。最后，发挥妇女自身在经济发展中和家庭建设中的独特作用。妇女不仅是经济社会发展的重要力量，在建设家庭、传承家教、弘扬家风的家庭生活中也扮演着重要角色。广大妇女同志应把爱家和爱国统一起来，努力在脱贫攻坚、乡村振兴、社会建设和家庭文明方面发挥好"半边天"的作用，贡献巾帼力量。

三、新时代城市社区妇女服务的案例展示

案例一：巾帼向日葵——社区残障妇女增收支持计划

背景介绍

D市S镇X社区现共有残疾人460多人，其中残障妇女200多人，而根据数据显示，X社区残障妇女人数一直呈增长的趋势。残障人士是社区一直以来的重点关注对象，推动残障人士事业发展也是社区的发展方向。在过往，社区残障人士工作一直以救助、慰问、帮扶等为主，难以从根本上帮助其解决生计、个人实现等问题。社区关爱残障人士的氛围欠缺，部分残障人士被忽视、被抛弃感较强，有爱和关注的需要。

2020年8月，为了进一步摸底项目需求，社会工作者针对X社区残障妇女以及项目骨干进行需求调研，从个人问题及需求、项目开展形式、残障妇女对服务类型的期待等不同维度进行了解，主要需求包括：残障妇女大部分因身体原因，工作能力较低，收入较少，整体经济条件状况不佳，有增收需要；残障妇女生活圈子狭窄，缺乏与外界连接的机会和平台，整体支持网络弱，有较大的社交需求；残障妇女自信心不足，自我认同感较低，缺乏社区参与意识和能力，有提高自信及社区参与的需求。因此，2020—2021年，X社区综合服务中心持续推进"巾帼向日葵——社区残障妇女增收支持计划"项目发展，通过增收技能培养，带动项目成员参与销售提升参与者获得感，激发残障妇女潜能，帮助残障妇女通过自力更生提升自信、靠个人力量得到社会认可。

政策及理论依据

（一）残疾人政策

2018年，中国残联联合国家发改委等部门印发了《关于扶持残疾人自主就业创业的意见》，促进残疾人就业创业转型，"巾帼向日葵——社区残障妇女增收支持计划"项目主要针对无法实现长期就业的残障服务实现灵活就业增收，关注残疾人自身的权益与发展，提高残疾人事业的高质量发展。

（二）赋权理论

赋权理论是指帮助个人、家庭、团体和社区提高他们个人的、人际的、社会经济的和政治的能力，从而达到改善自己状况的目的的过程。从残障妇女的相关需求调查及社区服务过程中可了解，残障妇女在社会生活中需要得到社会接纳以及拥有掌握自身经济发展的相关能力，在社会交际中获得属于自己的位置。在赋权理论的指导下，项目基于对残障妇女的增收能力培养，从个人层面、人际层面和社会层面支持残障妇女接收到社会残障人士技能培训，增加残障妇女获得自身经济发展、掌握自身生活发展的权利。另外，以项目服务支持提升残障妇女自信，让残障妇女在自信心提升的基础上掌握更多个人的权利和生产发展空间。

介入策略

"巾帼向日葵"项目旨在为社区残障妇女搭建一个提高技能的平台，激发社区残障妇女的潜能，充分发挥社区残障妇女自身的创造力和动手能力，提高社区残障妇女劳动能力，加大增收，并引导社区残障妇女互相支持，形成互助朋友圈，扩展其社会支持网络，为社区残障家庭提供关怀扶持。为达到以上目标，项目在赋权理论的指导下有策略、分步骤推进服务进程，具体如下：

（一）个人赋能，提升残障妇女个人能力

项目在前期积极联系社区内的专业志愿者，协助担任讲师，教授残障妇女制作手工布艺包方法，同时补充销售、电商等知识，逐步发掘社区残障妇女的就业技能，充分发挥社区残障妇女自身的创造力，进一步加强残障妇女的增收本领。

(二) 人际赋能，强化残障妇女支持网络

项目注重关注残障妇女支持网络的建立，在提升残障妇女个人能力的同时，也着力推进残障妇女通过持续性的交流互动，形成互助朋友圈，彼此互相支持，另外也链接外界资源助力，共同搭建残障妇女支持网络。

(三) 社会赋能，促进残障妇女社会参与

项目带领残障妇女进行销售活动，与外界互动交流，实际性增加收入的同时，也促进残障妇女的社区参与，后期推进项目升华，成立 X 社区弱势群体扶助金，鼓励残障妇女成为社区志愿者，发挥残障妇女潜能，担任社区公益导师。

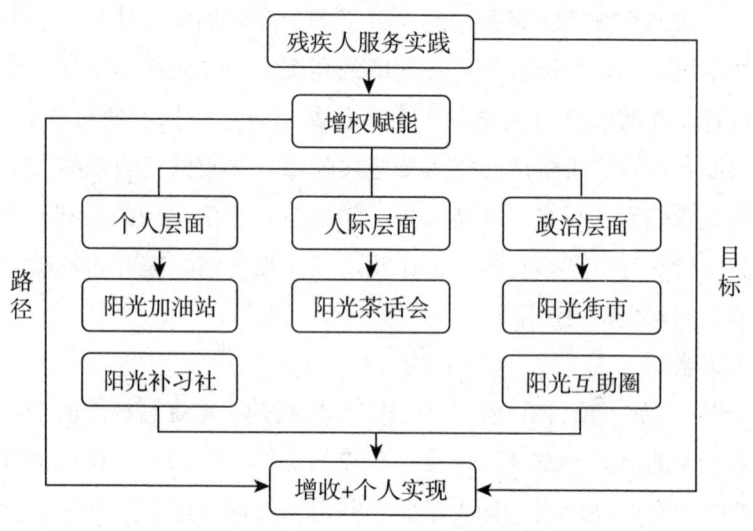

```
                    ┌─────────────────┐
                    │  残疾人服务实践  │
                    └────────┬────────┘
                             ↓
                    ┌─────────────────┐
                    │    增权赋能     │
                    └────────┬────────┘
           ┌─────────────────┼─────────────────┐
           ↓                 ↓                 ↓
      ┌─────────┐       ┌─────────┐       ┌─────────┐
      │ 个人层面 │       │ 人际层面 │       │ 政治层面 │
      └────┬────┘       └────┬────┘       └────┬────┘
           ↓                 ↓                 ↓
      ┌─────────┐       ┌─────────┐       ┌─────────┐
路    │阳光加油站│       │阳光茶话会│       │阳光街市 │    目
径    └────┬────┘       └─────────┘       └─────────┘    标
           ↓                                   ↓
      ┌─────────┐                         ┌─────────┐
      │阳光补习社│                         │阳光互助圈│
      └────┬────┘                         └────┬────┘
           └─────────────────┬─────────────────┘
                             ↓
                    ┌─────────────────┐
                    │  增收+个人实现   │
                    └─────────────────┘
```

实施过程

（一）阳光加油站——挖掘潜能，提升增收本领

项目一开始以"阳光加油站"作为教学平台，由具备相关技术和教学能力的志愿者提供手工布艺品制作技能的教学，残障妇女参与学习，逐步挖掘自身潜能，而这个过程也逐渐形成一批长期参与项目的骨干群体。经过一段时间的培训，残障妇女开始精通技术并能够以自身能力解决对各种布艺包的制作难题，在每个星期的集会上，她们互相将新技术、新方法反馈给其他成员，形成良好的技术交流发展模式，充分发挥残障妇女自身能力。截至目前，项目成员已经掌握了超过 30 种口金包的制作方法。

(二)阳光补习社——与时俱进,掌握现代技能

项目邀请电商、直播等相关领域的从业人员为项目成员授课,分享线上销售现状、方法和技巧,另外社会工作者也积极连接线上销售的宣传平台,带动残障妇女开展项目产品线上宣传活动,项目在2020年10月首次通过线上直播的形式进行项目产品推销,反响良好,残障妇女通过分享交流展现自我能力和自信,并能结合不同形式提高项目销售额,促进项目发展。而"巾帼向日葵微店"正是现在项目产品的主要销售途径之一,微店主要由社会工作者协助项目成员打理,每月产品拍摄、定价、上新、客服等环节项目成员都参与其中。

(三)阳光茶话会——关爱互助,搭建社会支持网络

项目每个月都会组织一期团建活动,针对社区残障妇女社交需要,结合社区团体资源,通过结对联谊形式开展阳光茶话会系列活动,如集体生日会、分享交流会、开心下午茶、新春团拜等。在团建活动中我们要求项目成员要暂时放下"工作",全身心投入其中,期望为残障妇女搭建互动交流机会,促进社区残障妇女形成互助朋友圈,提升社交能力,增强自信心。例如在一次分享会中,新加入的红姐谈到自己从小因为身体原因被歧视的经历,其他成员纷纷表达同理,分享自己也曾经遇到,而现在的自己又是如何看待的,大家互相支招,一个看似"敏感"的话题,无须社会工作者过多介入,她们在谈笑中就化解和疗愈了。

(四)阳光街市——产品销售,助力妇女增收增能

项目通过阳光街市系列活动,由社会工作者申请参加各类集市类活动,与项目骨干成员一起面向社会进行手工布艺包销售。项目成员自己制作布艺包,自己参与到销售中,她们有了更多与社会交际的机会,逐渐培养自信,同时实质性增加项目成员收入。而社会工作者在申请摊位时,都会与主办方强调我们是"产品销售",不是"爱心义卖",我们希望顾客是因为喜欢这个包包而买,不是"献爱心,做好事"。因为只有这样,才能真正实现残障妇女自身的价值。在这一年,项目就已参与镇内的骑楼文化节、大学生工商模拟市场、企业年会、新春花市等多个不同类型的摊位销售。随着项目知名度越来越高,成功吸引一些公司和组织订单,项目增收效果越来越明显。

（五）阳光互助圆——同心帮扶，实现爱的循环

随着项目发展越来越成熟，经过全体项目成员讨论决定，项目提取销售额的5%建立社区弱势群体扶助金，结合社区相关群体实际需要，在特定节日开展探访慰问活动，为社区残障人士、困难家庭等送上贴合其需求和节日意义的慰问，给予物质支持，回馈社区。过程中社会工作者发动项目成员尽可能参与到慰问活动中，与困境家庭能够面对面交流，以自身的正能量影响对方，同时也能让项目成员体会社会参与的个人实现感。此外，项目在2021年8月开始面向全社区居民开展口金包公益课堂，让项目成员当起了公益导师向社区妇女授课，反响热烈，项目成员个人价值感进一步提升。

实施成效

2020年9月到2021年9月期间，项目成员共有30名，其中骨干成员10名，项目共计开展活动46场，服务人次984。项目在2021年东莞市第一届残疾人创业创新大赛中荣获团队组优秀项目奖，在2021年广东省妇女手工创业创新大赛中荣获铜奖（公益组）及网络人气奖。另外，项目在2021年共获得9次媒体报道，包括镇街级、市级和省级媒体，甚至获得国际各电视媒体报道的机会。由东莞电视台采访制作的节目《向日葵阿姨》被《今日广东》栏目采用，2021年8月陆续在广东国际频道、珠江频道香港版、广东国际美洲台、美国夏威夷中文电视台、加拿大新时代电视、澳门有线互动新闻台Channel2、斐济玛宜电视台、韩国阿里郎国际电视等多个国际频道播放，对建立残障妇女正面形象，促进社会残障人士就业发展有着较强的影响作用。具体成效如下：

（一）残障妇女创业就业能力提升，实现实质性增收

一年来，项目总计销售项目产品277个，销售金额总计34144元，通过成效测评，96%以上项目成员提升了增收能力，项目骨干成员每月创收超过350元，其中最高达750元。残障妇女在项目中掌握了手工布艺包的制作方法，同时参与了对外销售、微店管理、线上平台等事务，既开阔了视野，也提升了各种就业技能。

（二）满足残障妇女社交需求，扩大残障妇女支持网络

通过成效测评，92%以上项目成员在项目中结交到朋友，80%以上项目成

员认为自己更加积极和自信。残障妇女从以前独来独往，到现在已经形成自己的社交圈子，互帮互助，以集体身份亮相社区，外界对残障妇女也有了重新认识，进一步加大扶持力度和改进扶持方式，残障妇女支持网络逐步扩大。

（三）残障妇女社区参与能力提升，实现个人价值

项目利用建立的弱势群体扶助金开展节日主题探访活动4场，共计探访42人次，总计使用扶助金额1736.6元，残障妇女穿上绿色马甲，成为社区志愿者，帮扶社区内其他弱势群体。另外残障妇女担任起社区公益讲师，面向全体社区居民进行手工布艺包授课，从受助者化身助人者，得到个人价值的实现。如今的项目成员拥有了更多的社会身份，有的是社区志愿者骨干，有的成为社区智囊团成员，用自己的能力撕掉了身上的负面标签。

此项目真真切切地实现了"助人自助再助人"的社会工作及社区服务的价值理念。在传统的弱势群体服务中，对于残障妇女的服务都仅仅局限于节日慰问、日常探访等"关怀"类型上，而这些服务都是基于"问题视角"出发，因为"她们残障"，所以"她们需要关怀"，但这些关怀往往都只是杯水车薪，无法从根本上解决残障妇女的问题。而此项目从出发点开始就做了本质上的调整，从"问题视角"转为"优势视角"，从关注残障妇女"没有的"，到关注残障妇女"有的"，甚至比所谓健全人更"优秀的"。而目标则从"感受爱"转为"爱别人"，我们要让残障妇女和全社会都改变"刻板印象"，残障妇女不是只能"接受"，她们也能"给予"。因此，通过"巾帼向日葵"项目，残障妇女真正实现了"受助者—自助者—互助者—助人者"的蜕变。

此外，"巾帼向日葵"项目采用了赋权理论进行介入，赋权理论清晰地解析了残障人士处于弱势和无权的原因，也提供了明晰的途径去解决问题和困难。项目首先在个人层面通过"阳光加油站""阳光补习社"有效地提高残障妇女的个人技能和应对环境能力、增强自我方向感和自信心，让残障妇女对周围有更强的掌控能力；其次在人际层面开展"阳光茶话会"系列活动，帮助残障妇女之间建立相互支持的关系，让她们学会互动和分享，逐渐培养一种集体的社会身份，拓展她们问题解决的视野；最后在政治层面，通过"阳光街市"和"阳光互助圆"，这两个销售环节和助人环节，让残障妇女在

集体的实践中培养和加强集体的社会身份，获得更多权能。

案例二：在困境中成长——单亲母亲个案案例

服务背景

服务对象阿娴（化名），女，47岁，丈夫在5年前因病去世，自己一人独力抚养儿子小光（化名），小光今年11岁，就读五年级，比较调皮，经常因表现不好而受到老师投诉，服务对象因此非常困扰和焦虑，服务对象经常打骂儿子，希望儿子能听话，但见效甚微。为了改变儿子的不良行为，服务对象花了大部分的积蓄，把孩子送到一家心理咨询机构接受辅导治疗，服务对象也是由这家机构的刘老师转介过来给社会工作者的，刘老师在咨询过程中发现小光可能在学校中又受到不公平对待，另外也认为服务对象自身也存在很多问题，因此希望社工协助介入。在接触服务对象的过程中，服务对象经常流露出对生活的无奈与绝望。

预估分析

（一）个人分析

服务对象今年47岁，正处于更年期，情绪比较敏感，不稳定，易怒，易紧张焦虑，另一方面由于经济情况较差，丈夫早逝，服务对象一直很自卑，没有社交，而服务对象早年的生活经验也让其性格懦弱。孩子班主任每次给她打电话都会"指责"她没有好好教育孩子，因此她非常恐惧班主任，每次班主任的来电都会让她心跳加速、手心冒汗。

（二）家庭环境

服务对象在年轻时流产过一次，之后一直没办法怀孕，因此和丈夫收养了孩子小光，案主的丈夫在生时，一直对服务对象照顾有加，孩子也比较听话，一家三口日子过得比较幸福。丈夫去世后，服务对象带着孩子与父母同住，父母在经济上和生活上都给到服务对象很大的支持，但近两年父母也相继去世，服务对象一下子失去了最重要的支持网络，现在只剩下妹妹会给到服务对象一些支持，但是两姐妹也因为父母遗产的事情存在一些矛盾。

服务对象的性格在一定程度上也受到原生家庭的影响，母亲一直很强势，服务对象在很小的时候已经承担照顾家庭照顾妹妹的责任，一有稍微做得不好的地方，就会遭受母亲的责骂和惩罚，一直到服务对象有了自己的小家庭后，服务对象才感觉到生活的幸福，而丈夫去世后，服务对象带着孩子再次与父母同住，母亲的权威仍然在，还是控制着服务对象，服务对象对母亲是既依赖，又恐惧。

小光虽然是服务对象收养的孩子，但是服务对象一直对小光很宠爱，但受原生家庭的影响，服务对象对小光是属于专制型的教养模式，希望操纵孩子的一切，对孩子的所有行为都加以监督和约束，但小光本身性格比较开朗活跃，有时比较调皮，因此服务对象现阶段与孩子存在较大的矛盾。

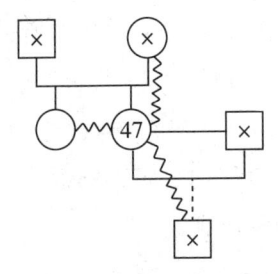

服务对象家庭关系图

（三）社会环境

服务对象在制衣厂工作，工作非常认真，技术也好。虽然已经做了十几年，但是由于性格比较内向，与工友保持着友好但比较疏离的关系。而工厂最近效益也不好，面临着倒闭，进一步加剧了服务对象的焦虑感。服务对象一直都是工厂和家两点一线的生活，没有其他社交，没有其他朋友，对外界的信息接收也欠缺，社会支持网络较为薄弱。

理论应用

从整体来说，本案例主要采取心理社会治疗模式进行介入，此模式认为个体的发展受到生理、心理和社会三个方面因素的影响，而这三个方面因素又相互作用、共同影响服务对象的成长过程。在案例当中，服务对象就是受到了更年期的生理因素、原生家庭影响和生活经验而造成的心理因素，以及现在所面临的困境所导致出现了一系列问题。而无论从资料的收集和分析，还是问题的诊断和治疗，此案例都是从个人与环境之间的关系着手，了解两者失去平衡的原因，并且找到建立新平衡的方法。在介入过程中，会以直接治疗和间接治疗相结合，一方面直接支持和影响到服务对象，另一方面通过改变服务对象身边的人和事，从而造就服务对象的改变。

另外，针对服务对象面对困境的无助感，社工以增能理论为指导，通过与服务对象共同探讨和实践，让服务对象有能力认识到自身的真实处境，引发她对形成这种境况的社会因素进行思考，寻找解决的途径，并且通过采取具体的行动来改善处境。

在接触中发现，服务对象很多问题都是由于非理性情绪和思维所造成的。ABC理论认为，A代表引发事件，指服务对象所遇到的当前发生的事件，B代表服务对象的信念系统，指服务对象对当前所遭遇事件的认识和评价。它既可以是理性的，也可以是非理性的。C代表引发事件之后出现的各种认知、情绪和行为，通常认为，C是由A直接导致的，但ABC理论认为，在AC之间还有一个B信念因素发挥着作用。而案例中服务对象的很多不良认知、情绪和行为，就是由非理性的B造成。

服务计划

（一）服务目标

1. 链接资源，提升服务对象个人能力，协助服务对象解决当前面临的问题；

2. 协助服务对象找到正确的管教方式，改善服务对象与孩子的亲子关系；

3. 协助服务对象调整心态，做好生活规划。

（二）服务程序

1. 与服务对象建立关系，了解服务对象当前问题的原因，提供和链接资源帮助服务对象解决；

2. 与服务对象沟通，与其共同探讨合适、良好的亲子沟通、管教模式；走进服务对象内心，与服务对象一起分析现阶段所存在的内外障碍；

3. 协助其打破非理性的信念系统，与其共同规划接下来的生活。

服务实施过程

（一）协助服务对象解决当前问题

服务对象是由孩子的心理咨询机构转介过来的，第一次面谈，服务对象与其妹妹阿娟（化名）一起过来，服务对象表现得比较焦虑和无助，大多时候都是妹妹阿娟在说。根据第一次面谈，社工整理出服务对象现在面临的主要问题有：

1. 小光在学校疑似受到不公平的对待，如被罚没有饭吃等，服务对象非常担心；

2. 服务对象面临工厂倒闭，没有收入来源的困境。

首先处理关于孩子小光在学校的问题。服务对象非常恐惧小光的班主任，班主任就是一个权威的存在，尽管怀疑自己的孩子受到不公对待，服务对象也不敢出声。社会工作者通过两次的面谈，以增能赋权的理念，让服务对象实现突破。第一层面是思想上，社会工作者让服务对象理解，孩子在学校如果破坏了规矩，是应该接受惩罚，但这种惩罚不应该是体罚，如饿肚子，孩子正在青春期发育阶段，规律饮食是非常重要的，如果班主任的确这样子做了，服务对象是有权利去阻止和投诉。第二层面是行动上，社会工作者与服务对象共同探讨处理步骤，第一步通过不同方式去收集证据，证明事情是否属实，第二步与班主任直接沟通，提出异议，表达清楚自己的立场，希望班主任改变惩罚方式，第三步如果在班主任层面没办法解决，可反映上一级部门。两个星期后，服务对象反馈问题已经解决，班主任虽然没有直接承认体罚，但是孩子小光很高兴地告诉服务对象，现在中午已经不会没有饭吃了。

第二关于服务对象的工作问题，社会工作者与服务对象分析，以服务对象现在的主观意愿和客观条件，可以寻找什么样的工作。社会工作者一方面收集招聘信息给到服务对象，另一方面鼓励服务对象自己去主动寻找，最终在社会工作者的推荐下，服务对象成功应聘了一家健身房的清洁工岗位。这个过程中，服务对象一开始是比较怯的，觉得自己没做过，担心做不来，也没有信心可以通过面试，一直希望社会工作者可以带自己过去洽谈。社会工作者鼓励服务对象，也是从思想和行为层面对案主赋能，最终服务对象成功应聘。

（二）走进服务对象内心，探索其内在障碍

经过前期的介入，社会工作者成功帮助服务对象解决了当前问题，服务对象对社会工作者已经非常信任。在接触的过程中，社会工作者发现服务对象自我设定的内在障碍非常多，而为了解决服务对象的根本问题，社会工作者采取心理社会治疗模式，首先探索服务对象的心理层面问题，协助服务对象进行心理动力反思。在第五次的面谈中，服务对象对社会工作者剖白了自己的成长经历以及接连经历亲人离开的心路历程。

服务对象在诉说的过程中，多次提到"这都是命""我的命就是这么苦"，可见服务对象有严重的宿命论倾向。在这次的面谈中，社会工作者主要让服务对象尽情倾诉，发泄负面情绪，给予充分的同理。而在接下来的两次面谈，社会工作者主要使用非反思性直接治疗技巧，通过支持、直接影响等方式，打破服务对象的非理性思维，澄清很多事情不是"命中注定"，而是"事在人为"，并以之前解决的两个问题为例子，让服务对象明白，自己可以拥有更好的生活。

（三）直接介入与间接介入相结合，帮助服务对象改善亲子关系

针对服务对象一直认为孩子小光调皮的问题，社会工作者利用间接介入的方式，与小光面谈和接触，发现其实小光并不是真的很调皮，更多时候是因为一直被压抑着，能量无处释放，而出现一些反叛行为。社会工作者邀请小光参加了很多社区活动，小光的表现都比较好，性格开朗，乐于助人。

社会工作者把所观察和评估反馈给服务对象，并指出服务对象在亲子教育方面存在的问题，因为溺爱，给予孩子太多，现在孩子处于青春期，需要更多的自由空间和活动机会，作为家长应该给予孩子更多的信任和鼓励，而不是一味地打压和限制。

在两个月的时间里，服务对象遇到关于亲子教育的问题都会主动地与社会工作者沟通，经过一件件事情的处理，服务对象明显有了意识上的提升，社会工作者也会与小光"聊天"，鼓励小光留意母亲的变化，引导小光去理解母亲的初心。

（四）展望未来，协助服务对象做好生活规划

经过前期的介入辅导，服务对象的状态已经好了很多，无论是意识和能力，都有了较大的提升。包括能够自己去解决与妹妹的问题，妥善地处理好父母遗产。后期社会工作者主要与服务对象探讨未来的生活规划。孩子小光准备读初中，社会工作者引导，不能只关注于成绩，在培养小光的生活能力和责任感方面更加重要，同时进入初中，教育经费会增加，建议服务对象申请爱青助学。

服务对象接受社会工作者的建议，也跟社会工作者分享自己的规划，包括工作上可能年纪大了，不适合再搞卫生，会再寻找一份制衣厂的工作，好好地干到退休，同时希望花更多的时间陪伴孩子，到了初中孩子青春期的特征会更加明显，母兼父职，自己也要提前做好准备。

成效评估

服务对象现在与孩子小光关系良好，小光也顺利毕业准备进入初中生活。服务对象已经换了一份制衣厂的工作，工作稳定，与妹妹的关系良好，能够互相支持。服务计划中所设定的三个目标均能达到。纵观整个案例，社会工作者一直都是从心理和行为两个方面对服务对象进行介入。心理层面，服务对象从无助、焦虑、绝望，慢慢变得平静、自然、自信，非理性的信念越来越少。在行为层面，服务对象以前由于强烈的宿命论，导致一直逃避问题，但心理认知改变后，服务对象愿意在行为上做出改变，社会工作者一直与服务对象探索合适的行动去改变现状，并且取得了成效，进一步强化服务对象自信心，心理和行为相辅相成，良性循环，最终让服务对象能够与现实环境维持平衡和谐的状态。

此案例是非常典型的社区妇女个案，在刚接触服务对象的时候，社会工作者其实已经预估到案主问题的根本原因，是个人的内在障碍太多，但社会工作者并没有一开始就急于去探索服务对象的内心，而是协助服务对象解决当前的困难，这就是策略上的考虑。诚然如果能够帮助服务对象排除内在障碍，服务对象面临的问题就能迎刃而解，但是我们要考虑的是，如果没办法与服务对象建立好专业关系，是没办法让服务对象敞开心扉的，而专业关系的建立不是靠社会工作者一两句话就做到，其需要有实际的行动，让服务对象感受到实际的效果，无论是心理上，还是实际生活的转变。而案例中，社会工作者在帮助服务对象解决了面临的两个问题后，开始深入介入，而不是直接解决亲子关系问题，也是根据评估，亲子关系的问题，必须从内而外地根本解决。这样的策略和规划，一方面要通过前期的预估分析，另一方面也要在实际的跟进过程中不断地察觉和调整。社会工作一个很重要的价值理念是相信人的能力和价值，而这种相信体现在具体的个案服务当中，就是要做到陪伴和尊重。在此案例中，从开始到结束，社会工作者都是一直陪伴着服务对象去处理每一个问题，同时也尊重案主做出的每一个选择。社会工作者是会鼓励服务对象自己去面对和处理问题，但前提是让服务对象知道社会工作者不是离开和抛弃，而是在服务对象后面作为最强大的后盾，这是陪伴；社会工作者是会给建议，但不是要求服务对象一定要按照这样的建议去行动，而是让服务对象看到更多选择的空间和可能后再做决定，这是尊重。一直地陪伴和无条件的尊重，会让服务对象越来越有信心地去面对和处理问题，实现助人自助。

第十章　新时代城市社区老年人服务的探索与实践

习近平总书记在党的二十大报告中指出,"实施积极应对人口老龄化国家战略,发展养老事业和养老产业,优化孤寡老人服务,推动实现全体老年人享有基本养老服务",为我们推动新时代养老服务高质量发展指明了方向、提供了根本遵循。养老服务关乎老年人及其家庭福祉,是民生保障体系最重要的内容之一。随着城镇化的推进,城市老年人在整个老龄人口中所占的比重日益提升。从养老方式来看,无论是"9073"模式还是"9064"模式,即90%的老年人居家养老、7%或6%的老年人社区养老、3%或4%的老年人机构养老,社区都是城市老年人养老的主要场所。发展城市社区养老服务是顺应社会发展的需求,也是促进社会和谐、家庭幸福和满足城市老龄群体养老要求的一种新型养老模式。城市社区养老服务工作不仅是政府的中心工作,还是全社会共同关注的热点和焦点话题。

一、新时代城市社区养老服务的探索与实践

(一) 养老相关概念

1. 人口老龄化

人口老龄化是指一个地区的老年人口占总人口比例增多的现象。随着老年人寿命延长,而新生人口增长速度不足、中青年人口数量减少等导致总人口数量较低且增长速度缓慢,而老年人口数量逐步增多,导致老年人口数量占比增长。目前对进入老龄化有两个判定标准,一个是60岁及以上老年人口数量占总人口比重超过10%,另一个是65岁及以上老年人口数量占总人口的比重超过7%。

人口老龄化是世界性难题，世界多数国家已经或正在进入老龄化社会。我国是世界上"老龄人口数量最多，老龄化速度最快，应对人口老龄化任务最重"①的国家，2020年第七次全国人口普查数据显示，我国60岁以上老年人已逾2.64亿、人口老龄化率达到18.7%，专家预计我国将在2030年左右进入"超老龄社会"、21世纪中叶达到峰值的4.87亿人和35%老龄化率。人口老龄化是人类文明进步的体现，但同时"对经济运行全领域、社会建设各环节、社会文化多方面乃至国家综合实力和国际竞争力，都具有深远影响"②，如何满足数量庞大的老年群众多方面需求、妥善解决人口老龄化带来的社会问题，事关国家发展全局，事关百姓福祉。

2. 积极老龄化

积极老龄化理论是世界卫生组织在2002年召开的第二届老龄大会上首次正式提出的，它是以老年人的积极参与为重心，不同于以往的健康老龄化，是当代老龄观念的一个重要发展，积极老龄化战略现已成为应对日益严重的老龄化的重要政策框架。

积极老龄化理论是在健康老龄化的基础上提出来的，健康老龄化认为老年人健康才是最重要的，但积极老龄化相比于健康老龄化拥有更加丰富和广泛的内涵。它包括健康、参与和保障三个维度，转变了传统老龄观念将老年人定义为衰老、无价值的错误观念，强调老年人是一个独立、有尊严、能够积极参与、有价值的个体。积极老龄化的核心是"健康、参与、保障"三者的有机整合。在这种养老理念下，不仅要提倡老年群体自然生命的健康，更要倡导社会生命的参与和精神生命的保障。从生命伦理学角度解读这一理论，其意义在于积极呼吁人们重视老年群体参与社会、经济、文化等活动的权利。近几年得益于医疗和生活条件的持续进步，人均寿命显著增加，在此背景下倡导积极老龄化理论，实施渐进式延迟法定退休年龄，延长人们参与社会的时间，是缓解养老危机的一项可行措施。

---

① 习近平. 推动老龄事业全面协调可持续发展[EB/OL]. 新华社，http://www.xinhuanet.com/politics/2016-05/28/c_1118948763.htm.

② 国家积极应对人口老龄化中长期规划[EB/OL]. 中国政府网，http://www.gov.cn/zhengce/2019-11/21/content_5454347.htm.

3. 家庭养老

在中国几千年的发展史上,家庭养老一直是最重要甚至可以说是唯一的养老模式。过去许多朝代的封建政权,虽然也不时有过对老人的优抚措施,但是这些都是典型的临时性的"作秀",从来没有形成过长期性的制度。无论是老人的经济供养还是生活照料,抑或是精神慰藉,都基本全部依靠家庭成员,所有养老资源都来自家庭。中华人民共和国成立后,随着社会保障制度和社会养老服务体系的逐渐建立和完善,政府和社会越来越多地为老年人的生活提供服务,同时,随着少子老龄化状况的愈益严重化,家庭的养老功能越来越弱化,也要求政府和社会为家庭提供养老方面的更多支持,而且事实上也是如此。但是,一个不可否认的事实是,包括老人在内的个人首先是家庭的一员,家庭是社会成员的首属群体。①

家庭养老是指老年人的经济供养、生活照顾和精神慰藉都是由家庭来满足的。"老有所养""养儿防老"是中国几千年传承下来的道德伦理规范,而家庭又是中国人情感的寄托。作为一种传统的养老方式,家庭从心理上和精神慰藉上满足了老年人的情感需要和安全感,从生活上和经济上父母和子女之间又相互依存、相互支撑。人到老年,恋家顾家的情绪更加饱满,随着生活能力的下降,更愿意居住在自己所熟悉的地方。统计资料显示,虽然老年人的养老场所多种多样,如养老院、护养院、老年公寓等。但家庭仍然是他们的第一选择,因为只有家庭才能给予他们认为的安心与舒适。

4. 机构养老

在人口老龄化日益加剧的今天,我国的养老方式仍以传统家庭养老、机构养老为主。机构养老指的是入住养老院、福利院以及老年公寓、托老所等机构进行养老。徐隽倬等选用中国老年社会追踪调查(CLASS)数据进行研究,发现选择机构养老的有369人,有效百分比为17.4%。进入深度老龄化的城市,传统家庭养老方式难以为继,推动养老机构健康发展成为一个必要的政策选项。

---

① 崔树义,杜婷婷. 居家、社区、机构养老一体化发展研究 [J]. 东岳论丛,2021,42 (11):36-44.

机构养老是指我国在改革开放过程中为适应人口老龄化的需要而形成的一种社会化养老形式。它是以社会制度为保障的养老方式，这种形式的养老方式有养老院、护养院、敬老院和老年公寓等类型。老年人生活在这些社会养老机构里面，享受着社会机构为他们提供的各种生活照料、文化娱乐、康复训练、医疗保障等服务。

5. 社区养老

社区养老是以政府为指导，非政府组织和其他机构为主要运作，在老年人所生活的社区成立养老服务中心，以家庭为核心、以社区为依托，以上门服务为主、托老所服务为辅，为社区老人提供日间照料、生活护理、家政服务、医疗卫生、精神慰藉等一种整合社会资源的养老模式。它把家庭养老和机构养老的最大优点结合在社区，是一种新型的养老方式。

6. 居家养老

居家养老一般是指社区和社会帮助家庭成员为居家老人提供生活护理、文化娱乐、精神慰藉、医疗保健等服务的社会化养老服务形式。根据《南昌市居家养老服务条例》相关内容："居家养老服务，是指以家庭为基础，以城乡社区为依托，由政府提供基本公共服务，企业、社会组织或者个人提供专业化服务，基层群众性自治组织和志愿者提供公益互助服务，满足居家老年人社会化服务需求的养老服务模式。"

居家养老特别强调社区护理在居家养老中的重要作用，家庭成员和社会力量是提供居家养老服务的主体。居家养老的特点是系统由"家庭养老平台"和智能终端组成，智能终端通过有线或无线终端与老年人的寻呼机相连。终端寻呼机可实现一键拨号功能，并提供紧急求助电话。

居家养老服务的场地设施不仅包括老年人自己或子女的家庭，还包括所生活的社区或者周边的公共活动中心、养老服务中心等，这种充分利用家庭或者社区现有资源为老年人提供居家养老服务的形式大大降低了养老服务的硬件投入成本。特别是社区居家养老服务中心通过设置灵活的养老床位，为有需求的老年人提供就近养老，为儿女探视带来便利，同时也契合老年人的心理，将居家养老和机构养老进行了有效融合，使得养老机构小型化、居家化，降低了机构成本。

7. 医养结合

医养结合是将现代医疗技术与养老服务进行有机结合，衔接起"养"与"医"，为"老有所养""老有所医"创造了条件，实现了"有病治病、无病疗养"的养老保障创新模式。简而言之，医养结合的养老模式主要对象是居家、社区、机构养老的老年人，在他们接受基本生活照料服务的基础上，也为他们提供医疗卫生方面的服务。

医养结合养老模式是我国应对老龄化的重要举措，与西方整合照料理念具有一致性。整合照料指各机构通过联合的方式将基本照料、社区照料和社会照料以被照料者为中心相统一，提供不间断、高质量的照料，实际上起源于以美国为代表的欧美发达国家针对老年公共服务中健康照料和社会照料割裂造成的高昂医疗成本与低质量护理问题而进行资源整合的实践。

我国将医养结合养老模式界定为医疗机构与养老机构之间的多方式结合，或医疗资源与养老机构、社区、家庭老年照护服务的相互融合、相互促进，是医养服务整合概念的体现，拓展了整合照料的理论和实践。

（二）新时代城市社区养老服务的意义与优势

城市社区养老服务是指老年人住在自己家庭或自己长期生活的社区里，在得到家人照顾的同时，由社区的相关组织承担养老工作或托老服务的养老方式。它由正规服务、社区志愿者及社会支持网络共同支撑，为有需要的老人提供帮助，使他们能在熟悉的社区环境中维持自己的生活。城市社区养老服务具有以下优点：

1. 城市社区养老服务成本低、效率高

社区养老保障依托社区内的人际关系网络，将社区内的资源聚集起来，充分利用社区资源对老年人进行照顾。这种方式不仅有利于社区内资源的开发，也有利于闲置资源的再利用。社区养老服务模式具有成本低、效益高、资源丰富、参与主体多元化、多种机制运行、形式多样、服务便利、意见反馈及时等特点。

2. 城市社区养老服务的功能较多

社区养老服务的功能主要有：（1）自助活动功能。老年人可以充分发挥自己的能力与兴趣，进行休闲、娱乐等方面的活动。（2）心理调适功能。为老年人之间进行组织活动、相互交流，提升老年人的社会参与程度。此外，社区还可以提供某些专门的心理咨询与情绪辅导服务，满足老年人个性化的心理调适需求。（3）学习咨询功能。社区为老年人提供不断学习和获取信息的渠道，提供老年人感兴趣的文体活动或生活技能的培训。此外，还可以为老年人寻找就医、福利、家政服务等社会信息。（4）医疗与照顾功能。社区为体弱多病的老人提供基本的医疗保障措施，在家庭成员不在的情况下，承担生活无法自理老人的日间照料工作。

3. 城市社区养老服务的针对性强

社区向老年人提供就近而便利的服务，减轻社会养老机构不足的问题，能有效地发挥和利用个人、家庭、社区和社会的力量和资源，使老年人的养老服务需求得到保障。通过以社区为单位开展的养老服务，可以较好地解决老年居民的实际问题。社区养老服务的对象相对单一和确定，能更好地了解到他们的真实需求[①]。老年人可通过社区日间照顾服务站、暂托所等服务机构和上门服务等形式获得就近方便的服务。通过服务人员的调查了解，可以有针对性地提供相关服务，更好地满足老年人的需求。

4. 有助于建设关怀性的社区

社区养老服务涉及社会生活的方方面面，是一项意义重大、影响深远、惠及众多老年人的社会系统工程。社区养老服务需要发挥成员的互助精神和友爱意识，通过共同的目标把他们紧紧地联系在一起，增强对社区的归属感和凝聚力。且这种互助合作的精神会感染社区的其他成员，进而有利于营造一个充满人文关怀的良好的社区氛围。

5. 城市社区养老符合我国国情

由于深受传统的家庭伦理观念的影响，我国老年人大多习惯于生活在原来的居住环境，而不愿离开自己的家庭和社区，到一个全新的环境中接受机构养老服务。社区养老服务模式符合我国老年人的日常生活习惯，可以让老

---

① 赵聪锐，周玉萍. 城市社区养老模式探讨——城市社区老年照顾有关问题分析[J]. 山西高等学校社会科学学报，2011，23（02）：44-46.

年人继续在自己的家庭中接受家庭和社区提供的生活照料、文化娱乐服务等多种养老服务,弥补家庭在提供养老服务过程中的缺陷和不足。社区养老服务符合中国人的传统,是我国养老服务的一种必然选择。

(三) 新时代城市社区养老服务的现状分析

1. 新时代城市社区养老的需求分析

人类需求是多层次的,根据马斯洛的需求层次理论,人的需求可分为生理需求、安全需求、归属与爱的需求、尊重的需求以及自我实现的需求。社区老年人同样存在以上几种需求。具体而言:

在经济层面,城市低收入老年群体和空巢、独居、失能、失智等特殊老年群体经济收入普遍偏低,由此造成生活质量低下,为改善生活条件这类老年群体对直接的经济援助和多种形式的养老服务优惠政策有着较强的需求。

在生活照料层面,随着家庭养老功能的削弱,城市老年群体基本都需要依靠来自家庭外部的养老服务来降低突发健康风险的损害,从而提高老年生活质量。这种层面的需求主要包括起居照料、出行陪伴、代买物品、打扫助洁等服务内容。

在医疗保健层面,由于中国居民的经济状况日渐好转,人们越发注重身体素质的健康状态,因此对社区问诊、定期体检、医疗保健等医疗服务需求较为迫切。此外,中国很多患轻微慢性疾病的老人不希望长时间居住在医院中,对居家医疗、长期护理等服务的需求也逐渐上升。

精神层面主要包括文化娱乐、心理关怀、临终关怀等需求以及继续参与社会、权利保障等自我实现需求。近几年,文化养老逐渐被大众关注,在进入新时期后城镇居民的文化需求表现出多样化和个性化特征,对兴办象棋、舞蹈、摄影、书法等老年兴趣特长班、老年大学、老年图书馆等养老服务内容的呼声越来越响亮。

临终关怀服务的需求也日益增加,即在临终阶段,给予患者及其家属在医学、心理等方面的援助,帮助患者较为体面地走完人生最后一段路程,并且随着城镇居民文化程度的逐步上升,民众的生死观念逐渐转变,从耗尽资产靠医疗手段艰难维持低质量的晚年生活的传统观念到如今人们更愿意尊重自然生命，在选择医疗照护的同时更加注重高质量的临终生活。

2. 新时代城市社区养老的供给分析

城市社区养老服务的供给主体主要由政府、市场、社区、非营利组织以及家庭五部分组成。五大主体在社区居家养老服务供给中各司其职又紧密相连。政府是社区居家养老服务的主导者、养老服务的购买者，社区是养老服务供给平台的搭建者、老年人与政府之间的纽带，市场和非营利组织是养老服务的提供者，家庭是老年人的情感支撑与后盾[1]。

（1）政府资源供给

政府是政策法规的主导者、监管机制的构建者、社会资源的调配者。首先，政府利用其下设机构为老年人直接提供养老服务。其次，政府运用资金、政策及监管机制等形式间接参与服务供给。总体而言，在我国的养老服务供给体系中，政府角色极为重要，是当之无愧的主导者。政府应明确自身职责，构建出公平、稳定的养老服务供给体系。

（2）市场资源供给

市场是一块试金石，它具备公平的优胜劣汰功能，因此在养老服务供给主体中它最灵活。市场能实现资源的优化配置，使得资源依据市场的规则、价格和竞争实现效益与效率的最大化。让老年人享受到更加高效、多样、个性化的服务，满足不同类别老年人的需求。

（3）社区资源供给

社区处于政府与老年人之间，通过养老服务成为两者之间的桥梁。社区内蕴含丰富资源，人们生活所需的基本生活设施和服务都在这里。社区作为服务平台，以其整合资源的能力满足老年人的养老需求。非营利组织，是一种带有公益性质的组织，为他人提供服务的团体。它具有非营利性、民间性、自治性、志愿性等特征。非营利组织可以在社区居家养老服务体系中填补政府、市场的供给不足。

---

[1] 肖艳丽. 福利多元主义视角下南昌市社区居家养老服务供给问题研究[D]. 江西财经大学, 2022.

(4) 非营利组织资源供给

非营利组织，是一种带有公益性质的组织，为他人提供服务的团体。它具有非营利性、民间性、自治性、志愿性等特征。非营利组织可以在社区居家养老服务体系中填补政府、市场的供给不足。

(5) 家庭资源供给

家庭在我国的社区养老服务供给体系中占据最基础的地位，因为在我国赡养老人是子女尽孝的基本表现。随着经济的发展、生活观念的变化等原因，家庭在养老功能方面的作用、方式也随之发生了变化。

3. 新时代城市社区养老的服务模式分析

城市社区养老模式是结合社区相关服务机构、志愿者、社会支持网络等元素为生活在社区里的老年群体给予一定的服务，主要包括两种形式：一是以老人居家养老为支撑，动用社区资源给予老年群体生活照料等上门服务，二是在社区设立专门的服务机构（如养老服务驿站）为生活无法自理的老年人通过开设日托服务、上门服务等提供生活互助、医疗护理等多种服务。这种模式融合了家庭伦理和社会公德，落实了服务对象以及服务内容的多元化。

(1) 机构养老模式

机构养老模式主要针对无法在家养老的失能、半失能老人或者缺乏自我护理能力老年群体的一种长托型养老，能够提供物质、精神等全方位、精细化服务的养老服务组织。随着投资主体多元化的落实，除了政府全额拨款的公办养老机构，由企业、个人以及民间组织等主体参与投资的民办、公建民营、民办公助、政府购买等类型的养老机构不断兴起。

机构养老模式虽然进步颇多，但仍存在短板需要弥补。首先，供不应求与利用率低的问题尚未解决。国际通行标准指出每千人拥有床位数50张，而中国2019年才刚刚接近30张，表明中国在养老机构床位的供给上存在严重缺口，面临着供不应求的局面。同时，由于传统模式通常忽略老人休闲娱乐、临终关怀、精神慰藉等高层次的需求，导致中高等收入的老年群体不愿意入住。其次，养老机构间资源分配不公。部分地方政府在担任政策制定者的同时又充当养老服务业的管理者，在这种制度框架下，部分公办养老机构的前期资金由政府承担，并在往后的经营过程中给予多项补贴，在监管方面也比较宽松。相比而言，一些社会资本参与兴办的民办养老机构则因为自负盈亏、融资困难面临着更为严峻的形势。

(2)"嵌入式"养老服务模式

"嵌入式"养老模式是以社区为载体，以资源嵌入、功能嵌入和多元的运作方式嵌入为理念，通过竞争机制在社区内嵌入一个市场化运营的养老方式，整合周边养老服务资源，为老年人就近养老提供专业化、个性化服务。"嵌入式"养老模式下的养护中心一般设立于社区，拥有良好的地缘优势，可以采用多种运营模式，如政府托底购买服务、社区完善服务功能等，通过日托、助餐等方式，辐射到社区有需要的老年人群体，满足老年人就近养老的需求。"嵌入式"养老模式致力于营造出"养老不离家"的新模式，其突出优势在于其规模小、灵活性高、对位置要求低、易布点且对社区日常生活影响弱；资金需求小，管理相对简单，运营要求较低，在推广方面可复制性强。"嵌入式"养老服务克服了传统家庭养老、社区居家养老和机构养老的劣势，是我国养老服务供给的重要形式。

(3)政府购买服务模式

政府购买服务是指政府将由自身承担、为社会提供养老服务的事项，交给有资质的社会组织或街道、社区来完成，并建立定期提供服务产品的合约，由该社会组织提供公共服务产品，政府按照一定的标准评估履约情况来支付服务费用。目前政府购买服务的方式主要有：第一类是政府补贴资金直接拨付给社区居家养老服务机构，由其向享受政府购买服务政策的老人提供特定时间和特定服务的服务；第二类是采用养老代币券、服务券的形式，由老人根据自己的需求，到中心或特定机构自主选择服务时间和服务内容。在社区养老服务中建立政府购买服务制度，既是巩固居家养老基础性地位的一种行之有效的做法，也是推动居家养老服务制度化发展的创新，值得推广和普及。

(4)公租房社区的养老模式

兴办公租房社区托老所（"老人之家"或"老龄中心"）。托老所与老年公寓的服务对象不同；服务内容多样，更具灵活性；托老所体现以亲情为主的经营理念；托老所在经营体制上较敬老院灵活；能更好地与家庭养老相结合。综合比较而言，托老所较其他养老机构而言更具优势，成为家庭养老的一个有利补充。公租房社区托老所有利于充分利用社区闲置的资源，可由社区闲置场所改造而成，可以节约政府大量投资，而且可以为社区居民提供一些就业岗位，调动社区的闲置资源。

（5）"互助型"养老模式

互助养老是指居民互相帮扶和慰藉，满足老年人的养老需求。社区建立联系制度，帮助社区内空巢老人结对子，采取"一帮一"或"一帮多"的互助模式。以社区为依托，将生活在社区内、具有专业特长、热心公益活动的健康老人组织起来成立老年互助社，老人们可以在家庭、社区和养老机构等多种场合实现各种形式的互助。互助养老具有灵活性、多样性、自愿性、自治性等特征，满足了老年人对家庭、朋友和社区邻里的依恋，高效利用和发挥了家庭和社区的养老功能。互助型养老模式是积极老龄化的重要表现，是老年人参与社会的重要途径。在我国养老资源严重不足的情况下，互助型养老通过以老帮老、以老养老，为创新养老模式、打造多元化养老格局奠定基础。

4. 当前城市社区养老服务的现状

（1）政府高度重视城市社区养老服务

随着老龄化进程的加剧，政府高度重视城市社区养老服务，出台了系列相关的政策。2013年60岁以上的人口首超2亿，自此成为发布养老服务政策的关键节点。以《关于加快发展养老服务的若干意见》为新起点，国务院、发改委、民政部等多部委频繁出台养老服务相关政策，在政策类型方面涉及居家、社区、机构、医养结合、智慧养老等多个层面。如2016年7月，民政部、财政部印发的《关于中央财政支持开展居家和社区养老服务改革试点工作的通知》提出，"通过政府扶持、社会力量运营、市场化运作，全面提升居家和社区养老综合服务能力""巩固居家和社区养老服务在养老服务体系中的基础地位"；同年12月，《国务院办公厅关于全面放开养老服务市场提升养老服务质量的若干意见》明确提出，"将养老资源向居家社区服务倾斜"。自此，我国城市社区养老服务快速发展，社区日间照料中心、社区养老服务站等设施如雨后春笋般涌现。2017年国家市场监督管理总局、国家标准委发布了《养老机构服务质量基本规范》、2018年民政部联合其他部门发布了《关于开展第二批智慧健康养老应用试点示范的通知》、2019年国务院颁布了《关于推进养老服务发展的意见》、2020年民政部颁布了新版的《养老机构管理办法》、2022年二十大报告中明确提出了要推动实现全体老年人享有基本养老服务。在2013—2022年陆续出台的养老服务宏观政策，主要涉及放宽养老服务准入门槛的公告、健康养老的发展规划、规范机构养老服务管理办法等内容。

养老服务宏观政策的不断调整体现了养老服务理念的不断转变。在国务院、发改委、民政部等多部委持续出台的养老服务政策的指引下，养老服务体系表现出全方位、多层次态势。养老服务供给主体也由"一元"扩充到"多元"，在"救济"型的模式下，政府和家庭承载了绝大多数的养老负担，随着养老需求的持续升级，民政部、商务部等多部门出台政策放宽了养老服务准入门槛，吸引了更多社会资金融入服务供给行列，逐步形成了"政府—市场—社会—家庭"的多元供给模式，各主体各司其职，协同共建，促进了养老服务的高质量转型。十八大以来，全面放开了养老服务市场，推动了养老服务体系的系统化发展，逐步形成了以居家养老为基础、社区服务为依托、机构养老为补充的基础养老服务模式以及以医养结合、智慧养老为主的新型养老模式。[①]

（2）社区养老服务体系初具规模

截至2022年9月，全国城市和农村社区综合服务设施覆盖率已分别达到100%和79.5%。截至目前，已有1420万老年人纳入城乡低保，371.7万老年人纳入特困供养，实现了应保尽保、应养尽养[②]。养老服务业得到了快速发展，社区养老服务体系也初具雏形，城市社区养老服务业将融合居家养老、社区机构养老成为未来发展的趋势。居家养老是目前最普遍的养老方式，国家充分发挥家庭养老的基础性作用，满足大多数老年人在家养老的需求，发挥社区和机构养老的补充性作用，高度整合现有资源，多主体配合为老人居家养老提供帮助与服务，提升养老服务业队伍的专业性，为老年人提供更为优质的服务，发挥智能化在养老服务中的作用。

---

① 曾诗鸿，王成秀，钟震. 中国城市养老服务体系的宏观政策与服务质量分析：文献综述[J]. 宏观质量研究，2022，10（06）：30-42.

② 任珊. 全国城市社区综合服务设施覆盖率已达100%[N]. 北京日报，2022-09-09（005）.

(3) 社区可利用资源较多

养老资源不仅包括经济供养、生活照料、医疗保健、精神慰藉、临终关怀等老年生活中需要运用消费的各种资源，还包括养老事业开办必须考虑和依托的生活居住条件、经济社会环境、伦理文化环境、制度法律环境等。[①] 社区养老服务以社区为依托，社区的自然环境、物质资源、人力资源、政治资源、文化资源、社会资源、经济事业等既是可资利用的基础资源，又是必须考虑的环境，具有支撑与制约等双重影响。

每个社区都有各自的卫生服务站，并将其与社区养老服务紧密结合，为社区养老提供较多的医疗资源；并且通过建立康复、护理养老等医养结合机构，拓宽医疗设施的覆盖面，助推医养结合养老模式发展，使得老年人能够享受高端的养老服务与医疗服务水平。

（四）新时代城市社区养老服务存在的问题

近年来，我国城市社区养老服务发展迅速，政府层面支持力度不断增加，取得了一定成效。但是对照十九大工作报告中提出的"积极应对人口老龄化，构建养老、孝老、敬老政策体系和社会环境，推进医养结合，加快老龄事业和产业发展""健全老年人关爱服务体系"等新要求，依然存在一定的问题。

1. 政策方面

（1）地方城市社区养老的政策支持不足

养老服务事业的发展，需要政府、市场、社会各相关行为主体的共同参与，在家庭养老功能逐渐弱化的时候，需要政府部门加强引导，促进社会、家庭、居家养老机构等各主体间多元互补、互动合作，借此来解决养老服务供给不足的问题。虽然当前国家非常重视城市社区养老服务发展，但是落实到地方，地方政府政策支持的力度存在不足。

我国目前社区养老的资金来源主要有四个方面的途径：第一，政府财政拨款和补贴。财政拨款和财政补贴是我国社区养老基金的主要来源。第二，福利彩票。福利彩票筹集的福利资金主要用于"助老、助残、救孤、扶贫"

[①] 柴效武. 养老资源探析 [J]. 人口学刊，2005（02）：26-29.

等社会福利事业。这里所说的社会福利事业，自然包括养老服务事业。这些资金的投入为社区养老服务的发展奠定了良好的经济基础。从未来发展趋势来看，福利彩票公益金仍将是社区养老发展中非常重要的资金来源。第三，社会慈善捐款。慈善捐赠也是社区服务的重要来源。2006年3月，民政部门出台了慈善捐赠税优惠政策。事业单位、社会团体和个人在缴纳企业所得税和个人所得税前，可以扣除对慈善、募捐等非营利组织的公益性、救助性捐赠。外国捐赠者可以免税。直接进口关税和进口条款增加了对扶贫和慈善资源的税收，调动更多企业的积极性，社会组织和个人向慈善机构的捐赠将进一步推动社会捐赠事业的发展，拓宽社区捐赠来源，实现多元化融资。

尽管如此，地方用于支持养老服务体系建设的财政资金，还主要是上级财政拨款和福利彩票公益金，资金总量较少。养老服务项目融资方式不多，社会资本投入居家养老服务的不多，政府部门出台的文件多有局限性，大部分居家养老服务机构除了传统的银行贷款和民间借贷外，少有其他融资途径。对于多数民办社区居家养老服务机构而言，由于没有符合条件的抵押物，无法进行抵押贷款；因养老项目投资利润低、回收速度慢、周期长，运营现金流也难以达到银行贷款要求。在这种情况下，社会及其他主体参与养老服务的意愿不强烈。

（2）地方城市社区养老标准规范不全

根据《民政部 国家标准委关于印发〈养老服务标准体系建设指南〉的通知》，结合我国养老服务发展现状与趋势，从老年人自理能力、养老服务形式、服务、管理四个维度，确定养老服务标准体系因素，并制成养老服务标准体系构成因素图。国家层面已经明确了社区老年人日间照料中心服务基本要求、社区居家养老服务基本规范、社区老年人日间照料中心设施设备配置三个标准。但地方对于国家明确的养老服务标准规范的细化较少，结合本地实际情况出台的操作细致不多，对于标准实施情况监督不严。标准制定由市场监管部门审批，而养老服务标准多数由民政部门或者养老服务机构制定，关于养老的标准在评审时，有关专家并不专业，这种现象十分常见，做养老的人实际上更懂得养老标准，但是在评审时专家的要求却不相同。标准制定、评审、出台、实施都需要专业力量参与，由于经费限制，关于养老服务标准尚不齐全，很多重要的标准没有细化很难落细落实。

2. 设施建设方面

（1）从规模和数量上看，养老服务机构不能满足老年人日益增长的需求

养老服务的社会化和专业化程度不够。此外，随着老龄化进程中老年人数量的增加，现有的服务机构面临着越来越大的压力。需要建立更多的高级服务。在目前的养老院组织中，全国性的养老院和集体性的养老院比较多，而民间的养老院组织却很少。

（2）地方城市社区场地建设不足

根据相关养老服务体系建设文件，"按照人均用地不少于0.1平方米的标准，分区分级规划设置养老服务设施，新建居住（小）区按规划建筑面积的1‰比例确定养老服务设施面积（最低不少于200平方米），中心城区、人口密集区域可根据条件适当调高比例。""新建居住小区新建住宅和老城区连片改造居民区、棚户区项目应分别按照每百户不少于20平方米和15平方米建筑面积配建社区居家养老服务设施，且单处用房面积不得少于150平方米。"但真正能严格按照相关标准建设养老服务场地的很少。部分新建小区将小区内分散的边角料作为养老服务设施，导致根本无法使用，居家养老服务用房面积不够、不佳的现象十分突出。[①]

3. 服务提供方面

（1）社区养老服务覆盖范围较小

近年来，地方街道和社区通过资源整合、互助等方式，为社区服务创造了一些硬件设施，但不平衡，运行缺陷相对较低，许多社区在环境保护和卫生方面还没有达到标准。此外，由于房屋面积小，很多服务站通常都是小而多样化的。功能比较简单，服务覆盖范围太窄。

此外，地方城市社区养老机构在统一中收费标准不高，差别较大，"住不起"的现象时有发生。政府很难支付这笔资金，一部分要解决老年人的困难，一部分要为老年人提供优抚服务。

（2）服务内容单一

---

① 张哲. 南昌市城市居家和社区养老服务研究［D］. 南昌大学，2022.

根据马斯洛需求理论，人的需求分七个层次，要完善社区居家养老服务体系需要根据老年人的这七种需求提供多元化的服务。由于居家养老服务发展起步较晚，再加上服务机构的盈利微薄，导致在供给上存在不足，社区提供的服务主要是居家护理、日常生活护理、医疗服务等，据了解，其中大部分是社区自我管理能力较低的老年人。事实上，许多"空巢老人"无法满足他们的精神需求。城市社区养老服务内容单一、服务质量较低，给老年人提供的服务大多是集中用餐服务，对于日间照料、医疗护理、精神慰藉等服务较少。很多社区居家养老机构仅仅提供简单的活动场地却没有组织开展相应的活动，不能满足老年人多元化、品质化养老服务需求。

4. 服务人才队伍方面

（1）养老服务人才供不应求

我国老年人的健康状况不容乐观，75%以上的老年人都至少患有一种慢性疾病。受家庭结构及老年人身体状况的影响，老年人对养老服务的需求度较高。按照《民办养老机构管理办法》中的标准计算，对应失能及半失能老人需求（比例为1∶3），我国需要约1300万名养老服务人员；对应空巢老人需求（比例为1∶10），我国需要约1200万名养老服务人员，养老服务人才需求量巨大。从社会发展的角度来看，我国存在巨大的养老服务人才需求缺口，且当前的养老服务人才培养明显不能满足社会需求。

我国专业的养老人才应主要依靠职业教育来培养，但目前我国职业教育培养的养老服务专业人才有限，远不能满足庞大的需求。截至2021年，全国中高职养老专业点约1900个，每年输出养老服务相关人才仅5000人左右。当前，我国的养老服务人才缺口已达1100万~1200万，但从数量上来看，由于我国老年人的失能率、空巢率、患病率较高，养老服务人才需求量远远超过社会实际数量，专业养老服务人才在数量上存在巨大的缺口。

（2）养老服务人才队伍专业化程度不高

老龄化时代不仅在对养老服务人才数量提出要求的同时，也对人才质量提出了新要求。在"银发浪潮"之下，健康养老成为老年人的普遍诉求，老龄化时代的养老诉求涉及医疗、康养、娱乐等多个方面。要满足高层次、多样化的养老服务需求，必须有高质量的养老服务人才队伍予以支撑，但我国目前的养老服务人才质量难以达到满足健康养老需求的实际标准。据统计，我国当前持证养老护理人员约 20 万人，通过民政部鉴定的护理员不足 5 万人，其中，40 岁以上的占比约 50%，高中以下学历的约占七成。由此可见，在我国养老服务行业中，学历在高中以下的从业人员占大多数，人才队伍中专业人才的比重偏低，且近半从业人员已达中年，养老服务队伍的整体素质偏低，难以满足老龄化社会的高质量养老服务需求，高层次、高质量的养老服务人才"一人难求"。

除此之外，我国社区养老服务人员普遍存在专业化程度低、管理混乱及人员短缺等问题。从事服务的人员大多数是下岗或外来人员，缺乏专业的服务知识和技能，只能做一些简单的家政服务和护理，难以适应社区养老服务的需求。同时，由于养老服务特别是老人护理具有脏、累、责任重等特点，很多人不愿参与，也成为社区养老服务发展的制约因素。社区志愿者队伍建设仍处在起步阶段，志愿者流动性大，接受专业化培训的机会少。社区管理人员配置不完善，缺乏工作经验，专业化程度较低。养老服务队伍整体素质无法满足实际需要，这在一定程度上限制了居家养老服务的开展。

（五）影响新时代城市社区养老服务问题的因素分析

1. 受传统观念束缚，缺乏舆论宣传

受传统"养儿防老"观念的影响，许多老年人及其家人都认为家庭养老是首选，不愿意去养老院养老，对社区养老也不接受。老年人对社区养老模式的了解程度不高，大部分老年人对社区养老概念比较模糊，相关管理部门对社区型养老服务机构的建设不到位，仅关注人力、财力、物力投入的问题，对社区养老型服务工作的宣传方面工作做得还不到位。许多人对我国严峻的人口老龄化形势认识还不够，对社区养老服务工作开展的重要意义认识还不到位。

2. 政府部门问题认识不到位

部分城市社区缺乏对养老工作的重视，同时由于经验管理不足，所以没有对社区养老的发展进行准确定位，也没有意识到社区养老在解决老龄化危机中发挥着重要作用。甚至许多城市社区认为老年人的养老服务主要是老年人子女的责任，敬老爱老的观念只存在书面层次，没有到行动层面。就我国目前的情况来看，并没有出台明确的关于社区养老服务的法律法规来保障社区养老服务机构的发展。在社区养老服务工作推行中，有很多工作是管理部门通过行政强制手段来要求社区提供社区养老服务，由于缺乏一定的技术指导以及法律法规的规范就容易导致社区养老服务工作的随意性，大多数负责人都只是做做表面功夫、应付了事。社区养老服务管理机构权责不分，街道、社区的责任被无限放大，管理老年人只是其中的一项工作，街道、社区管理者无法抽出更多的时间和精力来做好社区的养老工作。

3. 养老从业人员人数少、社会认可度低、社会激励不足

首先，社区养老机构数量减少，当前社区养老服务机构大多是民间自发组成的公益机构。这些公益机构以社工作为主体而形成，机构的资金有限，能覆盖的人群较少。机构的数量少，无法为社区老年人提供更多、更全面的养老服务。其次，社区养老服务从业人员社会认可度低，劳动报酬也相对较低。从事养老服务工作被大多数人认为是不太光彩的工作，一般年轻人都不愿意从事这份工作，这也进一步导致社区养老服务的专业化和持续性发展。

（六）完善新时代城市社区养老服务的对策

1. 规划指导，制订社区养老服务总体规划

各地城市应该制订社区养老服务总体规划。按照"以人为本、可持续发展"的原则，根据社区养老服务的内容，制订社区养老服务的长期、中期和短期发展规划。规划应当有社区居民特别是老年人的参与，能够反映和满足社区主要利益相关者的利益。

为了适应未来社区养老服务的发展，各地政府必须制定和完善社区养老服务的专门法律法规，并以法律的形式确定各利益相关者之间的关系，使社区养老服务步入规范化管理轨道。将社区养老纳入当地城市经济发展体系，规划的制订和实施纳入政府目标考核体系。制订市政建设规划，特别是新建住宅区和旧住宅区改造时，要将社区养老服务设施纳入规划。规划应具有战略性、普遍性和可操作性。为满足"三不"和困难老人托养服务需求，将所有老年人纳入社区托老所服务体系覆盖范围，推动托养服务向全民化方向

发展。

2. 资金支持，加大政府财政拨款力度

政府向社区养老服务的转变，这并不意味着政府对社会的责任减少了。财政支持是政府责任的重要方面。在社区管理成熟的发达国家，政府具有强烈的社会责任感。政府应使资金提供和购买服务多样化；社会中介组织也可以获得补贴；还提供福利。生活困难的老人需要政府补贴才能购买服务。例如，实施"政府购买服务帮助老年人退休"项目。政府应建立有效的养老基金筹集和运行机制。目前，各级政府尚未制定社区养老服务的公共财政政策。过去，政府建立了以社区和养老机构为基础的养老服务体系。政府应加强资金统筹协调，建立多元福利养老基金供给机制。公益性和市场化运作。

3. 政策扶持，构建社区养老服务政策框架

第一，优惠政策。落实优惠政策，整合社会资源，提高服务质量。落实消除转移浪费优惠政策，加强市场运行监管，保护老年人合法权益，监督社会养老服务机构租金、贷款、税收等政策领域优惠政策的落实。吸引更多社会力量和民间资本参与社区养老，为社区养老服务机构健康发展创造良好环境。

第二，税收优惠。除了少数公益性机构提供免费服务外，社区养老服务主要依靠一些个人和机构提供有偿服务。然而，这些服务必须是低成本的。为了调动服务提供者的积极性，不增加居民和社区组织的经济负担，政府必须实施税收优惠政策。

第三，购买服务。也就是说，政府与非营利组织或者其他政府部门签订合同，界定政府提供服务的种类和质量，向受托人支付购买全部或者部分公共服务的费用，间接提供各种公共服务。社区养老服务可以在一定的政策指导和法律规范下，由街道政府购买服务来完成。

4. 协调管理，提高社区养老服务水平

社区养老服务的总体目标是建立和完善政府主导的社区养老服务模式。通过政府的直接和间接参与，各利益相关者的协调和管理，社区养老服务质量和水平不断提高。

通过协调管理，形成社区养老服务。充分发挥民政部门的主体作用，卫

生、民政部门要相互沟通，老年人康复保健服务与社区卫生服务资源相结合。社会保障处负责对社区的管理和服务。文体处组织社区老年人丰富的文化生活，开展健身活动。财政部门必须给予财政和政策支持。社会服务设施和公共娱乐场所要向社区老年人开放。

通过协调管理，实现社区养老服务的资源共享。参与社区为老服务的各职能部门和利益主体要破除狭隘的利益观念和本位主义，树立老龄工作一盘棋的思想，通力合作，实现资源共享。保证社区老龄工作管到位、管得好。

5. 大力培养，社区养老服务从业人员的专业化

社区养老服务的开展离不开一支高素质的服务队伍。应逐步提高服务队伍的专业化水平，制定岗位专业标准和操作规范，对养老服务人员实行职业资格和技术等级管理认证制度。加强对养老服务人员进行专业教育、在职教育和岗位技能培训，不断提高其职业道德和业务水平。社会工作者拥有专业的助人自助理念服务于困难群体，拥有更加专业的知识和技巧介入社区居家养老，是对该模式的补充和完善，可以转变传统的服务方式。有利于社区养老工作的顺利开展。社工通过了解居民的养老需求，向政府相关部门和社区的管理者提议制定促进居家养老服务发展的建议，并促使政策的完善和实施。

6. 规范建设，促进社区养老服务管理的规范化

目前我国养老服务体系建设刚刚起步，相关的保障制度还有待完善，各类服务管理规范和标准也尚待统一。服务标准化是提高服务效率、节省成本、实现可持续性发展的重要保障。养老服务标准化包括服务对象的确定、服务的内容和方式、申办程序、服务绩效评价等的标准化运作，保障养老服务的规范性。社区养老是一个服务需求多样化、服务主体多元化的领域，需要有完善的评估监督机制才能保障其正常运行。建立规范便于制度的实施、评估和考核。应鼓励社会力量介入社区养老服务评估。保证评估监督主体的客观公正，促进社区养老服务向规范化、健康有序的方向发展。

（七）新时代城市社区"体—医—养"融合服务模式实践

伴随着我国快速老龄化、高龄化、病残化、失能化，老年人照护服务需求持续上升。据第四次中国城乡老年人生活状况抽样调查数据显示，上门看

病、上门做家务和康复护理已成为城乡老年人最需要的居家养老服务项目。党的十九大报告明确指出，要"积极应对人口老龄化，构建养老、孝老、敬老政策体系和社会环境，推动医养结合，加快老龄事业和产业发展"，十九届五中全会提出"实施积极应对人口老龄化国家战略"，如何缓解养老压力，提升养老品质，已成为紧要的社会议题。为积极应对老龄化，政府在养老方面陆续推出"医养结合"和"体医融合"等国家战略。2016年8月，习近平总书记在全国卫生与健康大会上强调："重视重点人群健康，为老年人提供连续的健康管理和医疗服务。"同年10月，《"健康中国2030"规划纲要》指出"推动形成'体医融合'的疾病管理与健康服务模式"，并针对老龄化提出，"推动'医养结合'，加强老年群体健康服务"。在国家养老相关政策大力推动下，国内关于"医养结合"和"体医结合"的研究逐渐白热化，顺应新时代养老业的发展。

1. "医养结合"的社区养老

"医养结合"是指医疗与养老之间多元化组合，抑或医疗与养老、社区、家庭等主体有机融合。以"医养结合"为基础形成了四类养老模式："医内设养"模式、"养内设医"模式、"医养联合"模式以及"社区居家"模式。

"医内设养"是指在医疗机构中设置养老区域，为慢性疾病及术后康复老年群体提供服务；"养内设医"是指在养老机构中设立医疗单元，签约就近医疗人员进驻养老机构；"医养联合"是指由医院和养老机构合作，将患有慢性病及有康复需求的老人转至养老机构，如果病情有变则可以通过快速通道转至医院诊疗；"社区居家"是指基层医疗机构、居委会和老年人三方签订合约，借助基层医疗体系提供上门诊疗以及转诊服务。

2. "体医融合"的社区养老

随着"健康中国"和"全民健身"国家战略的提出，《"健康中国2030年"规划纲要》中讨论要构建体医结合的疾病管理和非医疗健康服务模式，加强体医融合和非医疗健康干预等内容，提出不再以伤病为中心而应以人民健康为中心。"体医融合"是指"促使机体恢复、保持、促进的体育与医疗协同模式"。"体医融合"模式能有效缓解呼吸性疾病，提高优质医疗资源的利用效率，降低医疗开支；"体医融合"模式能有效降低老年群体罹患疾病的风险等级；"体医融合"模式能有效延缓老年人衰老，提升幸福感。还有部分学者，通过构建"医院模式""俱乐部模式""社区模式等"不同"体医融合"模式，实现老年群体的健康促进。

社区"体医养"结合服务体系的构建是在养老政策的保障驱动下，政府主导，以社区为依托，家庭、社区养老服务机构、社区体育服务机构、社区卫生服务机构等"体""医""养"服务主体通过选择合适的融合方式，通过多个部门之间、不同主体之间、同类主体不同层级组织之间的协作，实现"体""医""养"资源全方位的整合。同时，充分调动社会有生力量（企业公益、非营利组织、志愿者组织等）积极参与社区养老服务建设。这一体系框架要求政府、社区相关服务机构、家庭、社会对自身责任和分工有明确且清晰的界定和认识，各主体之间需要联动和互补。

3. 社区"体—医—养"融合的养老服务内容

（1）老年人预防保健服务

从预防保健、疾病诊疗再到康复护理，每个环节的服务都会或大或小影响老年人的养老质量，而老年人的身体和心理素质相对较弱，从病理源头抓起，预防保健工作亟待推进。社区机构可通过一些简单的方式，指导引领老年人树立健康的生活理念。同时，对身心抱恙的老年人提供健康干预服务。首先，通过早期的检查和诊疗，及时防止疾病的产生以及恶化；其次，定期安排心理专业人员对老年人进行心理疏导和心理抚慰，防止或减少老年人心理疾病的产生；最后，社区机构组织和引导老年人开展日常适宜的运动健身，在提高身体素质的同时，帮助老年人舒缓情绪。

（2）老年人疾病诊疗服务

老年人群是病发率较高的群体之一，疾病诊疗的效果与效率直接影响着老年人的养老质量。社区卫生服务中心作为社区老年人的"健康管家"，管理着社区老年人的健康服务信息，包括就诊记录、身体状况等。同时，通过社区卫生服务中心的信息服务和就医指导，患病老人可以根据就诊需求在社区其他医疗机构之间转诊，构建一个就诊高效率、高效果的诊疗模式。

(3) 老年人体育活动

体育活动服务不仅指简单的体育健身运动，还应包括各类文体活动，适宜的健身运动和文体活动可以强身健体、增添老年人的生活乐趣。同时，在老年人进入高龄前，适宜、延续性的体育活动可以减缓老年人各项身体机能衰弱速度，起到预防保健作用，一定程度上达到"治未病"的效果，也充分体现出体育活动的必要性。除了最基本的运动健身服务外，还应有各类适合老年群体的小型体育竞赛活动和文体活动，如太极拳竞赛、节假日联欢晚会等。

(4) 老年人健康照护服务

健康照护服务涉及范围较广、内容较多，从基本的养老服务需求、医疗需求，即日常生活照料、定期家庭巡诊、康复护理、心理疏导以及临终关怀等。社区相关机构可根据老年人的身体状况，合理地界定健康照护层次需求，再根据老年人不同的健康照护需求，社区养老服务中心组织开展与社区医疗服务机构的协作，按老年人的实际需求提供相适应的健康照护。

4. 社区"体—医—养"融合的养老服务面临的困境

(1) "体医养"结合认知滞后，养老服务供需不匹配

当前很多老年人对于社区"体医养"结合的养老服务仅仅是听说过并不是很了解，对于这种新式养老模式认知度不够。社区养老服务还是以简单的物质生活照料为主，对于老年人需求程度更高的医疗保健、运动健身、文体活动以及精神慰藉则供给较少。社区养老机构的养老服务供给无法及时更新，老年人需求和社区供给不匹配的困局迟迟得不到缓解。

(2) 行政部门壁垒坚实，阻碍"体、医、养"三方高效合作

我国社区老年人"体、医、养"三方服务部门具有不同的特性，但是三方部门都有一个共同的目标主体，即改善老年人健康水平，满足老年人养老服务需求，提升老年人生活质量。然而，尽管三方部门目标主体相同，但是因为涉及方面较多，所以三方仍处于割裂状态。当前，我国"体医养"养老模式分为老年体育、医疗、养老三部分，主要涉及体育局、卫健委以及社保中心等多个不同的部门管辖，体育局主管老年体育服务，卫健委主要负责医疗部门，而社保局则负责养老服务这部分内容。然而部门与部门之间处于相

互独立甚至博弈的状态，各部门主要以自身的利益为重，存在独立的利益主体[①]。这一现象直接导致社区老年人"体医养"养老服务资源利用率变低，各部门均存在资源浪费情况，严重阻碍了社区"体医养"养老服务融合的发展。并且，在部分已实施"体医养"融合养老服务的过程中，存在部门协同性差、政策难以顺利实施等问题。

(3) 专业人才匮乏，限制社区"体医养"的融合发展

复合型专业人才作为实施社区"体医养"融合的关键因素，不仅要具备老年人体育健身知识，也要有老年医学护理技能，并且能够对老年慢性病患者开具运动处方，进行个性化的锻炼指导。但现实情况是，社会体育指导员并不完全具备医疗卫生知识，医疗卫生人员也对老年体育健身技能并不了解，对患有慢性病的老年人，无法开出针对性的运动处方。我国老年人口数量增长迅猛，专业人才培养却严重不足。造成此现象的主要原因是：首先，我国"体医养"专业人才培养起步较晚。我国教育部2002年才正式批准建立康复治疗学本科专业，每年培养的康复毕业生人数仅几千人，尽管我国康复医学人才的培养层次已经涵盖本科、硕士、博士、博士后，但每年硕士及以上学历的培养人数仍屈指可数，另外，有关专业设置、职称系列、业务领域、诊疗科目等方面的政策也不够完善。当前我国具备康复治疗师资格的人数约3.6万人，每10万人口仅有2.65名康复师，而在发达国家，要求每10万人口匹配30~70位康复医师，我国康复专业人才远远无法满足社会需求[②]。其次，我国社会体育指导员不具备专业的"体医养"知识与能力。具体表现在医学知识匮乏、专业等级偏低、组织化不足等方面，因此无法满足老年人的运动需求[③]。

---

① 余清，秦学林. 体医融合背景下运动康复中心发展困境及对策分析 [J]. 体育与科学，2018 (06).

② 喻碧磊. 重庆市青少年体育后备人才培养现状与发展困境调查分析——基于教练员、运动员视角 [J]. 体育科技文献通报，2021, 29 (6): 189-191.

③ 吴燕波，陆明辉，周洪珍等. 广东省竞技体育后备人才培养教练员现状研究 [J]. 体育科学，2004 (1): 10-12.

5. 社区"体—医—养"融合的养老服务模式

（1）健康促进模式

"体育健身+保健养生+社区养老"健康促进模式实际上解决的就是"预防与照护"问题。该模式以有生活自理能力的老年人（包括健康和慢性病群体）为服务对象，在身体检查和健康评估的基础上，根据老年人健康需求，复合型养老团队制订出针对性健身运动处方、慢性病运动处方和营养方案等，提供非医疗健康干预，保障健康促进服务更精细、更有效、更持续。

（2）康养照护模式

"康复体育+疾病治疗+社区养老"康养照护模式以半失能、失能及疾病状态的老年人为主要服务对象，在健康水平与活动能力评估的基础上，复合型养老团队制订出针对性康复运动处方、慢性病运动处方、营养方案和日常照护方案等，以期使老人恢复至生活能够自理或者恢复部分功能，促其生活质量得到有效提升。此外，如果老年人病情加重，社区卫生服务站可直接与上级医疗机构沟通开启绿色转诊通道，保障高效、安全就诊。

6. 社区"体—医—养"融合的养老服务未来发展的路径

（1）加大宣传力度，形成社区体医养融合养老理念共识

社区"体医养"融合养老服务需建立在以人为本、健康第一的理念上，以社区为养老服务场所，老年体育、卫生、养老多方合作共同推进养老服务建设。加强老年人对社区养老的认同感，是社区"体医养"融合养老服务的首要任务。面对当前我国少子化、老龄化的发展趋势，居家养老传统已不适宜作为老年人的最佳养老方式，因此社区老年人"体医养"融合养老服务的提出是非常有必要的。当前我国老年人对于传统养老观念十分牢固，对社区"体医养"融合养老服务的意识不强等问题，应从以下三个方面解决：一是聘请专业人才，定期举办"体医养"融合专题的科普讲座，为社区老年人普及体育、卫生、养老知识，加强老年人的文化建设。二是召集社区老年人，定期举办社区实践活动，亲身体验社区"体医养"融合养老服务的具体内容，增强老年人的印象。三是宣扬新观念的过程中还需要政府的积极宣传和社会各界的大力支持，积极引导老人增进社会交往，形成社区"体医养"融合养老新观念。

(2) 加强专业人才队伍建设，提升服务质量

政府支持高职大专、中专等院校增设养老服务类专业，开设体育、医疗学科交叉的专业，培养既有医疗专业知识，又具备体育指导技能的复合型人才。增设养老服务类专业，培养具备专业素养的人才；开设体育、医疗学科交叉的专业，复合型人才的培养主要是从整体老年人的身体状况出发，体育技能和医疗知识的融合，能更好地做出针对性的体育指导，提高体育活动的效果与效率。同时，鼓励有条件的重点院校开设体育、医疗学科交叉的相关养老服务理论研究专业，提供更好的理论支撑。

(3) 加大各部门的协作力度，实现资源有效整合

社区"体医养"结合的养老服务体系的发展需要民政、卫生、体育等多部门的支持，社区养老服务中心、社区医疗服务机构和社区体育服务机构等的协同合作，只有相关部门之间的紧密协作，才能实现养老资源在社区内的无缝衔接和有效整合。例如，社区养老服务中心、社区医疗服务机构和社区体育服务机构之间老年人身体健康状况信息的双向传递，可以及时有效地根据老年人的需求提供所需的养老服务，有效提升养老服务质量。

(八) 新时代城市社区"居家、社区、机构"养老服务一体化模式

当前，居家、社区和机构养老是我国养老服务体系的三大组成部分。关于三者的关系，国际及国内历来有"9073"或"9064"的说法，即90%的人为居家养老，7%或6%的人为社区养老，3%或4%的人为机构养老，故而在我国养老服务体系架构的顶层设计中，不论是过去的"居家为基础、社区为依托、机构为支撑"（《国务院关于加快发展养老服务业的若干意见》，国发〔2013〕35号），或是后来的"居家为基础、社区为依托、机构为补充"（《国务院办公厅关于推进养老服务发展的意见》，国办发〔2019〕5号），还是后来的"居家为基础、社区为依托、机构为补充"（《国务院办公厅关于推进养老服务发展的意见》，国办发〔2019〕5号），抑或后来的"居家为基础、社区为依托、机构充分发展"（中共中央、国务院：《国家积极应对人口老龄化中长期规划》，2019.11），都是把三者分开来论述的。因此，在过去的政策设计和实际工作中，三者大多是相互孤立、相互割裂的。而从我国养老服务

的实际需要以及发达国家社会养老服务发展的成功经验看，三者却不应该，也不能够是相互孤立的（尤其是居家养老和社区养老），而是应该融合、协调发展或者说是一体化发展的。

1. "居家、社区、机构"养老服务一体化模式的内涵

居家、社区、机构养老服务一体化发展，就是以居家为基础，以社区为枢纽，以机构为主干，三种养老方式相互融合、相互协调，取长补短，相互促进，形成一个有机整体，发挥最大效能。该模式下，实现了各类服务主体的有效协同，服务内容和服务形式变得更具多样化，从而确保主体之间的密切配合，积极满足老年人的个性化与多元化服务需求。此外，和志愿团体、社会组织和政府部门的沟通互动更加便捷，真正在优势互补当中寻求多方共赢。

（1）服务主体

从服务主体上看，养老服务一体化倡导机构、社区和居家为老服务组织相互协作，共同为老年人提供多样化的服务内容。养老服务供给主体是指养老服务提供生产、递送的相关者，具体包括政府、社区、市场、社会组织、社区居民、志愿团体等。仅仅依靠政府的力量，包揽全部工程是不现实的。养老服务的种类多样，所需要的专业技能也不一，养老服务主体协同发展可以将不同时空条件下的养老资源进行协调整合和优势辐射互补，以解决或弥补各自不足，从而达到养老服务的共赢发展。

（2）服务客体

从服务客体上看，养老服务的对象应该覆盖全体老年群体，包括失能、半失能和自理老人等。居家、社区、机构养老服务一体化的服务客体包括低收入失能半失能老人、低收入自理老人、中高收入失能半失能老人和中高收入自理老人，获取养老服务是所有老年人依法享受的基本权利。

（3）服务内容

从服务内容上看，本质上社区、居家以及机构提供的养老服务，都是为了满足老人的服务需求，养老服务应当是一个内容全面、项目综合、层次多样的服务体系，贯穿老年人后生命历程的所有需求。自理老人更愿意居住在家中，他们需要的就是社区居家服务项目，如日间照料、短期托管、家庭床

位、生活照护、紧急救援、老年食堂等服务；而失能半失能老人更适合居住在机构中，享受医疗保健、康复护理、生活照护、精神慰藉等服务。在居家、社区、机构养老服务一体化模式下，老年人需要的所有服务项目都能由一个主体或一个平台提供，既有利于主体或平台的发展，也利于老年人对养老服务可及性的提高。

（4）服务资源

居家、社区、机构养老服务一体化模式依托社区这一载体，通过政府、社区组织、居民、社会团体等多方力量的共同参与，运用社区内多样的服务设施及运行机制，以多元化的服务供给方式向社区内老年人提供的不同层次的养老服务资源。具体来说，对于没有或少量存在的养老服务资源，需要扩大优质增量供给；对于已有但低效利用的养老服务资源，需要优化存量资源配置，盘活存量，实现供需动态平衡。

（5）服务输送

居家、社区、机构养老服务一体化模式倡导为了保证底线公平，低保、五保户和其他生活困难人群应当由政府兜底，通过政府的财政补贴及税收减免政策、企业和社会各界的捐款以及志愿服务等形式为这些弱势群体提供基本免费的养老服务，另外，对于那些有消费能力，希望得到精细化、个性化服务的老年人，可以借助市场的力量、调动各种资源协助提供专业性强、收费较高的优质养老服务，从而构筑起无偿公益服务、低偿基本服务以及较高收费服务相结合的综合养老服务体系[①]。

2."居家、社区、机构"养老服务一体化模式的必要性

（1）居家养老模式不足

居家养老模式，专业性欠缺，无法保障老人整体需求，实际效果不尽如人意，究其原因是中国的居家养老服务还停留在家政服务的层面。从服务供给的角度来看，供给基础薄弱：职业化人才严重匮乏，专业化服务难以保证，再加上未富先老的国情，居家老人支付能力及消费意愿普遍偏弱，导致很多

---

① 景天魁. 创建和发展社区综合养老服务体系［J］. 苏州大学学报（哲学社会科学版），2015，36（01）：29-33.

服务企业经营困难。有些企业表面上看很热闹，其实完全是依靠政府"输血"，政府不"输血"就得关门倒闭，居家养老面临很尴尬的境地。

(2) 城市日间照料中心名实不符

为了发展居家社区养老服务，自2013年开始，政府在城镇社区修建了大量日间照料中心。其初衷，是解决城乡有需要的老人、主要是失能半失能老人的日间照料问题。但是，从学者的调查来看，其效果基本未能达到设计初衷，多半是有名无实。城市社区有41.7%设立了日间照料中心，但真正能够发挥作用的寥寥无几，大多数是空闲或改作他用。从观察到的情况来看，经常来照料中心的，多半是自理老人或轻度失能老人，基本没有真正的失能老人。活动内容以打牌下棋、唱歌跳舞、喝茶聊天为主，也有的是来做足疗、按摩等理疗活动。

(3) 社区养老规范性低

居家养老的诸多弊端，可以通过社区养老的方式加以弥补，从而实现功能互补，在社区作用下实施养老服务的差异化管理和专业化管理。针对不同经济阶层制定相应的社区养老服务机制，在当前服务体系下起到了良好功能拓展和延伸作用。然而，社区养老的规范性与机构养老相比较低，这也是导致其服务质量不高的主要原因。部分失智老年人和失能老年人处于低水平生活状态下，社区养老存在严重的消极服务现象。实践工作中出现形式化问题，对于服务内容及质量的关注度不高，各个部门之间的互动程度不高，限制了资源的优化配置与共享。以基本生活服务为主，缺乏深层次的养老服务内容，尤其是与老年人家庭的联系较少，入户服务能力不高。

(4) 机构养老服务不能辐射到社区和居民家庭

相较于其他两种类型的养老方式，机构养老大大提高了服务工作的专业性，能够为老年人提供更具人性化的服务。尤其是在不同机构中，都建立了较为完善的服务机制，同时具有公益性特点。然而，机构养老模式在资源配置上也存在一定的局限性，对于资源的利用率不高，限制了我国养老服务工作的可持续发展。部分养老机构在软硬件设施的投入上力度不足，很多基础设施老化，出现床位紧缺的现象。

3. "居家、社区、机构"养老服务一体化模式的实施路径

（1）创新服务理念：倡导一体化服务

从传统服务理念当中摆脱出来，认识到一体化养老服务模式的内涵及时代意义，主动增进养老机构、家庭和社区之间的密切互动，在实现优势互补的基础上，为老年人提供更加便捷、舒适的生活条件，提升老年人的幸福指数。在一体化养老模式的构建中，应该以品牌化为主要发展方向，注重反馈机制和监督评估机制的构建，从而保障多种养老服务模式的共同创新。

（2）做好顶层设计：创新养老服务体制

在居家—社区—机构一体化养老服务模式下，首先要在管理体制上进行融合，打破供给主体分离格局。建议搭建由中央统一指挥的老龄工作格局，把居家、社区、机构养老工作统一协调管理，避免人为分割及资源的重复浪费，保证老年人在养老过程中连续性和个性化服务相统一。建立由政府主要领导牵头、相关部门参加的工作协同平台和政策配套联动机制，形成支持养老服务的政策合力，也就是说这个养老服务政策的顶层设计要一体化。

（3）推动"机构社区化"和"社区机构化"

鉴于目前养老机构建设的大型化、郊区化、豪华化趋势，与普通群众实际需求和支付能力严重脱节现象，我们建议："十四五"时期要积极推动"机构社区化"和"社区机构化"。所谓机构社区化，就是要大力发展社区嵌入式小型养老机构，这种养老机构不仅建设成本低、运营管理难度小，老人可以不脱离其熟悉的生活环境，方便老人入住和子女探望，而且有利于为居家和机构养老提供方便、快捷服务，是将居家、社区和机构养老融合为一体的理想途径；所谓社区机构化，就是要在社区内发展多种形式的社会养老服务机构，如医疗卫生、助餐助浴、日间照护机构等，而不仅仅是养老机构。这些机构/平台建在社区里，通过这些平台，为居家老人输送其所需要的各种养老服务，从而实现居家、社区和机构养老一体化的发展。

（4）完善管理机制：构建一个协同管理机制

完善管理机制，使机构养老、社区养老和居家养老的分离问题得到改善，从而在统筹兼顾下实现资源的统一分配与调用，形成新的工作格局，防止出现资源浪费的情况。尤其是要做好各主体之间的协调与沟通，以政府部门为

主导，充分发挥企业机构、社会组织和家庭的作用。加强对当前地区内老年人数量、生活状况、实际需求等信息的调研分析，从而优化管理机制的顶层设计，制订机构—社区—居家一体化养老服务模式构建计划与方案。

（5）实施信息化管理：建立统一的养老服务信息平台建设

搭建统一的、全国性的养老服务信息平台，是推进居家、社区和机构养老服务一体化发展的基础性工程，在互联网大数据时代，"智慧养老"不仅必要而且可行。但是目前能够提供老年人基础性信息、健康信息、服务需求信息以及提供服务的各种机构信息的平台数量少、规模小、层次低，多数平台为养老机构或社区服务机构自己建立，政府介入不足。各级政府应充分利用其掌握的老年人信息资源优势，首先在县、区一级搭建统一的养老服务信息平台，连通需求和供给渠道，整合线上线下资源，为双方提供准确、快捷、方便的信息服务，条件成熟时，建立统一的、全国性的养老服务信息平台。同时，在平台建设和管理中，应重视网络安全和隐私保障问题，加强保护与监管。

（6）融合社会力量：调动社会资源

机构—社区—居家一体化养老服务模式的构建不仅需要依靠政府部门的力量，而且应该充分融合社会力量，以保障服务方式的灵活性和服务渠道的多元性，有助于解决当前供给不平衡问题，实现市场潜力的充分开发。社会资本的引入，可以使服务模式充满活力，满足多元化和多层次的服务需求，更加符合市场经济的发展规律。尤其是资金筹集渠道的拓展，可以缓解政府的财政压力，在养老基础设施建设等方面获得强有力的支持，实现各类设施设备的更新换代，为老年人提供更加优质的服务。

二、新时代城市社区随迁老年人服务的研究与实践

党的十九大报告中提出，要积极应对人口老龄化，构建养老、孝老、敬老政策体系和社会环境，推进医养结合，加快老龄事业和产业服务发展，老年人服务工作已成为促进国家经济发展的重要议题。2020年伊始新型冠状病毒肺炎肆虐全国，尤其是老年人群体深受重创，战"疫"过程中对老年患者的不抛弃、不放弃体现了国家对老年群体生存与发展的高度重视。改革开放

以来，中国人口处在流动、分离和聚合的巨大变动中，随着迁徙人口的定居化和家庭化，越来越多的老年人作为"从属人口"卷入迁徙人口的大潮中。《中国流动人口发展报告2018》指出我国流动人口规模正在进入调整期，流动人口规模已经逐年下降，但老年流动人口数量却持续增长。据国家卫生健康委员会此前发布的数据显示，中国现有流动老人近1800万，占全国2.47亿流动人口的7.2%，其中专程来照顾晚辈的比例高达43%①，这些老年人为照顾第三代、支持儿女事业而背井离乡，放弃了熟悉的环境和故土来到子女工作的大城市，他们已成为城市中的"迁徙族"。城市随迁老年人不断壮大是中国人口城市化水平不断提高的结果，也带有城乡二元结构和户籍区隔的特点——人户分离，同时反映出中国家庭养老模式的合理性和隔代育幼的现实性。无论是"乡—城流动"，还是"城—城流动"，随迁老年人离开家乡来到子女工作生活的城市面临着各方面的融入问题。社区是这一群体生活首先进入且较为稳定的生活空间，而融入社区则是随迁老年人开始一切活动的第一步，随迁老年人在异地城市的社区融入情况以及如何促进其社区融入成为全社会关注的焦点。

（一）城市随迁老年人社区融入研究概述

1. 研究意义

（1）理论意义

开展本研究从宏观上响应了国家和社会重视老龄化问题、关注老年人生存与发展的号召。因老年流动人口比例较低，现阶段对于流动人口的研究多集中于青壮年领域，即便有针对老年流动人口的研究，其关注点也比较分散。而随迁老年人是近几年伴随着现代社会发展而出现的一类社会群体，它所反映的是我国在城市化进程中的人口流动及人口老龄化的双重社会特征，在异地由于受到户籍制度的限制、思乡情结、医疗保障体系的不完善以及政策不足等方面的影响，随迁老年人的生存与发展必须成为全社会关注的焦点问题。本研究通过关爱机制与幸福感角度研究随迁老年人社区融入，提出政策建议

---

① 常进锋，李新. 重视"老漂族"的生存与发展 [N]，社会科学报，上海，2018.6.

旨在推动流动老人高效地融入异地生活，从而促进社会和谐稳定，也为今后随迁老年人系统、深入研究提供些许参考。

(2) 实践意义

异地城市的关爱机制、在异地城市社区的幸福感是影响城市随迁老年人社区融入的重要因素。本研究将采用纽芬兰纪念大学幸福感量表和问卷调查，对城市随迁老年人从幸福指数、社区融入、关爱需求三个方面开展实地调查。根据调查结果系统梳理城市随迁老年人社区融入状况、幸福指数与关爱需求，并从提升幸福感和建立关爱机制两个维度积极探索促进随迁老年人社区融入的路径对策。因此，本研究具有一定的咨政价值：一方面为新时期城市政府制定更有针对性、细致化、系统化的老年服务政策体系，助力实现"老年友好型城市""品质城市"提供现实参考；另一方面针对关爱机制的研究有助于促进城市关爱体系的建设，增强城市的城市吸引力，为"宜居城市、幸福城市"建设锦上添花。同时，也可为其他城市促进随迁老人工作提供经验参考，从而深入推进我国老龄事业的积极、健康发展，促进构建更加和谐稳定的社会。

2. 国内外文献综述

现有相关文献中，直接针对随迁老年人的研究不多，但对流动老人、随迁老人、老漂族的研究已有一定基础。虽然四者概念并未做明确的区分和界定，在很多研究中，随迁老年人与流动老人、随迁老人、老漂族概念相似。

(1) 关于流动老人迁徙行为、社会融入研究

国内关于流动老人迁徙特征及分类的研究，学者们主要从年龄、流出地、流动目的、子女及老人生活状态等这几个关注点出发，再做细致的归纳，基于各类"老漂"的特点，做出分类。芦恒、郑超月以流动公共性视角为着眼点，针对老漂族本身的复杂性，根据"是否获得居住地城市户口"和"是否照看孙辈"两个维度，将"老漂族"群体划分为四种类型："民工型老漂""受养型老漂""保姆型老漂""双漂型老漂"。[①] 国外对于流动老人的研究主

---

① 芦恒、郑超月. "流动的公共性"视角下老年流动群体的类型与精准治理——以城市"老漂族"为中心 [J]，江海学刊，2016.

要集中于老年退休者，而研究内容多是关注其迁移行为本身。依据迁移的时间点，可以将老年人的迁移模式分为季节性迁移、生命周期性迁移和丧偶前后的迁移三种类型。① 老年人迁徙行为是分阶段的，每个阶段迁徙原因不一样。Walters（2002）认为退休后第一阶段的迁徙是追求适宜的自然环境而提高生活质量。Kahana（2003）第二阶段则是因为随着在宜居地区年龄的增大，身患疾病、身体功能老化或配偶死亡后，老人会移居到子女身边，寻求"援助"。Longino（1987）老人们第三阶段的迁移是因为随着身体功能的加重退化，子女们日常提供的照料已经不能满足老人所需的专业护理时，他们就会从子女身边移居到专业的护理机构。

流动老人社会融入研究方面。国内学者对影响流动老人社会融入因素和问题进行了研究。易丹（2018）等认为随迁老人与其所在社区的成员的融入程度是影响随迁老人家庭融入问题的最重要因素之一。② 李琳琳（2017）认为随迁老人来自不同的背景会影响其不同维度的适应水平。③ 李梦娜认为（2017）社会、家庭、个人多维度的因素相互交错共同影响随迁老人的社会适应过程。孟珊（2017）认为出行方便程度、独立经济来源、对迁入地文化认同程度、新交往的朋友数量、与当地社区联系情况等是影响随迁老人城市融入困难的主要问题。④ 国外移民的社会融入问题受到国外学者的较大关注。Dirk Jacobs（2004）认为社会层面的融入是更高一层的融入，主要是社会关系、参加社会组织、社会活动等方面。Christian，Dustmann（1999）认为移民社会融入最主要的是经济融入，因为这是实现社会融入的前提与基础。

（2）关于流动老人幸福感研究

现有关于老年人幸福的研究主要集中于主观幸福感领域。影响老年人幸

---

① Barbara Schmitter Heislter. The Future of Immigrant Incorporation：Which Models？Which Concepts？International Migration Review，Vol. 26，No. 2，Special Issue：The New Europe and international Migration. 1992.

② 易丹，薛中华. 重庆市随迁老人社区融入调查研究［J］. 老年学杂志：2017（9）：4382-4384.

③ 李琳琳. 随迁老人的社会适应研究——以 B 市 D 社区为例［D］. 北京：首都经济贸易大学，2018.

④ 孟珊. 随迁老人城市融入问题研究——基于 A 市 B 社区调查［D］. 首都经济贸易大学，2017.

福感因素国内外研究主要围绕三个方面展开：一是个体特征对幸福感影响。王福兴发现，性别、受教育程度、养老方式、婚姻状况、经济来源是影响老年人主观幸福感的重要因素。[1] 但不同的学者研究结论并不一致，在年龄上，Chen 等指出老年人的主观幸福感会随着年龄的增长而有所下降[2]，骆为祥等发现随着年龄增加，主观幸福感呈上升趋势[3]；在配偶上，Dolan 等认为丧偶老年人比有配偶老年人的主观幸福感要低[4]，但 Wade 等发现丧偶老年人可能接受到某种情感疫苗，以致丧偶老年人比有配偶老年人主观幸福感反而更高[5]。二是社会支持方面。Li 等指出老年人的社会支持越高，主观幸福感也越高[6]，但在社会支持的具体内容上，学者们的研究结论也不一致。在社会支持的维度上，任杰等发现主观支持、支持的利用度与幸福感的关系都比客观支持要密切[7]，而庞宝华认为社会支持各维度中客观支持、对支持的利用度均对主观幸福感存在预测作用，主观支持预测作用较弱[8]。三是比较方面。陈鑫等认为主观幸福感是一个比较的概念，其关键在于比较，社会比较和时间比较对老年人主观幸福感具有显著正向影响。[9] 在收入比较上，Easterlin 发现幸福程度和自身的绝对收入水平正相关，但与社会平均收入水平负相关[10]。

---

[1] 王福兴. 老年人主观幸福感和孤独感现状 [J]. 中国老年学杂志，1011，31（13）：149-151.

[2] CHENF, SHORTSE. Household context and subjective well being among the oldest old in china [J]. Journal of family issues, 2008. 29（10）：1379-1403.

[3] 骆为祥，李建新. 老年人生活满意度年龄差异研究 [J]. 人口研究，2011. 35（6）：51-61.

[4] DOLANP, PEASGOOTT, WHITEM. Do we really know what makes us happy? A review of the economic literature on the factors associated with subjective well being [J]. Journal of economic psychology, 2008, 29（1）：94-122.

[5] WADEJB, HARTRP, WADEJH, etal. Does the death of a spouse increase subjective wellGbeing: Anassessment population of adults with neurological illness [J]. Healthy aging research, 2016, 5（2）：1-9.

[6] LID, CHENTY, WUZY. An exploration of the subjective wellGbeseeching eldestGold [M] // Healthily longevity hina, Berlin: Springer, 2008.

[7] 任杰，金志成，杨秋娟. 老年人主观幸福感影响因素的元分析 [J]. 中国临床心理学杂志，2010. 18（1）：119.

[8] 庞宝华. 老年人个体因素、社会支持与主观幸福感的关系 [J]. 中国老年学杂志，2016，36（16）：407.

[9] 陈鑫. 社会比较、时间比较对老年人主观幸福感的影响研究 [J]. 华中农业大学学报（社科），2020（1）：102-110.

[10] EASTERLINR A. Income and happiness: towards an unified theory [J]. Economic journal, 2001, 111（473）：465-484.

Mcbride 则指出个人的主观幸福感在很大程度上取决于相对收入[①]。胡春萍等进一步发现比较收入对主观幸福感具有显著正向影响[②]。

(3) 关于老年人关爱服务研究

在关爱内涵方面,李晓凤从"关爱"的定义、分类、理论、维度、发生机制及其实践的文献述评之中,第一次较全面地梳理了我国教育界对"关爱"的理解[③]。美国学者内尔·诺丁斯(Noddings. Nel)提出的"关爱教育新模式"认为,教育的主要目的应是培养有能力、关心人、爱人也值得人爱的人[④]。在老年人关爱需求方面,华玮强调了社区老龄服务中精神关爱的重要性[⑤],江虹等人通过社会调查研究了浙江省农村留守老年人关爱服务体系,笪可宁则对辽宁农村留守老人关爱服务进行了研究[⑥]。在关爱机制方面,李晓凤系统研究了深圳关爱体系,从城市角度展示了构建关爱机制的各个维度[⑦]。

(4) 国内外研究述评

关于老年人口迁移的文献,国外的相关研究起步较早,且对此比较重视,发展较快,但研究大多集中于人口移民、人口迁移或特定的部分人群进行迁移方向、原因、影响因素等方面进行研究,偏向于研究迁移的过程,而对老年人口迁移后在异地如何融入社会的问题则比较泛泛。国内学者对于流动老人的相关研究则侧重于老年人随迁到异地后的社会适应和融入方面。关于老年人幸福感,虽然已有很多学者针对影响老年人幸福感因素进行了量化研究,但较少学者研究随迁老年人这个群体的主观幸福感;同样在关爱研究方面,针对随迁老年人的关爱需求与城市关爱机制方面的研究也相当较少。本研究

[①] MCBRIDE M. Relative income effects on subjective wellGbeing in the crossGsection [J]. Journal of economic behavior& organization,2001(45):251-278.

[②] 胡春萍,吴建南,王颖迪. 相对收入、收入满意度与主观幸福感 [J]. 西安交通大学学报(社会科学版),2015(3):85-94.

[③] 李晓凤,王桃林. "关爱"在我国教育科学中的理解及文献述评研究 [J]. 理论月刊,2011(10):90-94.

[④] 内尔·诺丁斯. 学会关心——教育的另一种模式 [M]. 于天龙译. 北京:教育科学出版社,2010.

[⑤] 华炜. 社区老龄服务中的精神关爱研究 [J]. 老龄科学研究,2018,6(7):12-19.

[⑥] 笪可宁,王春霞,郭宝荣. 辽宁省农村留守老年人关爱服务体系建设现状及发展对策 [J]. 沈阳建筑大学学报(社会科学版),2019,21(2):155-160.

[⑦] 李晓凤. 科学测量一座城市的关爱水平 [N]. 深圳特区报. 2012-8-21.

主要从幸福感和关爱机制两个角度,进一步探讨提高老年人社会融入的路径,以期继续丰富现有研究。

3. 相关概念界定

(1) 随迁老年人

当前学术界对"随迁老年人"、随迁老人、"老漂族"的概念并未给出明确的区分,从概念的描述来看,三者所针对可以看作同一类的群体。本研究立足城市,作为一座高吸引力、拥有庞大外来人口的城市,流动人口来源广泛,既包含省内外城市人口,也包括省内外农村人口,随迁老年人也不例外。因此,本研究在参考随迁老人及老漂族定义时,综合考虑将"随迁老年人"定义为:出于子女孝心要求、照顾孙子女、自己就业等目的随子女或亲属离开户籍所在地,主动或被动地来到本地、回去时间不定的 60 岁及以上老年人。

(2) 社区融入

当前学术界关于流动老人的研究集中在社会融入和社会适应。社会融入是指个体、群体、环境之间彼此交互影响,产生文化、习俗等相互碰撞后仍能相容相适的过程。社会适应的概念与社会融入得差不多,只不过强调社会适应是被动的过程,社会融入是主动的过程。本研究中"社区融入"是指老年人从故乡(农村或城镇)到另一个陌生的城市社区,为了更好地满足自身的各种需求而主动或被动地做出各种改变,通过不断调整自己的行为、习惯、观念或在政府、社会、他人的帮助下实现自我调适后入乡随俗,建立新的社会关系,重建新生活的过程。"社区融入"在内涵上与"社会融入"一致,只是更加强调区域的置身性。

(3) 关爱机制

国内大多数学者将"关爱"定义为是一种关系、情感、态度、心理品质、行动或行为等一个或其中几个方面。本研究中"关爱"更加侧重于关系、行动,既包含积极互动关系,也包含采取的各种积极行动。"关爱机制"是指政府、社区、家庭等通过政策、具体行为等建立起来的一种关爱体系。随迁老年人的社区融入状况需要构建系统的关爱机制。

（4）幸福感

幸福感一直是学者关于流动老人研究的热点。幸福概念的起源可以追溯到古希腊时代，如"快乐主义幸福观"学界就认为起源于阿里斯底波的哲学。本研究中"幸福感"是人们根据内化的社会标准对自身生活质量、生活状态的整体性评估，是自身对生活的满意度和各个方面的综合评价。随迁老年人的幸福感是其基于目前各个方面的满意度的一种主观评价。

4. 研究理论

（1）社会支持理论

社会支持是指团体与个人之间产生的互动，通过这些互动，个人能够维持社会身份并获得感情支持、物质帮助和服务、信息与心的社会交往。① 个体所拥有额资源包含个人资源和社会资源，个人资源包括其自我功能和应对能力，社会资源是指个人社会网络的宽度以及社会网络中能够得到的社会支持功能的大小。② 林南将社会支持定义为意识到的或实际的由社区、社会网络和亲密伙伴提供的工具性或表达性的资源。③ 范德普尔认为除了情感性支持和实际支持外，还包括社会交往或社会活动的参与。④

对于随迁老年人社区融入而言，所谓的社会支持不仅在于其非正式支持系统（家庭、朋友），更应注重其对社区活动的参与及新的人际关系的建立。有学者就提出社会支持网络的规模越大，城市老漂族生活满意度越高。社会支持网络的紧密度（交往频率和关系亲密度）越高，老漂族的生活满意度越高。⑤

（2）社会活动理论

社会活动理论是老年人群体的常用理论。"活动理论"最早由凯文（Cavan）提出，该理论在20世纪50年代的西方是最为流行的老年和老龄化理论。社会活动理论比较注重从老年人的活动水平来衡量其适应社会的程度。

---

① 吴要武．独生子女政策与老年人迁移［J］．社会学研究，2013．
② 徐至寒，金太军．城市新移民社会网络融合路径的障碍及其消解——基于资本要素禀赋的视角［J］．经济社会体制比较，2016（01）：57-66．
③ Lin Nan, Du min M Y, Woefel M. Measuring Community and Network Support. Orlando：Academic Press，1986：34-35．
④ 文军主编．社会工作模式：理论与应用［M］．北京：高等教育出版社，2010．
⑤ 王雅铄，殷航．社会支持网络视角下"老漂族"的社会融合状况研究——以广州市为例［J］．老龄科学研究，2016（10）．

该理论提出和不参与活动老年人相比，经常参加活动、活动水平高的老年人在生活满意度和社会适应水平上更高。活动理论主张："老年人应当尽可能长久地保持和延续中年人的生活方式以否定老年的存在，用新的角色取代因丧偶或退休而失去的角色，从而把自身与社会的距离缩小到最低限度。"① 活动理论给本研究一定的启示，即社区生活是老年人参与社会、实现社会价值的场所，应该为老年人提供更多的社区活动机会，从而促进其活动水平的提升。在活动理论的支持下，可以通过改善社区活动设施、提供社区服务，使随迁老年人在参与社区活动的基础上，寻求自身的价值和意义，帮助其实现在新场域的社区适应。

5. 研究内容与方法

（1）研究内容

本研究通过实地调查，揭示城市随迁老年人社区融入的现状、关爱需求及幸福感，并通过关爱机制及提高幸福感角度，有针对性地提出完善城市随迁老年人社区融入的对策。

1）新时期城市随迁老年人社区融入现状。通过问卷调查的方式了解随迁老年人在经济、文化、人际交往、社区参与、自我融入等方面了解融入状况。

2）新时期城市随迁老年人的幸福感与居留意愿。在异地城市的幸福感对社区融入有着重要影响，本研究通过问卷调查和量表调查来了解随迁老年人在城市的幸福感和居留意愿。

3）新时期城市随迁老年人关爱需求。随迁老年人的关爱需求是促进社区融入的重要因素。本研究将通过问卷调查与深入访谈掌握城市随迁老年人的关爱需求。

4）提高城市随迁老年人社区融入的政策建议。此内容是本研究的重点，将整合问卷调查、深入访谈及量表测量最终探索促进城市随迁老年人社区融入的路径。

（2）研究方法

本研究采用定性、定量相结合的混合研究方法，通过问卷、量表调查获

---

① 王思斌主编. 社会工作概论 [M]. 北京：高等教育出版社, 2009.

取可供量化的资料，便于对调查结果进行处理和分析。结合个案访谈作为补充，弥补问卷调查的不足。

1）文献分析法。一方面，在调查前期查阅大量涉及老年人口迁移、关爱机制以及社区融入等方面的文献和著作，也可以较为全面了解和掌握相关研究成果，这些研究成果成为本次研究的理论基础，并为研究的框架提供新思路。另一方面，通过收集查阅历年《城市年鉴》、报纸、期刊、图书馆文献及网络数据等方式，掌握城市政府针对流动老人的政策文件及措施。

2）问卷与测量量表。自行编制问卷调查随迁老年人社区融入状况、关爱需求。通过问卷可以收集大量样本资料，以便后续结合统计学方法进行量化，进而探讨不同变量之间的关系，而且省时、省力，且可控性高。通过纽芬兰纪念大学幸福感量表（MUNSH）测量老年人主观幸福感。

3）深入访谈法。本研究将涉及随迁老年人的心理、生活、家庭等多方面较为私密、敏感的问题，运用深入访谈，可以提高双方互动的积极性，便于了解被访谈人的真实想法，用于补充问卷调查的不足。为了解随迁老年人社区融入不畅背后的原因及关爱需求，课题组将选择10~20名相关人员进行深入访谈，其中包括随迁老年人、社区本地老人、社区工作站负责人；此外将访谈1~2位老年人或关爱研究领域专家，获取经验指导。

4）社区观察法。随迁老年人在社区的真实生活状况、精神面貌、人际交往等方面可以很好地展示社区融入情况。课题组成员将通过社区工作者选择2~3个外来老年人比较集中的社区、村，进行社区观察。观察社区老人生活状态、服务活动参与情况等。

（二）促进城市随迁老年人社区融入的现实意义

1. 促进地区社会稳定

当前许多城市流动人口较多，如何让流动人口在城市安心工作、幸福生活？促进流动人口在城市落户安家是有效途径之一。只有当流动人口将城市视为自己的家，才会更加爱护和参与城市的治理。而随着流动人口迁徙城市的老年群体越来越庞大，他们是否能较好地融入社区、融入城市是影响流动人口安家城市的重要因素。促进随迁老年人社区融入对城市社会稳定有着重要的现实意义。家庭是组成社会的最小单位,对于注重家庭观念的中国人来说,父母离乡背井随迁到子女生活工作的城市生活,不管出于什么原因,其最终目的是追求与子女及孙辈团聚共享天伦。对迁入地来说,子女与老人共同生活,方便相互照应;年老的父母有儿女照料,儿女忙于工作可以将孩子交给父母照看,整个社会将呈现出一种和谐稳定的局面。

2. 扩大地域吸引力

新时代人民对美好生活的向往成为全社会追求的目标。城市是承载人民美好生活的重要空间。随着户籍制度的松动和经济制度的开放,城市间的竞争逐渐转变为抢占人才、提高地域吸引力的竞争。"推拉"理论(唐纳德·伯格)是能够解释人口迁移原因的著名理论,人们之所以从一个地方迁移到另一个地方,除了原住地生活条件不便之处,迁入地更高的收入、更好的生活条件,以及能够为其子女提供更好的教育机会和更好的社会环境,是促使其迁移的主要因素,这些因素吸引着怀揣着改善生活愿望的人们迁入新的居住地。而这部分人以年富力强的年轻人为主,包括刚毕业的大学生、农村富余劳动力等。当这部分年轻人在迁入地工作稳定并定居后,其父母或因年纪大需人照顾,或因想与子女团聚并协助儿女照看孙辈,而随迁至子女工作所在地。城市要扩大地域吸引力,抢占高层次人才,不仅要加大人才待遇、住房等措施,还需要加强城市公共服务以及构建完善的市民关爱机制。关注随迁老年人群体的社区融入问题、服务好随迁老年人是吸引人才、扩大地域吸引力的重要影响因素之一。如果城市能够出台有吸引力的政策,让这部分老年人在迁入地长期的稳定生活并居住下来,对于其子女在当地安心工作,将从心理层面产生积极的助推作用,保证地域人员稳定性的同时,提升地域吸引力,进而吸引更多的青年才俊迁入城市。

3. 推动经济发展

当前城市正在进行产业经济结构升级,养老相关产业有着重要的发展前景。比如在智能制造产业发达的城市,智慧养老正从概念逐渐走向成熟的商业化实践。情感陪护机器人、远程健康监测、一键呼叫系统、养老家居等,尽管市场还有待升温,但凭借城市电子信息等产业优势,诸多新型辅老养老产品服务已成为莞企新的增长点。探究城市随迁老年人社区融入问题有助于推动城市经济发展。随着随迁老年人的增多，一方面可以照顾孙辈，减轻子女的家务负担，让子女全身心地投入工作当中，对于当地经济发展将产生间接的推动作用。另一方面，对于城市发展养老服务相关产业、推动当地人的就业，也将产生积极作用。随着城市经济的发展，以及相关养老服务产业体系的完善，相关优势资源也会逐步向当地聚集，逐步向城市聚集，区域的"虹吸效应"逐步增强，吸引着更多有志青年及随迁老人迁入城市，推动城市经济发展再上一层楼。

4. 推进"老年友好型"城市建设

截至 2019 年 3 月，城市全市 60 周岁以上老年人口达到 32.97 万，占户籍总人口的 14.2%，人口结构已进入老龄化阶段，养老已成为城市市民普遍关注的热点问题。世界卫生组织根据全球城市化和老龄化的发展趋势，提出了面向老年人群体的城市发展理念"老年友好型城市"。所谓的"老年友好型城市"是指消除参与家庭、社区和社会生活的障碍，形成对老年人友好的城市环境。2007 年世卫组织发布了《全球老年友好城市建设指南》，内容涵盖了户外空间和建筑、交通、住房、社会参与、尊重与包容、公众参与就业、交流与信息、社区支持与卫生保健服务八个方面。2009 年起，我国全国老龄办在全国开展"老年宜居社区"和"老年友好型城市"建设试点工作。由此可见，创建"老年友好型城市"是全球共同认可的提升老年人城市生活幸福感的重要途径。虽然"老年友好型城市"建设是一项系统工程，涉及经济社会方方面面，但是随迁老年人是城市老年群体的重要组成部分，促进随迁老年人的社区融入有利于城市社区提升老年人服务质量、拉近城市本地老人与随迁老人的社会距离，有利于提高政府对老年人的关爱水平，是城市"老年友好型城市"建设重要方面。此外，当前城市文明城市建设取得了重大成绩，已荣获"全国文明城市"五连冠，促进随迁老年人社区融入、推进城市"老年友好型城市"建设可以进一步助力城市全国文明城市发展。

（三）城市随迁老年人社区融入、关爱需求与幸福感现状

城市是外来务工人员重要的流入地，随着改革开放和经济体制改革的逐步深入，大量的流动人员、随迁老人汇集在社区，社区成为融合群体差异、

展现城市公共服务能力的重要场域。本研究通过对城市随迁老年人在经济、文化、心理、社会关系方面的社区融入、关爱需求及幸福感情况进行问卷调查,对幸福感采用量表调查,试图找出影响随迁老年人社区融入的因素。

1. 调查概况

(1) 调查对象

本研究的调查对象是年龄在60周岁以上(含60周岁)、随子女或亲属来到城市,且非城市户籍的老年人,课题组在2020年7月至2020年9月期间通过实地走访和随机整群取样的方式在广东省东莞市的南城、东城、莞城、中堂、长安、厚街、东坑、樟木头、石龙、桥头、万江、麻涌、谢岗、石碣、茶山、洪梅、道滘、高埗、企石、凤岗、大岭山、松山湖、清溪、望牛墩、常平、寮步、石排、横沥、塘厦、黄江、大朗、沙田、城市生态园34镇区抽取当地随迁老年人,共计发放问卷580份,回收有效问卷520份,有效率达89.7%。

(2) 调查方法

采用问卷调查形式,在征得老年人同意之后,采用线下纸质问卷或线上问卷自行填写的方式独立完成问卷。对于阅读困难,视力障碍等不便填写的老人,采取一对一结构式访谈方式发放问卷,调查员要不加任何暗示逐条询问,并且对老年人的回答做出相应的记录。被试者基本信息包括社会人口学信息、迁徙信息和健康状况等。

(3) 测量工具

本研究在随迁老年人幸福感方面采用纽芬兰纪念大学幸福度量表。纽芬兰纪念大学幸福度量表(The Memorial University of New-found land Scale of Happiness,MUNSH)的理论结构是衡量老年人心理健康的有效工具。[①] 该表由24个条目组成,10个条目表示正性情感(positive emotional dimension,PA)和负性情感(negative emotional dimension,NA),14个条目表示正性体验(general positive experience dimension,PE)和负性体验(general negative

---

[①] 汪向东,王希林,马弘. 心理卫生评定量表手册(增订版)[M]. 北京:中国心理健康杂志,1999:79-80,113-115.

experience dimension，NE）。为方便计算，总分加 24，最后总分范围是 0~48 分。总分 ≤15 分，是低水平情感因素，15~31 分为中水平情感因素，32~48 分为高水平情感因素。

总幸福度 =（PA-NA+PE-NE）+24

（4）统计学方法

采用 SPSS19.0 对数据进行统计学分析。为了确保本次调查数据分析具有科学性和代表性，全部问卷数据由调查小组核实后进行编码，然后用 SPSS、EXCEL 等统计分析软件进行数据分析。

2. 样本基本情况

如表 1，从性别上看，受访的随迁老年人中女性多于男性（女性占 59.6%，男性占 40.4%），这也反映中国传统的男主外女主内的状况——女性老人随子女来城市定居，帮助照看孙辈打理家务。从年龄分布上看，74.1% 的受访老人在 70 岁以下，其中 60~65 岁的占 43.1%，相较而言，随迁老年人较为年轻化，较年轻的随迁长者尚拥有一定的劳动能力，帮忙照顾子孙或处理家庭事务问题，缓解女子因工作繁忙孩子无人照看的问题。从户籍上看，来自省内（非城市）和省外的受访者比例差不多，户籍在广东省外的占 51.9%；省内的占 48.1%。从受教育程度上看，随迁老年人学历普遍偏低，七成的受访老人受教育程度在小学以下。从职业构成来看，随迁老年人以从事农业为主，占三成以上，无固定职业的占 17.7%。从婚姻状况来看，近七成受访老人已婚且现与配偶住一起。从来市时间上看，随迁老年人来市时间普遍较长，七成以上的受访老人来市已 3 年以上，其中来市已超过 6 年的占 46.5%。从来市原因上看，40.8% 的随迁老年人主要是为了"子女工作繁忙，帮忙照看孙辈打理家务"，其次是"想跟子女生活一起"占 18.5%，再次是"打工，增加收入"占 15.6%，由此可见，随迁老年人迁徙城市的主要原因还是与子女生活一起，帮子女照顾孙辈，此外增加收入也是重要原因之一。从迁徙频率上看，七成以上的受访老人 1 年内会回老家一次，其中 4~6 个月会回去一次的占 26.3%，迁徙频率相对较高。

表1 随迁老年人的性别、年龄、户籍、文化程度等情况

项目		数量（人）	占比（%）
性别	男	210	40.4
	女	310	59.6
年龄	60~65岁	224	43.1
	66~70岁	161	31
	71~75岁	72	13.8
	76~80岁	41	7.9
	81岁以上	22	4.2
户籍	广东省内（非城市）	250	48.1
	广东省外	270	51.9
文化程度	从未上过学	97	18.7
	小学	218	41.9
	初中	124	23.8
	高中	46	8.8
	大专及以上	35	6.7
职业	没有固定职业	92	17.7
	农民	172	33.1
	个体、私营业主	86	16.5
	工人、商业、服务人员	102	19.6
	文化教育工作者	25	4.8
	科技、医疗卫生工作者	6	1.2
	党政机关公务员	9	1.7
	其他	28	5.4

续表

项目		数量（人）	占比（％）
婚姻状况	未婚	11	2.1
	已婚有配偶，现与配偶住一起	353	67.9
	已婚有配偶，现未与配偶住一起	79	15.2
	离异	12	2.3
	丧偶	65	12.5
来市时间	1年以下	34	6.5
	1~2年	102	19.6
	3~5年	142	27.3
	6~10年	116	22.3
	11年以上	126	24.2
来市原因	身体不好，需要子女照料	52	10
	子女工作繁忙，帮忙照看孙辈打理家务	212	40.8
	想跟子女生活一起	96	18.5
	城市生活环境好、生活质量高、方便	67	12.9
	打工，增加收入	81	15.6
	其他	12	2.3
迁徙时间	1~3个月	39	7.5
	4~6个月	137	26.3
	1年	223	42.9
	2~5年	46	8.8
	6~10年	14	2.7
	基本上不回	61	11.7
合计		520	100

3. 城市随迁老年人社区融入现状

(1) 地域融入：社区熟悉度不高，身份认同感低

地域融入是社区融入重要的测量指标。可以从社区环境熟悉度和身份认同感两个方面来分析。首先，社区环境熟悉度是衡量随迁老年人地域融入的直接指标。调查显示（如表2），虽然有四成以上的受访者熟悉或非常熟悉社区环境，这是城市近年来大力发展社区服务的有效成果；但还是有超过半数以上的受访老人对所居住的社区环境"不熟悉或者一般"。由此可见，城市在非户籍老人的社区宣传和服务方面还有深入的空间。其次，身份认同包括两层含义：一是指人归属的某一种社会范畴或类型，二是指一个人对自己一套行为模式、价值观的认同。① 随迁老年人的身份认同指的是外来老人与新社区的人及老家人之间的心理距离、归属感及对自己的思考及认知，是社会融入的最重要指标之一。只有当老人对流入地有很强的认同感和归属感时，他们才真正融入了流入地的主流社会。城市随迁老年人的身份认同感不高，据调查显示（如表2），认为自己是外地人的受访者占65.58%，还有9.81%对自己身份理解不清楚。

表2 地域融入情况

选项		频次（人）	比重（%）
社区环境熟悉度	非常熟悉	114	21.92%
	熟悉	117	22.50%
	一般	254	48.85%
	不熟悉	28	5.38%
	非常不熟悉	7	1.35%
自己身份理解	本地人	128	24.62%
	外地人	341	65.58%
	不清楚	51	9.81%
总计		520	100%

---

① 王永钦，丁菊红. 身份认同与中国社会经济转型 [J]. 学习与探索，2007 (12).

(2) 文化融入：语言沟通不畅，本地习俗接纳不高

城市随迁老年人大多不会讲粤语，与他人交流的时候往往是双方都听不懂对方讲话，交流沟通异常困难。语言沟通不畅是随迁老年人融入社区，与社区本地朋辈群体正常交流、从心理上走入城市社区的重要因素。能听得懂或者相互交流是融入适应新环境的基础。但是有些随迁老年人不太会说普通话，而社区有些本地老人又不会讲普通话，两者之间缺乏基本沟通的语言纽带，这两者的语言不通直接导致了二者沟通的失败。据调查显示（如图1），虽然有48.08%受访随迁老年人来自省内，在语言上沟通上有一定优势，但是仍然有59.32%的受访老人"听不懂或者仅能听懂"。对于城市本地习俗，有18.65%的受访随迁老年人不了解，有34.04%的受访老人有一定了解但不感兴趣，由此可见，城市随迁老年人对本地文化接纳度不高。

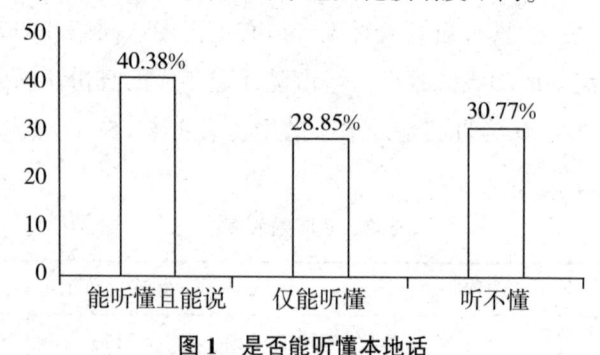

图1 是否能听懂本地话

（能听懂且能说 40.38%；仅能听懂 28.85%；听不懂 30.77%）

(3) 人际融入：社交朋友圈狭窄，交往中有被排斥感

人际关系的融入对社区融入有重要影响。社会支持网络的"朋友"一环缺失和脱节使得其在融入社区时更加困难。随迁老年人陌生社会，缺少了传统乡土社会中的信任，在原来形成的支持网络突然断裂，导致随迁老年人成为社区生活中的陌生人。社区环境熟悉度低和语言不通在一定程度上限制和降低了随迁老年人的交友范围和信心，进而致使其交往朋友圈狭窄。调查显示，有53.51%的受访老人与邻居关系仅限打招呼或者聊几句家常，仅5.86%受访老人与邻居能"相互倾诉心事"。有26.73%的受访老人在本地只有1~2个熟悉朋友，在城市本地没有比较熟悉的朋友占9.62%，且有近四成的迁徙老人在与本地居民交流过程中感到排斥。有些随迁老年人受个人性格因素影

响宁愿将自己封闭在原有的人际交往圈内，也不愿主动走出去与他人交流，这也使得其在日常生活中较为单调无聊，难免陷入孤独、精神状态差的不良境地。

（4）参与融入：社区活动参与意识不强、参与率低

社区活动作为社区居民参与社区事务和提升居民自主意识的平台，居民可以在社区活动中放松自身、提升自己、获取惠民福利，同时也可以在社区活动中实现与他人社交、精神层面的互动。城市随迁老年人社区活动参与意识不强、参与率低。调查显示，36.54%受访随迁老年人一年内没有参加任何社区活动，一年内参与1~2次的占25%，一年内参与3~5次的仅占17.12%，可以看出随迁老年人社区活动参与率较低。这一方面与社区活动的宣传力度有关，另一方面也与随迁老年人的参与意识不强。在访谈中，有很大一部分随迁老年人忙于家务料理、孙辈照顾没有时间参与社区活动，还有一部分老人认为社区活动是为本地老人服务的，也不清楚自己是否可以参与。

（5）自我融入：自我效能感低，有孤独感

主观效能感和孤独感是衡量自我融入如何的指标。自我效能感是个人对自己能否通过运用自身能力而实现一系列行为的期待。这是个人对自身能力和技能的肯定，同时也是个人对自身存在价值的主观感受。调查显示，受访城市随迁老年人自我无用感较强、效能感较低。61.73%的随迁老年人来到城市后时常感到自己无用，随迁老年人来到城市后偶尔感到自己无用的占32.12%，来到城市后，从未感到自己无用的仅占6.15%。此外，城市随迁老年人普遍有孤独感。调查显示56.73%的随迁老年人来到城市后偶尔或者经常感到孤单。

（6）资源融入：福利资源获取少，异地医疗不便

随迁老年人迁入城市中，最关心的问题是社保、医疗等问题。但是，在我国，由于社会福利的获取与户籍相挂钩，因而，随迁老年人从农村进入城市后，公共福利仍然保留在家乡，既不能享受"利随人走"的动态性保障，也不能享受城市福利的公共性，导致他们陷入一种公共性断裂与失衡的双重困境。在异地就医报销额度低、报销手续烦琐等困境下，随迁老年人生病时倾向于选择抗一抗，以至于小病拖成大病，给自己和家庭带来额外的负担和

痛苦。在城市社区中，由于无法享受在乡村生活时的福利资源，随迁老年人成为社会资源中的弱势者。调查显示，近三成的迁徙老人没有享受过老年人优待；没有参加过社区活动的占比为34.42%。35.77%的随迁老年人对于在城市就医时报销医疗费是否困难持一般的态度，觉得在城市就医报销医疗费"困难和非常困难"的占26.73%，还有9.62%的随迁老年人在城市就医没有医保，不能报销。由此可见，资源融入方面，城市随迁老年人福利资源获取较少，异地医疗报销还不方便，随迁老年人的医保问题需要重视，尽可能为随迁老年人提供一定便捷的报销医疗保险渠道。

4. 城市随迁老年人关爱需求

（1）家庭层面：子女心理关爱需求强烈

调查显示，近九成随迁老年人希望得到子女更多的关爱。在关爱内容方面，58.4%的随迁老年人希望得到子女更多的心理关爱，希望得到子女生活相处（50.98%）与健康照顾（50.98%）关爱的占比相同。很多"老漂族"不快乐的原因其实和子女有关，新环境的不适应再加上与子女之间缺乏沟通，甚至一些来自农村的父母需要接受与以往不同的生活方式，教育第三代的理念不同、婆媳矛盾等这些都是随迁老年人面临的实际问题，许多老人选择憋在心里不说，这就更加加深矛盾造成心里不快。老年人与子女或是与孙辈之间存在巨大的年龄差，价值观念、心理状态、生活习惯等方面的不同，因此容易产生矛盾，加剧随迁老年人的孤独感和寄人篱下的感觉。

（2）社区层面：关爱需求多元化，身心健康关爱占重比

调查显示，超八成的随迁老年人希望社区开展针对非本地户籍老年人的关爱服务。希望社区提供"养生保健服务、健康检查咨询"的占67.5%，其次是希望社区提供"定期探访、志愿者陪伴谈心的服务"，占42.88%，希望社区或者物业提供"康复护理关爱服务"的占37.69%。城市人口老龄化程度不断加快，国家在养老设施建设和医疗保障上持续投入，养老事业发展取得了明显成效。但庞大的老年群体，除了医疗服务需求外，在心理健康方面的需求也与日俱增，且服务往往被忽视。

（3）社会层面：希望提供和本地人一样的老年服务较迫切

调查显示，希望"提供和本地人一样的老年服务"占58.08%，希望"提

供便捷的报销医疗保险渠道"的占比为49.81%，各近四成的随迁老年人认为"建立老年人活动中心等为外地老年人提供交流的平台""多给非本地老年人提供老年优待""社区多组织活动供非本地老年人参加""提供便捷的领取养老金渠道"四种措施可以方便非本地老年人的生活。

5. 城市随迁老年人幸福感与居留意愿

（1）幸福感：有较高的幸福感

虽然城市随迁老年人社区融入存在诸多方面的问题，但是有超过七成的受访随迁老年人认为在城市生活是幸福的。根据纽芬兰纪念大学幸福感量表的测量，城市随迁老年人的幸福感总分为35.59±6.18分，处于较高状态。这与诸多学者的研究一致。可能原因：一方面是气候舒适。城市属于亚热带季风气候，非常适宜居住，许多随迁老人来城市很快就适应了当地的生活。另一方面城市工业和制作业比较发达，创业氛围也非常好，所以吸引了很多年轻人离开家乡过来就业，外地人在城市也可以找到同乡人，有归属感。此外，近年来城市政府的文明城市建设、社区服务发展、养老服务、新莞人服务体系的不断完善都是随迁老年人获得幸福感的重要原因。

（2）居留意愿：居留意愿强

若现实条件允许的话，大多数人愿意在城市定居，但也有部分人不太愿意在城市定居。调查显示，若现实条件允许，随迁老年人认为比较愿意在城市定居的占44.81%，其次非常愿意在城市定居的占27.5%，保持"不确定"意见的占20.38%。不愿意在城市定居的占7.3%。幸福感与居留意愿呈正相关。大部分幸福感较高的随迁老年人都选择愿意继续居住在城市。认为"非常幸福"的随迁老年人"非常愿意""比较愿意"继续居住在城市的占比为96.2%，认为"幸福"的随迁老年人"非常愿意""比较愿意"继续居住在城市的占比为86.14%。

（四）影响城市随迁老年人社区融入因素

异地城市的关爱机制和生活幸福感是影响随迁老年人社区融入重要的影响因素。主要从家庭、社区、社会三个层面分别分析关爱机制、幸福感对随迁老年人社区融入影响。

1. 关爱机制对随迁老年人社区融入影响

"关爱机制"是指政府、社区、家庭等通过政策、具体行为等建立起来的一种关爱体系。异地城市的关爱机制和关爱水平与随迁老年人社区融入呈正相关,换言之,关爱需求越小的随迁老年人社区融入较好,关爱需求越强烈的随迁老年人社区融入较差。调查数据显示:91.67%关爱需求强烈的受访老人"非常不适应"城市生活。具体而言,社会层面、社区层面、家庭层面的关爱情况都对随迁老年人社区融入产生影响。

(1) 城市关爱机制不健全

近年来,城市在民生服务方面加大了投入力度,也取得了重大成果。但针对非户籍老年人的关爱机制并不健全。一方面缺乏政策支撑。现阶段城市市老龄委印发的城市老龄事业发展"十三五"规划,在老年事业规划、建设目标和总体任务等问题做出了整体规划,但缺少针对随迁老年人的具体实施办法及监督考评机制,实际操作仍有一定困难。从政策指向对象来看,各项政策、方案在针对极端困难户的各种补助中,对随迁老年人这一群体的特殊性和实际困难方面考虑尚有不足。另一方面缺乏科学的工作联动机制。随迁老年人关爱服务问题涵盖精神慰藉、医疗健康、权益维护、生活照料、文体娱乐等多个领域,需要民政、人社、卫生、文化等多个部门及家庭和社会的通力合作。缺乏相应的工作联动机制、部门和部门之间信息不畅通是制约关爱服务体系建设的重要原因,信息闭塞导致各部门工作无法形成合力,关爱服务工作资源整合不足,活动内容同质化现象严重,整体服务效果不佳。再者,缺乏完善的经费支持和设施保障。改善随迁老年人生活现状离不开经费保障。当前,随迁老年人关爱服务体系建设缺少专项资金支持,在生活情况普查、设施配套、基层老年协会运营等环节缺少经费支撑。

(2) 社区关爱缺乏体系

当前城市的社区建设与社区服务发展一直受到政府重视,基本上建立了覆盖全市的社工服务网络。但针对随迁老年人这一特殊群体,社区缺乏系统的关爱体系。首先,社区公共服务设施有待完善。城市部分工业区社区交通、医疗、休闲等设施不足,特别是适合老年人健康、休闲设施需要完善。其次,社区缺少针对随迁老年人健康风险的评估和应急预案,由此造成即使有危机

第十章　新时代城市社区老年人服务的探索与实践

出现，社区也很难有效应对。再次，社区并未建立随迁老年人的个人信息台账。虽然部分社区对本社区的随迁老年人大致数量有掌握，但并未摸清各户随迁老年人迁徙时间、存在困难、关爱需求等，没有对本社区随迁老年人情况进行系统、动态管理。最后，社区老年文化体系未建立。融洽的社区关系和丰富的老年文化平台是影响随迁老年人社区融入的重要因素。当前城市社区存在一些文化组织和设施，如社区综合服务中心、家庭综合服务中心，但针对老年人特别是针对随迁老年人的文化娱乐平台较少。

（3）家庭关爱意识薄弱

家庭是随迁老年人的最亲密群体，也是老年人关爱需求体现的最直接场域。但当前普遍存在子女缺乏对随迁老年人关爱意识。一方面，子女工作繁忙无暇关爱。城市外来人口大部分正处于事业的拼搏期，他们把大部分的时间放在工作和物质生活提高方面，对于随迁而来帮他们照看孩子的父母无暇关注。另一方面，关注物质需求大于心理需求。大部分子女认为给父母提供较好的物质生活条件即可，忽略了父母对异地生活的适应性，和独特的精神关爱需求。

2. 幸福感对随迁老年人社区融入影响

（1）异地养老制度不完善、养老服务差别化待遇明显

随迁老年人迁入城市中，最关心的问题是社保、医疗等问题。在城市社区中，由于无法享受在乡村生活时的福利，随迁老年人成为社会福利中的弱势者，对社区缺少归属感和认同感，难以融入社区。此外，城市养老服务待遇差别化明显。根据调查结果，58.08%的受访随迁老年人希望政府或社区"提供和本地人一样的老年服务"，在现实待遇中，比如城市居家养老服务、老年金、老年医疗待遇、社区服务比较倾向于户籍老人，而随迁老年人无法享受。在访谈过程中也感受到部分社区中本地老人对外地老人享受本社区老年服务的排斥。异地养老制度的不完善和养老服务待遇的差别化对待影响了随迁老年人在城市的幸福感和社区融入。

（2）社区支持网络不强、社区服务设施、内容有待提高

较好的人际关系、积极参与社区活动是增强老年人主观幸福感的重要途径。但当前大部分随迁老年人在社区中并未建立自己的支持网络。一方面人

际支持较少。调查显示，三成以上的受访老人在本地只有1~2个熟悉朋友。另一方面支持网络比较单一。绝大多数受访者在遇到麻烦的时候，会向自己的亲人和朋友求助，这个比例分别高达87.31%和50.38%，仅有3.65%的受访者会寻求其他求助方式。由此，可见当前社区中针对随迁老年人的支持网络不强。此外，社区的服务设施和服务内容有待提高。调查显示，45.96%的受访老人认为当前"社区环境一般，设施一般"，近四成的受访随迁老年人从未参加过社区活动，可见社区服务设施优待完善，社区服务内容的覆盖率和吸引力优待提高。

（3）心理关爱欠佳、代际关系紧张

老人的幸福不外乎拥有维护与维持自己的安全、健康、稳定生活质量的能力，获得晚辈主动关心与照顾，享受天伦之乐的心理满足。在调查访谈中，大部分随迁老年人不幸福的原因在于家庭关系紧张和支持网络的缺乏。家庭人际关系中的代际冲突成为影响随迁老年人家庭融入问题的最重要影响因素之一。一方面家庭子女缺乏对随迁老年人的心理关爱，因工作繁忙或者缺乏关爱意识。另一方面家庭中代际关系紧张。部分随迁老年人与子辈之间存在一定的矛盾，而引发这些矛盾背后往往都是生活上的一些琐事。

（4）经济压力大、自我效能感低

个人性格特质成为影响老漂难融入社区的内在因素。在社区观察中发现，有些随迁老年人在社区中融入程度较深，能够保持良好的精神状态，而有些随迁老年人则明显精神抑郁不振，这是因为随迁老年人的性格各异所致。此外，随迁老年人的经济压力较大，近三成的受访老人没有收入，近六成的受访老人靠子女供养，由此可见经济上的不独立，缺乏经济来源也是影响随迁老年人幸福感的重要因素。

（五）促进城市随迁老年人社区融入对策建议

随迁老年人的社区融入问题是一个综合工程，需要多方面共同努力，提高老年人幸福感与提升整个城市的关爱水平是两个重要维度，虽然这两个维度既有重叠又有分离部分。本报告在理解幸福感与关爱机制二者重叠的基础上，尽量从二者分离的角度来提出路径倡导，其中完善关爱机制方面更加侧重宏观制度、政策倡导及文化呼吁。而在提高幸福感方面，主要从内容、事项的角度加以分析。

1. 完善随迁老年人社会关爱机制

（1）以政府为主导，发挥全局引领作用

关爱随迁老年人需要政府发挥顶层设计功能，发挥全局引领作用，做好关爱随迁老年人政策、制度的出台和落实工作，促进各部门协同合作，形成关爱随迁老年人的合力。第一，健全关爱服务政策支撑体系。健全随迁老年人关爱服务政策支撑体系，促进财政保障政策、质量保证政策、供需评估政策以及监管支撑政策的有效衔接。建立城市随迁老年人关爱服务考评机制，通过构建评价指标体系的方式量化考核标准，实现责任追究，强化政府的监督力度。将关爱服务体系建设工作纳入城市社会发展总体规划，统筹指导，推进随迁老年人关爱服务体系与社会养老服务体系的协调发展。第二，完善关爱服务工作机制。以镇区为单位成立关爱服务体系建设领导小组，统筹各行政社区关爱服务体系建设的指导工作，镇区民政局、公安局、财政局、人社局、卫健委、扶贫办、司法局、文化局等单位负责同志担任直接责任人，在整合资源的基础上形成工作合力，推动多部门联署办公，确保各项制度的有效衔接，保障关爱服务体系建设工作的顺利进行。强化社区居委会在随迁老年人关爱服务体系建设中的基础地位，加快组建以社区党支书为第一责任人的基层工作队，负责本行政社区随迁老年人关爱服务体系建设的基础性工作。第三，加强非户籍老人服务的财政支持力度。成立随迁老年人关爱服务体系建设专项资金，将随迁老年人生活状况普查费用、设施配套费用、基层老年协会建设费用等纳入地方财政预算支持范围。专项资金中分设随迁老年人风险防范专项费用，用于老年人迁徙族突发情况临时救济等环节。有条件的镇区要将村集体收入按一定比例用于随迁老年人关爱服务。第四，建设一支强大且专业的随迁老年人关爱服务人才队伍，实现关爱服务精准供给。建立完善的随迁老年人关爱机制离不开专业的服务团队。政府可以在当前社区服务体系基础上，设立专门针对非户籍老人或者随迁老年人的服务部门和服务人员。专项服务部门负责随迁老年人的信息普查和需求分析。在信息普查的基础上建立随迁老年人关爱服务需求清单，清单的内容以年为单位进行调整。开放服务获取方式，相关服务资源可面向社会以招标形式进行统一采购。继续引入社会工作人才和健康管理人才纳入专项服务队伍，负责随迁老年人关爱服务需求的落地与实施。

(2) 以社区为重点，建立社区关爱机制

社区融入是一个社区主动接纳和流动群体积极融入相结合的动态过程。城市社区要构建完善的关爱机制，增强随迁老年人的归属感。首先，社区应该建设更多的便民性质的公共服务。如社区基础生活服务和社区商业服务等，提供老年人适宜的餐饮、银行、超市、理发等生活服务。其次，要建立社区随迁老年人个人信息管理台账。对随迁老年人迁徙信息、关爱需求、生活困难等信息实现规范化管理。再次，构建老年人的医疗康复体系，实现对随迁老年人的健康管理。例如，健康信息的搜集、健康状况的评估等；医疗服务，如急救康复等；生活照料服务，提供有专业护理或特殊的护理等。最后，社区还要加强老年文化体系。从社区文化服务空间当中，挖掘出能够满足漂族老人精神需求的有效资源。大力建设老年文化活动设施，发展老年公益性文化事业，如老年大学、咨询活动、义工服务。针对相对年轻、有工作能力的老年人，社区可以提供一定的工作岗位，增强随迁老年人的主人翁意识，充实其闲暇时间。

(3) 以社会组织为依托，开展随迁老年人关爱项目

社会组织是城市提供民生服务的重要组成部分。近年来城市大力鼓励和支持社会组织，特别是公益性社会组织的成立和发展，如社会工作机构、社会工作协会、老年大学、志愿服务协会等，这些社会组织一般扎根基层，有较强的服务能力。项目化运作是近年来社会工作实务发展的重要。当前老年人相关的社会工作项目已在社区领域形成品牌效应，因此可以以社会组织为依托，开展随迁老年人关爱项目。借用专业化的人员与服务方法，结合随迁老年人关爱需求和迁徙特点开展专业化的服务项目。引入各类社会组织随迁老年人关爱项目，优化资源配置，可以助力打造城市老年友好型城市品牌。

(4) 以家庭为基础，强化关爱责任

家庭对随迁老年人的精神健康起着不可替代的作用。首先要进行经济关爱。为人子女在父母背井离乡进入一个陌生的环境的时候，应尽最大可能为

随迁父母提供物质保障，提升他们在城市的生活质量，不能让经济因素变为阻碍随迁老人们融入当地社区的障碍。其次要进行生活关爱。经常关注父母的异地生活，时常与父母沟通，了解他们在异地生活所遇到的烦心事，耐心地为父母进行疏导，帮助他们更好地融入当地生活。最后，要进行精神关爱。子女在繁忙的工作之余，抽出时间积极同随迁父母谈心，下班闲暇时带父母一起到社区中散步，了解父母在生活和心理上的最新状况，鼓励父母主动与社区人员沟通交流，以结识新朋友，帮助父母逐渐适应新的生活方式。

2. 提高随迁老年人生活幸福感

（1）优化社会保障制度，确保基本生活无忧

老有所养是老年人幸福生活的基本前提。由于养老保险和医疗保险与户籍制度相关联，现有户籍制度对随迁老年人的异地生活带来诸多不便，没有当地户籍，便不能享受当地的福利政策，不能分享当地的社会资源。因此要提高随迁老年人幸福感，必须优化社会保障制度，完善异地养老福利保险衔接制度，设立随迁老年人生活补助金，确保其基本生活无忧。政府需要完善相关医疗政策，打破户籍制度的禁锢，如尽快建立全国统一的医疗保险公共服务平台，简化异地报销烦琐的手续，完善医疗保险异地结算体制，允许随迁老年人在迁入地参加医疗保险，保障随迁老年人在异地就医享受同等待遇。

（2）优化社区医疗卫生体系，完善"老有所医"

健康状况是影响随迁老年人幸福感的重要因素之一。城市要优化社区医疗卫生体系，进一步完善老有所医。推进医养结合建设，以弥补养老资源短缺难题。一方面支持社区医疗机构利用空置床位开展养老服务，举办医养融合型养老服务机构，符合条件的，民政部门依规办理养老许可。另一方面，鼓励社区卫生服务中心与养老服务机构深度合作，在养老服务机构开设医务室，并定期到随迁老年人、特殊困难随迁老人家里巡诊。把"双下沉、两提升"的医疗卫生政策有针对性地落实到随迁老年群体，使随迁老年人不出门就可实现普通小病的门诊和常规药品的配发。通过基本公共卫生服务项目，为随迁老年人免费建立电子健康档案，为65周岁及以上随迁老年人提供免费体检、慢病管理、日常护理、健康教育等服务。再者，有条件的社区还可适当提供随迁老年人长期护理服务。针对随迁老年人的身体和心理特征，增加

上门陪护、社区照料等相关服务，由社区承担更多的养老服务工作和为随迁老年人提供更多的生活便利。

（3）倡导社区互助互爱新风尚，促进人际融入

人际关系可促进随迁老年人幸福感，要大力倡导社区互助互爱新风尚，鼓励随迁老年人在社区建立人际关系网络。首先，在社区内倡导尊老、爱老、助老的文明新风尚。例如教导社区居民不得歧视外地老人，要多帮助他们，主动和他们交流。其次，加强随迁老年人地区文化融合建设，在社区文化建设提倡当地老人要包容不同的区域文化，开展区域文化交流获得。最后，要加强社区支持网络建设。帮助老年人建立自愿联结网络和邻里互助网络，社区工作者、邻里、老年人之间形成固定的服务联系，让老人得到及时的帮助，并充分发挥志愿组织的作用，让社区志愿者、志愿组织和随迁老年人结对子，使社区服务主体更明确，服务活动更有针对性。

（4）出台随迁老年人再创就业鼓励政策，提高经济收入

针对具备再就业能力和意愿的低龄随迁老年人，出台鼓励其再就业创业的政策。根据当急缺的行业岗位，由人社部门与相关企业合作，提供专门的培训，培训结束达到要求后定向安排工作。针对具有专业技术的离退休随迁老年人，可鼓励当地企业采取聘用一名离退休专业技术随迁老人的同时，吸收一位同岗位的年轻人，以老带新、以新助老，让随迁老年人的知识、经验和人脉在企业继续发光发热。

（5）推进社区社会工作服务，促进社区参与

面对随迁老年人不同的社区融入问题，仅仅依靠个人及其家庭层面的力量是远远不够的，运用专业的社会工作方法和技巧能够更有针对性地帮助随迁老年人缓解社区融入问题，改善其现状，使其更好地融入社区生活。城市可以继续推进社会工作服务，有针对性地增加随迁老人社工服务岗位。一方面可以弥补当前社区缺乏随迁老年人社区融入的针对性服务的需要，另一方面可以改善随迁老年人长期与社区脱离产生的不良后果，再者可以充实社区专业心理辅导机构开展心理辅导。

参考文献

[1] 徐永祥.社区工作[M].北京:高等教育出版社,2004.

[2] 夏建中.社区工作[M].3版.北京:中国人民大学出版社,2015.

[3] 王世强.社区服务项目设计(修订版)[M].北京:中国社会出版社,2018.

[4] 王思斌.社会工作概论[M].3版.北京:高等教育出版社,2014.

[5] 刘静林,张蕾.社区服务[M].北京:中国轻工业出版社,2005.

[6] 王红阳,杜丹.社区服务[M].北京:机械工业出版社,2012.

[7] 高桂贤,廖敏.社区服务[M].2版.北京:电子工业出版社,2015.

[8] 陈云山.社区服务[M].北京:中国人民大学出版社,2011.

[9] 徐永祥.社区发展论[M].上海:华东理工大学出版社,2000.

[10] 甘炳光,粮祖彬.社区工作理论与实践[M].香港:香港中文大学出版社,1994.

[11] 汪晓鸣.居家养老:如何在社区和家庭照护老人[M].北京:中国劳动社会保障出版社,2013.

[12] 陈元刚.我国城镇社区养老服务体系构建研究[M].北京:光明日报出版社,2016.

[13] 李小鹰,何仲.社区养老服务指导[M].北京:人民卫生出版社,2018.

[14] 王伟进.中国社区养老的实践探索与整合发展路径[M].北京:社会科学文献出版社,2019.

[15] 隋玉杰.老年人社区社会服务综合评估工具考量因素研究[M].社会建设,2014,1(2):11-12.

[16] 蔡立.妇女社会工作实务[M].北京:社会科学文献出版社,2009.

[17] 闫广芬.妇女社会工作[M].天津:天津大学出版社,2010.

［18］江苏省妇女联合会.妇女儿童家庭社会工作实务案例［M］.北京：中国人民大学出版社,2013.

［19］全国妇联国际部.妇女之家服务指南［M］.北京：中国妇女出版社,2014.

［20］刘蔚玮,曹国慧.妇女社会工作案例评析［M］.北京：中国社会出版社,2017.

［21］周沛,曲绍旭,张春娟等.残疾人社会工作［M］.北京：社会科学文献出版社,2012.

［22］王辅贤.残疾人社会工作［M］.北京：北京大学出版社,2017.

［23］赵芳.社会工作伦理：理论与实务［M］.北京：社会科学文献出版社,2016.

［24］风笑天.社会调查原理与方法［M］.2版.北京：首都经济贸易大学出版社,2011.

［25］何雪松.社会工作理论［M］.2版.上海：上海人民出版社,2017.